KB009820

흙수저도 금수저가 될 수 있다

흙수저도 금수저가 될 수 있다

초판 1쇄 발행 2019년 6월 17일
초판 5쇄 발행 2023년 7월 10일

지은이 강국창
펴낸이 이혜숙
펴낸곳 (주)스타리치북스

출판감수 이은희
출판책임 권대홍
출판진행 이은정 · 한송이
표지디자인 권대홍
내지디자인 스타리치북스 디자인팀

등록 2013년 6월 12일 제2013-000172호
주소 서울시 강남구 강남대로62길 3 한진빌딩 2~8층
전화 02-6969-8955

홈페이지 www.starrichbooks.co.kr
스타리치몰 www.starrichmall.co.kr
스타리치북스 블로그 www.blog.naver.com/books_han
스타리치 TV www.youtube.com/@starrichTV
글로벌기업가정신협회 www.epsa.or.kr

값 18,000원
ISBN 979-11-85982-61-8 13190

흙수저도 금수저가 될 수 있다

강국창 지음

StarRich
Books

중국의 사학자 사마천은 '역사란 내일을 설계하는 디딤돌'이라 했고, 영국의 사학자 에드워드 카Edward Hallett. Carr는 '역사란 미래를 만드는 것'이라고 했습니다. 그만큼 역사가 미래를 위한 디딤돌이 된다는 것을 말해주고 있습니다. 이 책은 '디딤돌'과 '미래'를 제시하고 있는 개인의 역사요, 감동의 드라마입니다. 역사는 반복되는 도전과 응전이라던 아놀드 토인비Arnold Joseph Toynbee의 말처럼, 한국 경제의 최전선에서 아름다운 자본주의를 실현하기 위해 실증주의實證主義 역사를 실천한 논픽션이기도 합니다.

강국창 회장은 태백 탄광촌에서 7남 2녀 중 세 번째 흙수저로 태어나 금수저로 변신한 인물입니다. 흙수저로 살았던 강 회장의 소년 시절은 고통스러웠을 것입니다. 어머니 심부름으로 땔감을 구하러 산을 오르기도 하고 밥 한 그릇에 눈치 보는 가난의 연속이었지만 그 연단의 과정을 통해 연세대학교 전기공학과에 합격함으로써 반전의 발판을 마런했습니다.

금수저로 가는 길목인 꿈과 낭만의 대학 생활을 마치고 희망의 ROTC로 제대한 뒤 사회에 진출한 그는 7년간의 직장 생활를 마감하고 남들이 가지 않는 산업에 뛰어들어 국산화로 '기술 보국'의 길을 트기 위해 전자산업을 창업했습니다. 강 회장의 피와 땀과 눈물과 노고의 결정체로 회사는 눈부시게 발전하였지만 정작 강 회장 본인은 국회의원 출마 준비 중 재정의 어려움을 겪으면서 나락으로 떨어졌습니다. 모든 것을 잃은 그는 자탄하며 죽음까지 생각할 정도로 좌절했지만 그때 하나님을 만났고 회심했습니다. 그리고 고난 속에서 만난 하나님께 먼저 그 나라와 그 의를 구하겠다는 서원을 드리게 됩니다.

곁에서 지켜본 그의 신앙에 대한 열정은 참 대단했습니다. 그 열정과 하나님의 은혜로 재기의 발판이 마련되었고 동국전자는 제2의 창업에 성공했습니다. 아마 어떤 일을 할 때 30퍼센트는 사람의 노력이요, 70퍼센트는 하나님의 은혜라는 그의 신앙철학이 기반되었기 때문일 것입니다.

강국창 회장이 다시 세운 동국전자는 그가 ROTC 시절 소대장을 지내며 가졌던 패기에 애플사 창업자 스티브 잡스의 전략경영과 혁신경영의 패러다임을 더하여 동국전자만의 창조경영을 이룩하며 당당히 중소기업의 선두주자로 달려나갔습니다. 형통亨通의 복은 더욱 은혜를 입어 동국성신으로 사명社名을 바꾸고 대기업과 협력사 관계를 이루며 현재 국내와 해외에 여러 개의 공장을 가동하고 있습니다. 하나님의 기적이고 섭리라고 말할 수밖에 없다는 강 회장의 고백을 들을 때면 그의 겸손함과 성실함에 지인으로서 존경심이 들기도 합니다.

강국창 회장의 도전은 계속되었습니다. 제주도에 만든 골프장이 4년 만에 흑자를 달성한 데에 이어 전국 500여 개 골프장 중에서 친환경 녹색경영대상을 5년 연속 수상하였다니, 도전과 응전이라는 기업인 강국창의 역사가 더욱 빛을 발하는 순간이 아닐 수 없습니다. 지금도 산업의 일선에서 뛰고 있는 그의 도전은 이어지고 있습니다. 또 한 번 기술 보국을 이루기 위해 사명감을 가지고 산업 역군으로서 일하고 있으며, 기업을 통해 얻은 부와 재물을 북한을 비롯한 해외에 나누고 있습니다. 이런 일련의 활동으로 대통령 훈장을 비롯한 인간경영대상, 중소기업인 대상 등을 수상하는 영광을 누리는 강 회장을 곁에서 지켜보는 일은 참으로 기쁨이었습니다.

이 책은 강국창 회장 개인의 역사이기도 하지만 한국 산업의 역사이기도 하고, 도전과 응전을 통해 흙수저가 금수저로 변하게 된 비결이 담겨 있는 이야기이기도 합니다. 어떤 이들에겐 어려움을 디딤돌로 삼아 미래로 나아갈 단초가 될 수 있고, 어떤 이들에겐 현재에 안주하지 않고 더 나은 미래를 꿈꿀 희망의 메시지가 될 수 있을 것입니다. 모쪼록 지금도 꿈을 이루기 위해 비전 일지를 쓰는 젊은이들을 비롯하여 실의에 빠진 이들 모두에게 필독을 권합니다.

인생은 누구를 만나느냐에 따라서 달라집니다. 공자孔子와 안회顏回

의 만남에서 유교가 나왔고, 석가모니와 반특獒特의 만남에서 불교가 나왔으며, 소크라테스와 플라톤의 만남에서 철학이 나왔듯이 이 책은 성경에 나오는 '무지개'와의 만남이 될 것입니다. 이것이 이 책을 추천하는 이유이기도 합니다.

끝으로 나의 동창 강국창 회장에게 사무엘 울만의 시, 〈청춘〉의 한 구절을 전하며 마무리하고자 합니다.

누구나 세월만으로 늙어가지 않고
이상을 잃어버릴 때 늙어가나니
세월은 피부의 주름을 늘리지만
열정을 가진 마음을 시들게 하진 못하지

(중략)
그대는 여든 살이어도 늘 푸른 청춘이네

2019년 5월
안양대학교 석좌교수 · 박사 안용환

사람들은 한 가지 희망을 가지고 있습니다. 살면서 한 권의 책을 출간해보고 싶다는 희망입니다. 자신이 걸어온 길을 회고해보고 이를 정리해 하나로 엮어보고 싶은 것입니다. 그래서 세상에는 많은 책이 존재합니다. 마침내 강국창 회장도 이 대열에 합류했습니다. 평생 걸어온 길을 정리하면서 그도 세상을 향해 하고 싶은 말이 많았을 것입니다. 그런데 지금까지의 인생이 자랑스럽고 성공적이었다고 생각해 책을 출판하는 것이 보통 사람들의 개념이라면 강국창 회장의 경우는 좀 다른 것 같습니다. 강 회장은 오늘날 '헬조선'을 외치며 뛰어보지도 않고 지레 겁을 먹거나 자조하는 이 땅의 젊은이들에게 해주고 싶은 말이 많았던가 봅니다. 그래서 책 제목도 《흙수저도 금수저가 될 수 있다》입니다. 강 회장 자신 또한 흙수저 출신이기 때문입니다. 강 회장은 본인이 지독한 흙수저였기에 오늘의 흙수저들에게 어떤 메시지를 전해주고 싶은 마음이 그 누구보다 간절하였을 것입니다.

강국창 회장은 요즘 젊은이들이 생각하는 식으로 말하자면 철두철미한 흙수저입니다. 우선 그는 강원도 출신입니다. 1942년 강원도 중에서도 가장 낙후했던 태백 광산촌의 가난한 집에서 9남매 중 셋째 아들로 태어났습니다. 이보다 더한 흙수저가 있겠습니까. 그는 흙수저 중에서도 '오리지널' 흙수저입니다.

그런 태백 광산촌에서 공고를 나와 연세대학교에 진학하였으니 검은 연탄물이 흐르는 개천에서 빛나는 용이 태어난 것입니다. 중요한 점은 그런 환경임에도 그의 가슴에 용기가 있었고 꿈이 있었다는 것입니다. 그 꿈은 마침내 그를 대학 졸업 후 ROTC 소대장으로 나아가게 했고 제대 후에는 잠시 직장 생활을 거친 후 사업에 투신해 동국전자를 창업하게 했습니다. 그 사세가 확장되어 지금에는 동국성신으로 지경을 넓혀 마침내 국내외 10여 개가 넘는 생산 라인을 갖춘 산업으로 발전했고 정부에서 훈포장을 도맡아 수여받게 되었습니다.

얼핏 보면 매우 순조로운 길을 걸어왔다고 볼 수 있겠으나 모든 인생길이 그렇듯이, 또 강국창 회장도 스스로 고백했듯이 그도 부도와 여러 번의 실패를 경험했습니다. 하지만 그 실패가 종국에는 약이 되어 이 자리까지 이르게 된 것입니다. 이 땅의 사업가들 중 한두 번의 실패도 경험하지 않은 사업가가 존재하겠습니까. 사업가들은 모두 그 실패의 자리에서 비로소 눈을 뜨게 되고 세상을 보는 시야도 넓어집니다.

강국창 회장이 오늘에 이르기까지 그를 든든하게 붙잡아준 것이 있다면 하나님 앞에서 늘 겸손하려 애쓰고 그 하나님의 도우심을 믿고 왔다는 점일 것입니다. 강 회장이 하나님을 만난 것도 부도를 맞아 심각한 좌절과 실패의 자리에 놓였을 때였습니다. 강 회장은 지금까지 그때 만난 하나님을 고백하며 살아가고 있으며 또 그 하나님이 함께하고 계심을 간증하고 있습니다. 그리고 오늘 이 땅의 젊은이들에게 자신이 지금까지 걸어온 기적과 같은 길을 말해주고 싶어합니다. 뿐만 아니라 그에게 남은 마지막 비전을 시도하고 있습니다. 그것은 어렵게 세운 기업을 대물림하지 않고 공기업화하는 꿈입니다. 강 회장이 그 마지막 꿈까지도 잘 이루리라 믿어봅니다.

지금부터 77년 전 이 땅의 젊은이들은 대부분 흙수저였습니다. 그 속에 강국창 회장도 있었습니다. 오늘도 이 사회에는 숱한 흙수저들이 있습니다. 그들 중에도 분명 제2, 제3의 강국창 회장이 있을 것입니다. 그리고 그중 누군가는 앞으로 70여 년이 흐른 뒤 나도 흙수저였다고 책을 출판할지 모릅니다. 뼛속부터 금수저였던 이가 흙수저였다고 말할 수는 없지만 지독한 흙수저에서 금수저가 된 사람이 나도 흙수저였다고 말하는 것은 그래서 설득력이 있고 그 고백이 더 크게 메아리쳐 전해집니다. 철저한 흙수저 강국창 회장을 응원합니다.

2019년 5월
신촌성결교회 원로 목사 이정익

평생을 정신의학 분야에 몸담으면서 수많은 환자들과 다양한 케이스를 보아왔습니다. 대부분이 치열하고 각박한 현대사회 속에서 지칠 대로 지친 사람들이었습니다. 그들을 오랜 시간 지켜보니 건강한 정신을 가진다는 것은 그리 쉬운 일이 아니란 생각이 짙게 듭니다. 부와 명예를 가졌다고 해서, 인생의 경험과 연륜이 깊다고 해서 아프지 않은 것이 아닙니다. 오히려 많은 것을 누리고 얻은 이들이 마음의 빈곤으로 저를 빈번히 찾아옵니다.

특히 한국 베이비붐 세대들의 내상內傷은 상당합니다. 지난 반세기 동안 격정적인 세월을 지탱하며 산업 역군으로서 평생을 살아온 이들은 이제 우리 사회의 주류이자 부의 정점에 서 있습니다. 그러나 수십, 수백 명의 직원을 거느리며 아직도 현업의 최일선에 있는 기업가들이 제게 정신적인 고통을 호소합니다. 열심히 살아왔고 앞으로도 그러할 이들이 왜 알 수 없는 열패감과 지독한 우울감에 빠져 있을까요?

너무도 열정적으로 살아왔기 때문입니다. 일에 온전히 모든 걸 바쳐온 완전연소증후군입니다. 공격적으로 일하며 받은 스트레스를 해소하기 위해 자극적이고 중독성이 높은 것들을 소비했습니다. 예를 들면 술과 도박, 스포츠 같은 것들 말입니다. 일과 놀이를 통해 모든 열정을 쏟아낸 이들은 순간의 쾌감을 얻었지만 그것은 그리 길지 않았습니다. 알 수 없는 공허함과 빈곤감이 내면을 지배하기 시작한 것입니다.

시대가 바뀌면서 공격적이고 쾌락적인 문화는 자취를 감추기 시작했습니다. 이제는 '세로토닌'의 시대입니다. 세로토닌은 본능을 관장하는 편도체를 다스리는 신경전달물질입니다. 뇌 활동에 깊이 관여하는 행복 물질로써 온화하고 평화로운 마인드를 만들어줍니다. 저는 지난 수십 년 동안 세로토닌의 중요성을 주창해왔습니다.

짧지 않은 세월 가깝게 지내온 동국성신 강국창 회장은 그 누구보다도 세로토닌적인 삶을 사는 사람입니다. 그는 적지 않은 나이임에도 평상시 일이 아니라면 차를 이용하지 않고 주로 걸어서 이동합니다. 또한 소식少食을 생활화하고 반드시 정해진 시간에 잠자리에 듭니다.

아랫사람들 못지않게 격무에 시달리는 CEO임에도 규칙적인 생활을 유지합니다. 또한 충분히 많은 것을 취할 수 있는 위치임에도 욕심을 부리지 않습니다. 천천히, 필요한 것만을 갖고, 간단하고 여유 있게 일상을 꾸리는 일. 강 회장은 세로토닌의 기본인 '슬로slow', '심플simple', '스몰small'의 가치를 잘 알고 실천하는 세로토닌형 리더입니다.

자신이 추구하는 삶의 방향대로 그는 회사를 이끌어가고 있습니다. 그가 임직원들에게 강조하는 것은 '정도正道'입니다. 정도를 밟아서

차분하게 가야 한다는 것입니다. 그리고 신중히 생각하고 뛰어야 한다고 말합니다. 신중히 생각한 후 결정을 내리면 그때부터는 무섭게 밀어붙이는 겁니다. 조금 출발이 늦을지 몰라도 일단 출발하면 사고 없이 잘 갈 수 있다는 것이 그의 지론입니다. 그러므로 '꼼수'는 통하지 않습니다. 성찰을 통해 올바른 길을 찾아내고 성숙한 기업 문화를 확립하는 것, 이것이 동국성신 강 회장이 추구해온 기업가 정신이자 철학입니다.

대표가 나서서 "돌격, 앞으로! 나를 따르라!"고 말하던 시대는 이제 지났습니다. 온화하고 평화로운 리더십으로 구성원을 포용해야 합니다. 이런 마인드의 세로토닌형 기업, 동국성신의 앞날이 기대됩니다.

강 회장의 이야기가 드디어 세상에 나온다는 소식을 들었습니다. 그는 언제나 조용한 외유내강의 전형입니다. 오랜 시간 그의 치열하면서도 투명했던 삶을 지켜본 사람으로서 그의 솔직하고 담담한 이야기를 들을 수 있게 되어 매우 기쁩니다. 그는 건강한 정신을 가진 CEO이며, 기업의 미래뿐 아니라 국가의 미래를 함께 생각하는 이 시대의 진정한 리더입니다. 당장에 화려한 것들이 아닌 본질이 무엇인지 정확하게 간파하는 기업가이기도 합니다. 많은 이들의 귀감이 되어온 강 회장의 저서 《흙수저도 금수저가 될 수 있다》가 새로운 시대의 젊은 CEO, 세로토닌형 리더가 되는 법을 알려주는 지침이 되리라 기대합니다.

2019년 5월
세로토닌 문화 원장 / 힐리언스 선마을 촌장 이시형

차 례 ●●●

Part 4 | 돋움과 닿음 – 목적 있는 행동으로

Part 5 | 나눔 – 후회 없는 생활을

출간에 즈음하여

젊은이들과 만나는 자리에 가보면 포기한다는 말을 많이 듣는다. 형편이 어려워 대학을 포기했다, 스펙이 후져서 취업을 포기했다, 나 혼자 먹고사는 것도 어려운데 결혼은 무슨 결혼이냐며 결혼 포기에 연애 포기, 어떻게 결혼은 했다 해도 아이 낳아 키우는 게 두려워 출산 포기. 급기야는 꿈도 포기하고 그러다 보니 인생의 의미를 잃어 아까운 목숨까지도 포기하는 안타까운 일이 발생한다. N포 세대라 불리는 젊은이들을 보면 마음이 아파 참을 수가 없다. 그들의 세대를 먼저 겪어온 사람으로서 뭔가 도움을 주고 싶은 마음에 조급해지기도 한다. 치솟는 물가, 등록금, 취업난, 집값 등 경제적·사회적으로 어려운 상황에서 만들어진 신조어라고 이해 못하는 건 아니다. 다만 어려울수록 더 용맹스럽고 진취적이어야 할 젊은이들이 해보지도 않고 나약하게 기피하고 포기하는 것은 선대들이 힘들여 세워놓은 이 나라의 장래를 어둡게 한다는 생각에 안타까울 뿐이다.

누구나 행복을 추구한다. 어떤 게 행복한 것인지 사람마다 기준이

다르겠지만 젊은이들과 행복의 기준 그리고 그것을 취하는 방법에 대해 이야기를 나누는 것은 축복이라 생각하고 있다. 문제는 행복의 기준이다. 현대인들은 그 행복을 물질적인 것으로만 생각하는 듯하다.

황금이 인생의 문제를 얼마나 해결할 수 있는가? 많지 않다. 돈이 있으면 좋은 침대는 살 수 있지만 단잠은 살 수 없고 좋은 음식은 살 수 있으되 식욕은 살 수 없다. 행복의 기준을 바꿀 필요가 있다. 진정한 행복은 마음의 평안에 있으며 그 평안은 내면 깊은 곳에서 영적인 것으로 채워진다. 그러니 행복의 기준을 잘 세워가는 것이 행복으로 가는 길을 여는 방법이라 생각한다.

행복의 기준이 바르게 정립되고 나면 그 행복을 위해 열심히 살아야 한다. 누가 행복하게 사는 비결을 물으면 나는 나의 인생에 빗대어 말하곤 하는데, 제일 먼저 땀 흘려 일한 자체를 기쁘게 여겨야 한다. 우리 인생은 생의 마지막 날이 언제인지 알지 못하도록 창조되었다. 아마도 창조주 하나님께서 우리로 하여금 오늘이 생의 마지막이라고 생각하며 살게 하려는 뜻이 아니었을까 싶다. 오늘을 생의 마지막이라 생각하고 살려면 과거보다는 오늘을, 오늘보다는 미래를 더 낫게 살아가는 점진적인 생이 되어야 할 것이다.

하나님은 사람을 창조하실 때 소나 말과 같은 동물과는 달리 태어날 때부터 바로 걸을 수 있는 힘을 주지 않으셨다. 이렇듯 사람을 2퍼센트 부족하게 창조하신 건 반드시 타인의 도움을 받게 하시려 했기 때문 아닐까. 자만하지 않는 은혜를 통해 내가 받은 도움을 타인에게 돌려주는, 세상에서 꼭 필요한 사람, 본이 되는 사람이 되길 원하셨던 것이다. 그러므로 오늘을 산다는 것은 창조주 하나님의 뜻을 따라 본이 되는 삶을 사는 것이다.

행복하려면 좋은 만남도 누려야 한다. 만남이란 한 사람의 일생을 결정할 뿐 아니라 미래의 삶도 바꾸어놓는다. 누구와 어떻게 만나느냐에 따라 행복과 불행이 결정되는 예를 참 많이도 보았다. 아마 거의 모든 이들의 첫 만남은 자신을 낳아준 부모와의 만남일 것이다. 사실 이 만남은 하나님의 뜻에 따라 정해지는 것이기에 인간의 자유의지는 개입될 여지가 없다. 그저 잘 받아들여야 한다. 하지만 그 이후의 만남은 노력 여하에 따라 달라지기도 한다.

배우자를 비롯한 가족과의 만남이 그렇고 친구와의 만남도 그렇다. 만남에 대한 이야기가 나왔으니 몇 마디 하자면, 만남에는 생선 같은 만남, 꽃과 같은 만남, 건전지와 같은 만남, 지우개와 같은 만남, 손수건과 같은 만남 이렇게 다섯 가지 만남이 있다고 한다. 유추할 수 있겠으나, 만날수록 비린내, 악취가 나는 생선 같은 만남, 힘이 있을 때 만났다가 소진되면 버려지는 건전지 같은 만남, 순식간에 지워지는 지우개 같은 만남은 슬픈 만남이다. 힘들 때 땀을 닦아주고 눈물을 닦아주는 손수건 같은 만남, 만날 때마다 향기 나는 꽃과 같은 만남, 우린 늘 이런 만남을 위해 노력해야 한다.

좋은 만남과 땀 흘리는 노력을 통해 인생을 살지만 때로는 그런 인생에도 슬럼프가 찾아온다. 그래서 하프타임도 중요하다. 숨 가쁘게 달려온 삶을 돌아보며 후반전을 위한 작전타임을 갖는 시간 말이다. 전환점을 잘 돌아야 나머지 삶을 황금기로 만들 수 있다.

흙수저도 금수저가 될 수 있다

이 하프타임은 보통 실패라는 녀석과 함께 주어진다. 나 역시 커다란 실패를 겪었기 때문에 강제로 하프타임을 갖기도 했다. 그런데 살아보니 실패는 참 중요하다. 실패와 성공은 종이 한 장 차이다. 경영자의 삶을 빗대어 실패와 성공의 차이를 비교해보니 이렇다.

실패하는 경영자는 잘나갈 때 자만하고 변화에 둔감하고 한탕주의를 즐기며 결론 없는 회의를 자주 한다. 그러나 성공하는 경영자는 잘나갈 때 겸손하고 변화에 온몸을 열어두며 한탕주의를 경계하고 회의回議 때문에 회의懷疑를 느끼지 않도록 한다. 승자는 힘센 사람이 아니라 빠른 사람으로 먼저 하고 제때 한다. 하프타임을 잘 겪어내면 종이 한 장 차이의 승자가 될 수 있다. 다행히 나는 어렵고 힘든 시간을 잘 지나왔기에 지금은 웃으면서 지난 날을 추억할 수 있게 되었다.

승자의 비결은 하나다. 포기하지 않고 보이지 않는 영적인 힘에 의지한 채로 일어선 것이다. 세상에서 가장 쉬운 일이 힘들 때 포기하는 것이고 남을 비판하고 판단하는 것이라고 한다. 반면 가장 어려운 일이 자기 자신을 아는 것과 힘들어도 포기하지 않는 것이라고 한다. 가장 어렵다고 해서 포기할 것인가. 그래선 안 될 것이다.

나는 소위 말하는 흙수저다. 탄광촌에서 태어나 어렵게 살다가, 학과라고는 광산과밖에 없던 공업고등학교를 다녔고 그래도 다행히 연세대학교에 진학한 뒤 어렵게 사업을 시작했다. 성공도 하고 무섭게 실패도 했지만 역경 속에서 다시 일어나 자랑스러운 기업인이라는 영광을 얻었다. 지금은 국내 4개 지역과 해외 4개 국가에 5개의 공장을 운영하는 경영자이면서 교회에서는 장로로, 9남매의 리더로 바쁘게 사는 삶의 주인공이 바로 나다.

힘없고 '빽' 없이 홀로 살아야 했지만 일생일대 가장 큰 만남의 복인 하나님을 만나 실패에서 돌아서는 힘을 얻었고, 행복의 진정한 의미를 깨달아 노력하는 삶, 도전하는 삶으로 가슴 뛰는 인생을 살고 있다.

올해로 77세를 맞는 노년이지만 지금도 거짓말 조금 보태 청년 같은 삶을 산다. 아침 6시부터 전화 영어 공부를 하고 있으며 골프와 탁구, 걷기, 근력 운동으로 체력을 단련한다. 그 후에는 조찬 모임을 갖고 회사에 출근하여 퇴근하기까지 회사 일에 매진하고 있다. 지방과 해외에 공장이 있다 보니 국내외 출장은 기본이다. 퇴근 후에는 또다시 건강을 유지하기 위해 운동을 하며 시간을 보낸다. 땀 흘려 일하는 것이 축복이란 사실을 깨달았기에 시간을 낭비할 수 없는 것이다.

이 책은 이런 나를 자랑하려고 쓰는 것이 아니다. 포기가 빠른 지금 이 시대, 실패 앞에 두려워하는 지금의 세대들과 끄트머리를 함께하고 있는 선배로서, 내가 느낀 인생의 정의, 행복의 정의, 행복한 삶에 도움이 되는 이야기를 들려주어 그들이 다시 일어서고 도전할 수 있게 되길 바라는 마음으로 던지는 메시지다.

삶은 우리가 무엇을 하며 살아왔는가의 합계가 아니라 무엇을 절실히 바라며 살아왔느냐의 합계라고 한다. 모쪼록 이 책을 통해 지나온 과거를 보기보다 땀 흘리며 절실히 살아온 인생을 들춰보며 당신의 미래를 또 한 번 일으키는 데 동력으로 삼길 바란다.

2019년 5월 강국창

하나님께서 세상의 어리석은 것들을 선택하신 것은

지혜 있는 것들을 부끄럽게 하시려는 것이고,

세상의 약한 것들을 선택하신 것은 강한 것들을 부끄럽게 하시려는 것이며

또한 하나님께서 세상에서 출신이 천한 것들과 멸시받는 것들과 없는 것들을 선택하신 것은

있는 것들을 아무 것도 아닌 것이 되게 하시어

어떤 육체도 하나님 앞에 자랑하지 못하도록 하시려는 것이다.

― 고린도전서 1:27~29

PART

1

세움

·

실패로부터

누구나 실패를 겪는다.
실패는 언제 어느 순간에나 일어날 수 있다.
중요한 것은 실패를 겪고 주저앉느냐, 뭔가를 잡고 일어서느냐다.
진정한 세움은 실패라는 관문에서 시작된다.
그러므로 실패와 성공은 종이 한 장 차이다.

나는 실패했다

실패는 어느 날 갑자기 찾아오는 게 아니다. 어딘가 틈이 생기고 그 틈이 조금씩 벌어지면서 한순간에 와르르 무너진다. 나 역시 실패를 경험했다. 그것도 소위 잘나가고 있을 때였다.

"사장님, 지금 회사가 쑥대밭이 됐습니다."

직원에게 이런 연락을 받았을 때 나는 믿지 않았다. 무슨 말도 안 되는 소리냐고 되레 언성을 높였지만 막상 공장에 가보니 직원의 말은 사실이었다. 분위기가 심상치 않았다. 재정을 담당하고 있던 임원이 있는 대로 수표를 발행해놓고 사라진 것이다. 그가 발행했던 어음이 빗발치듯 돌아오고 있었다. 기한 내에 어음을 막지 않으면 부도가 날 상황이 된 것이다.

부랴부랴 은행을 찾아갔다. 수년째 우리 회사와 거래를 트고 있던 은행이었기에 이런 말도 안 되는 상황을 이해해줄 수 있지 않을까 희망을 가졌지만 헛된 기대였다.

"은행장님, 부도라니요. 저희 회사가 그동안 쌓은 신뢰가 얼맙니까."

"사장님, 딱한 사정은 알겠습니다만 저희도 어쩔 수 없습니다."

은행에서도 난감한 표정을 지었다. 돌아오는 어음을 막을 요량으로 무작정 은행 창구에 앉아 있었지만 돈을 쌓아두고 사업을 하는 게 아니었던 터라 어음을 막지 못했고 결국 회사는 부도 처리가 되었다.

하루아침에 어음은 휴지 조각이 되었다. 공장은 가동을 멈추었다. 순식간에 이런 일이 벌어졌다는 사실이 그저 황당하였고 마치 꿈을 꾸는 듯하기도 했다.

'어떻게 하지?'

당장 뭘 해야 할지 눈앞이 캄캄하고 어디로 가야 할지 막막했다. 그래도 생각나는 곳은 집이었다. 돌아갈 집이 있다는 게 얼마나 큰 위로가 되었는지 모른다.

닫힌 은행 문을 뒤로한 채 집 쪽으로 발걸음을 돌렸다. 세상에서 가장 무겁고 힘겨운 걸음을 걸었던 것 같다. 불과 하루 전까지만 해도 희망에 찬 발걸음이었는데 지금은 패잔병이 된 듯했다. 어서 빨리 집에 들어가 피곤한 몸을 누이고만 싶었다.

그런데 더 큰 난관이 앞을 가로막았다. 가로등 불빛이 희미하게 비추는 골목길을 돌아 집으로 가려는데 저쪽에서 낯선 이들의 형체가 보였다. 순간 경계심이 생겼다.

'누구지?'

사복 차림이지만 그 사복 안으로 단단한 몸집을 숨기고 있을 것만

같은 남자들의 모습이 점점 가까워오자 이 상황을 피해야 한다는 직감이 들었다. 나는 본능적으로 그들의 눈을 피해 숨었다. 다행히 그들은 나를 발견하지 못한 채 한참 그곳을 서성였다.

나는 알 수 있었다. 그들이 만나러 온 사람이 나라는 사실을. 그 시절엔 부정수표 단속을 시행하고 있었고, 은행에서 부도 처리가 된 기업 대표는 단속 대상이었다. 거기서 잡히면 그대로 끝이었다.

몸을 숨기고 서서 그들의 동태를 지켜보고 있자니 속에서부터 울컥 뜨거운 것이 올라왔다. 불과 몇 시간 전까지만 해도 나름 잘나가는 중소기업의 사장이었고 장래가 촉망되는 정치 지망생이었건만, 어떻게 이렇게 한순간에 신세가 바뀔 수 있나 싶었다. 이 현실이 믿기지 않았다.

어쨌든 그날 나는 한참을 동네 어귀에 몸을 숨기고 서 있다가 발걸음을 돌려야 했다. 집을 지척에 두고도 들어가지 못하는 처지로 전락한 채 숨어 다니게 된 것이다.

실패는 누구에게나 일어날 수 있다. 확실한 이유 없이 찾아오는 실패도 있긴 하지만 대부분은 원인이 있다. 개인적이든 환경적이든 이유가 있는데, 실패했다고 느끼는 순간 사람들은 원인을 찾기보다 감정에 치우친다. 그래서 절망의 나락으로 빠져드는 것이다.

나 또한 다르지 않았다. 생애 처음으로 맛본 실패는 쓰라렸고 당황스러웠고 갑작스러웠다. 그래서 그 여파도 심했던 듯하다. 그때 나는 처음으로 쓰디쓴 고백을 쏟아냈다.

'나는 실패자다.'

좌절로 끝낼 것인가

회사가 부도 처리되자 인생이 송두리째 무너지기 시작했다. 한 가정이 풍비박산된 건 말할 것도 없고 회사는 공중분해 일보 직전인 데다 나는 절망에서 빠져나올 수가 없었다. 사복형사들은 아직도 나를 찾아 다녔기에 낮에 돌아다니는 건 상상도 못했고, 밤이 되면 그리운 집 주변을 배회하며 마음속으로만 가족과 만났다. 이미 집안엔 빨간 압류 딱지가 붙었을 것이고 그 일을 혼자 감내해야 할 아내에게는 미안한 마음뿐이었다. 이제 막 초등학교에 입학한 아들부터 유치원에 다니는 딸에 대한 미안함과 그리움은 말할 것도 없었다.

'미안하다, 미안하다…….'

하루에도 몇 번씩 가족에게, 직원에게 미안하단 말이 나왔다. 그와 함께 회사를 어렵게 만든 이를 향한 원망은 더욱 커져갔다. 내가 그동안 어떻게 했는데 이렇게 회사와 사람을 배신할 수 있는지 미움과 분노가 커졌다. 반면 나 자신은 더욱 위축되어갔다. 특히 주변에 사람이 떠나는 것이 느껴질 때 너무 힘들었다. 주변에 그렇게 많던 사람들 중에 나를 찾는 사람이 하나도 없었다. 그동안 내가 살아온 길에 자괴감이 들 정도였다.

친구도 그랬다. 갈 데가 없어 친구를 찾았을 때 그나마 그는 나의 사정을 이해하고 받아주었다. 하지만 시간이 지날수록 서로 요원해지고 불편해지는 건 어쩔 수 없는 일이었다. 친구는 괜찮다고 했지만 나의 추락한 모습을 계속 보이는 건 힘든 일이었다.

나는 철저히 외로웠고 고독했다. 돈 한 푼 없이, 사람 하나 없이 지독한 고독감 앞에서 잡고 있던 인생이란 끈을 놓아버리고 싶었다. 하루에도 열두 번씩 다 놓고 싶단 생각이 밀려왔다. 그런데도 신기한 것은 그 마음 한구석으로 전혀 다른 생각이 고개를 드는 것이었다. 놓고 싶지 않다는 생각 말이다. 그동안 살아온 게 너무 아깝다는 생각이 들었기 때문이다.

실패의 끝에서 끈을 놓고 싶지 않다는 생각이 들자 어느 순간부터 '내가 왜 실패했을까' 하는 의문이 들기 시작했다. 그러고 보니 실패했다는 사실에만 연연한 나머지 그 원인을 제대로 생각하지 못했단 사실을 깨달았다.

'나는 왜 실패했을까?'

그제야 사업 실패의 원인을 따져보기 시작했다. 재정 담당자의 부적절한 업무 처리가 잘나가던 사업을 하루아침에 부도낸 직접적인 원인이긴 했지만 그보다 더 근본적인 원인이 있었다.

그건 바로 '나'였다. 독점 상품을 개발했다는 승리감에 취한 나머지 너무 교만했다. 무한 경쟁을 벌이는 기업의 세계에서 성공이란 잠시 누릴 기쁨이지만 거기에 취하면 안 된다는 것을 간과했다. 이렇다 할 경쟁 업체도 없이 독점 상품을 개발했으니 언제까지나 영화가 계속되리라 착각을 했던 것이다. 그러다 보니 후속 상품을 개발하려는 투지도 느슨해지고 차선책을 마련해놓지 못한 채 명예욕, 물욕에 현혹되어 조급하게 기업을 확장했다.

또 하나 탓할 것은 기업인에게 맞지 않은 꿈을 꾼 것이다. 바로 바람 중에 가장 무섭다는 정치 바람이 든 것이다. 이 역시 조그마한 성공에 취한 나머지 갖게 된 명예욕이었다. 돌아보니 내겐 허세를 부리고 싶은 마음이 있었던 것 같다.

뼈를 깎는 고통 속에서 실패의 원인을 생각하는 시간이 이어졌다. 외부 요인이 아닌 나 자신에게 문제가 있었다고 생각하자 신기하게도 실패라는 단어가 주는 무거움에서 조금은 벗어날 수 있었다. 그렇게 나는 조금씩 실패와 마주할 수 있었다.

실패를 딛고 일어서는 일은 원인을 객관적으로 바라보는 데에서 시작된다. 나는 첫 번째 성공을 너무 믿었다. 그로 인해 좌절도 겪었지만 원인을 찾아봄으로써 상황을 좀 더 객관적으로 보는 눈이 생긴 것도 같다. 일순간에 불어온 참담한 실패는 나로 하여금 오랜 시간 방황하게 하고 나락으로 떨어지는 자존감을 처절하게 느끼게 해주었지만 한편으론 성공의 이면을 곱씹어보는 시간을 주기도 했다. 그러니 100퍼센트 마이너스 성장만은 아니었다.

주저앉느냐 일어서느냐

인생이 깊어지기 위해서는 희망도 필요하고 절망도 필요하다. 단지 포기라는 놈의 유혹만 과감하게 물리칠 수 있다면 기회는 반드시 찾아오기 마련이다. 가끔 쓰러지면 어떤가. 쓰러질 때마다 일어서면 그만이지. 나 스스로를 응원하자. 힘을 내자.

이외수 작가의 《쓰러질 때마다 일어서면 그만,》이란 책에 보면 이런 글이 나온다. 이 글을 읽을 때마다 나의 첫 번째 실패가 떠오른다.

사업 실패로 홀로 힘들어하면서 나는 절망했지만 한편으론 실패의 원인을 찾았다. 그리고 그 원인이 내 안에 있었음을 깨닫고 나자 또 한 번 두 가지 마음이 들었다. 하나는 내가 이것밖에 안 되는 사람인가 하는 좌절감에 죽고 싶은 마음이었고, 다른 하나는 일말의 희망을 갖고 다시 시작하자는 마음이었다.

물론 처음 1년간은 죽고 싶은 심정이 더 컸다. 나의 빈손이 너무 커 보였기 때문이다. 소도 비빌 언덕이 필요하다는 옛말이 뭘 두고 한 말인지 알 수 있을 정도였다.

친구 집을 전전하며 힘겹게 지내던 중 한 친구가 나를 찾아왔다. 지금은 캐나다로 이민을 간 친구였는데, 그 친구가 나를 찾아와 다짜고짜 교회에 같이 가보자고 권유를 했다. 그때까지만 해도 교회란 사교 모임 정도로만 생각하고 있던 나였다. 한가한 사람들이나 모이는 모임 아니냐고 비방을 했었기에 교회란 말에 처음엔 알레르기 반응을 보였다. 하지만 친구는 집요했다.

"그러지 말고 나랑 교회 딱 한 번만 가봐. 너 솔직히 지금 아무도 없잖아. 하나님은 언제나 함께 계시는 분이시다. 한번 믿어봐."

"지금 눈에 보이는 것도 믿을 게 없는데 보이지 않는 존재를 믿으라고?"

"그러니까 믿음이 필요한 거야. 하나님에 대한 믿음이 있으면 못할 게 없다. 그 보이지 않는 힘을 믿어봐."

그렇게 친구의 강권으로 교회에 첫발을 디뎠고, 세계 최고의 교회라 불리는 교회의 대단한 규모와 그곳을 가득 채운 사람들을 보고 깜짝 놀랐다. 쓸데없는 데에 마음을 빼앗긴 사람들이나 사교가 목적인 사람들이 모일 거라는 나의 예상이 와르르 무너졌다. 사회 곳곳의 내로라하는 이들이 와서 앉아 예배드리는 모습을 보며 얼마나 혼란스러웠는지 모른다.

'아니, 저 사람들이 어째서 이렇게 모여 있을까. 저들이 믿는 하나

님이란 분이 과연 어떤 분이기에 이 귀중한 시간에 와서 예배를 드리는 것일까.'

이 광경 앞에 나는 첫 번째로 무너졌다. 그리고는 '그래, 저들이 믿는, 보이지 않는 그분의 능력을 한번 믿어나 보자(?)' 하는 심정으로 교회 문턱을 밟기 시작했다. 그러다가 기도원을 가게 되었고 그곳에서 하나님을 제대로 한번 믿어보겠다는 자유의지가 생겼다. 나는 기도원에서 금식하며 하나님께 매달렸다. 태어나 지금껏 한 번이라도 울며 부르짖고 매달렸던 적이 있었던가. 부도가 났을 때도 이렇게까지 울부짖지는 않았던 것 같다.

보이지 않는, 영적인 힘이 나를 사로잡은 것이다. 그날 나는 보이지 않는 존재에 대한 확신을 갖게 되었다. 분명히 마음속으로부터 울리는 음성을 들었고, 한 번 더 나가서 해보자는 믿음이 생겼다. 유물론자였던 내가 하나님의 존재를 완전히 인정하고 보이지 않는 힘을 믿게 된 것이다.

나의 삶은 달라졌다. 아니, 삶에 대한 시각이 달라졌다. 세상이 달라 보였다. 하나님이란 보이지 않는 분이 내 뒤에 계시다는 그 든든함은 세상 무엇보다 귀한 동력이 되었다. 나는 실패로 인해 주저앉았지만 믿음이라는 것을 붙들고 일어섰다. 실패를 극복할 힘이 생긴 것이다.

극복의 힘은 생각의 변화였다. 실패는 누구에게나 한 번 이상 반드시 찾아온다. 하나님께서 주시는 시험은 더 좋은 것을 주시려는 훈련이므로, 그 시험에 합격하겠다는 마음으로 극복 의지를 다지자고 마음먹은 것이다.

마음속에 믿음이 생기기 시작하자 일어설 꿈도 생기기 시작했다. 멈춰 있던 생각도 다시 가동되기 시작했다.

'내가 실패한 원인이 뭐였지? 그걸 어떻게 바꿔야 하지?'

나는 같은 실패를 답습하지 않으려 실패에서 얻은 교훈을 적용해나 갔다. 초심으로 돌아가 중소기업은 어떻게 해야 살아남을 수 있을까 고 민한 끝에 결론을 내렸다. 중소기업은 대기업에 비해 정보력과 마케팅 능력, 연구 개발력과 우수한 인재 등용 면에서 뒤처지기에 그 경영 방 식을 따라 해선 안 되었다. 대기업의 경우 신제품을 출품하기 위해 오 랜 시간 시험하고 결점이 사라질 때까지 점검을 하지만 중소기업은 신 속함이 무기다. 그러니 정확성보다는 신속하게 시행해보고 문제점을 고쳐나가며 보완해감으로써 시간 경쟁에서 우위를 차지해야 했다. 정 확보다는 속도를 우선시하는 제품을 개발하는 방향으로 경영 방침을 정했다. 또한 그간의 형식주의를 타파하고 효율적인 시스템을 만들었 으며 될 때까지 연구한다는 처음의 마음으로 돌아가 제품 개발을 하도 록 했다. 이러한 변화는 모두 실패 이후 얻게 된 살아 있는 지혜였다.

사훈을 '신속·정확·협동'으로 정하고, 경영 방침도 자율경영·투 명경영·공개경영으로, 행동 강령도 낭비 제거·간편 행정·혁신과 창 의로 바꾸었다. 또 하나 하나님이 주신 비전을 세웠다. 그것은 명문 장 수기업이 되는 것이었다.

그러고 보면 실패는 빈손이 아니다. 그 속에 반드시 건질 것이 있는 법이다. 살아 있는 교훈을 바탕으로 기도하며 일을 시작하다 보니 막막 하기만 했던 재기의 길이 열리기 시작했다. 생각지도 못했던 예전 거래처가 떠올랐고 놀랍게도 그들은 우리와의 거래를 터주었다. 아주 조그마한 숨통이 트이자 다시 정한 경영 방침과 개발 방침에 따라 공장이 가동되었고, 첫 거래가 마중물이 되어 회사는 재기할 수 있었다. 우리만의 부품을 개발하게 되었고, 그 부품 개발을 시작으로 기업은 불 일 듯 일어섰다. 인천과 광주, 창원과 제주 등 국내 4개 지역과 중국, 베트남, 멕시코, 폴란드 등 해외 지역에 공장을 운영하는, 꽤 탄탄한 중소기업으로 자리매김하게 되었다.

지금도 주식회사 동국성신은 실패에서 얻은 교훈을 상기하며 새로움을 추구하는 '신경영'을 해나가고 있다. 소단위 팀을 편성하여 자율평가를 하는 차별화된 공장을 운영하고, 그룹 통신망을 구축하고 전자결재 시스템 등을 만들어 효율적 행정을 유지하고 있으며, 제조업 외에도 친환경 녹색경영을 실행하는 제주 스프링데일 골프&리조트 사업에 도전하여 최고의 성과를 내고 있다.

여전히 수십 년 전 실패를 생각하면 어제 일처럼 생생하고 가슴이 먹먹해진다. 실패라는 장애물 앞에 섰을 때의 두려움과 공포, 자괴감과 좌절감은 경험해보지 못한 이들은 짐작하지 못할 것이다.

누구나 실패를 한다. 정도의 차이는 있겠지만 실패는 하기 마련인데, 중요한 건 실패 자체가 아니다. 실패했을 때 주저앉느냐 일어서느냐가 그 사람의 미래와 행복을 좌우한다. 주저앉는다는 것은 포기하는 것이다. 아무것도 하지 않겠다는 무기력함이다. 실패를 딛고 다시 일어서려면 본능을 이기는 의지가 필요하다. 다시 일어설 때 잡고 설 버팀목이 있으면 그 인생은 최고가 된다. 나에게 그 버팀목은 보이지 않는 힘, 하나님이었다. 믿음이 커갈수록 현실을 딛고 일어설 힘이 더 커졌고, 그 무한한 능력에 의지함으로써 담대하게 이겨나갈 수 있었다. 그 힘은 나로 하여금 나 자신이 괜찮은 사람이란 확신을 갖게 만들었다.

돌이켜보니 흙수저인 내가 금수저가 되기까지의 과정도 그랬던 것 같다. 아무것도 없는, 보잘것없는 인생이었지만 보이지 않는 힘에 이끌림을 받았고, 넘어졌을 때 보이지 않는 힘이 날 일으켜주셨기에 의지를 갖고 일어섰다. 흙수저가 금수저가 되는 과정은 무엇 하나 기댈 것 없는 맨바닥에서 보이지 않는 힘을 붙잡고 일어선 찬란한 시간이었다.

2

배움

·

모든 일에 정성을

흙수저가 금수저로 연마되기 위한 첫 번째 과정은 배움이다.

배움에는 세상의 지식을 얻는 것부터 지혜를 얻기까지 모든 과정이 포함된다.

수많은 배움의 시간을 통과할 때는

배움이라는 연마 과정의 주체가 되는 것이 중요하다.

주체가 되기 위해서는 배움을 향한 정성스러운 자세가 필요하다.

탄광촌, 나를 키운 인큐베이터

지금도 눈을 감으면 익숙한 풍경이 그려지곤 한다. 수십 년이란 시간이 흘렀음에도 시커먼 석탄재와 먼지, 꺼먼 물이 줄줄 흐르는 온몸에 이빨만 하얗게 드러내며 웃던 어른들의 안심되는 퇴근길 표정 등이 생생하다. 그만큼 탄광촌의 기억은 강렬하다.

나는 탄광촌에서 태어났다. 다시 말해 탄광촌이 고향이다. 본래 부모님 두 분의 고향은 경북 영양이셨다. 두 분 모두 영양에서 나고 자라셨고 아버지는 영양우체국 부국장을 역임하셨지만 해방되면서 강원도로 이주해 오셨다고 한다. 일제강점기에 행정기관 관리로 일하셨으면 행정능력을 인정받은 것인데도 1940년대 중반 강원도로 이주해 오신 이유는 아마도 더 나은 삶을 좇으셨던 것이 아닐까 한다.

해방 이후 우리나라는 빼앗긴 정부를 다시 세우는 동시에 경제를 살리는 일에 집중해야 했다. 먹고사는 게 그만큼 중요한 까닭이다. 국가 차원에서 주력한 부분은 1·2차산업으로, 다시 말해 기본적인 산업을 통해 자원을 얻고자 했다. 이에 따라 일제강점기부터 에너지원으로 주목받던 광산업이 활성화되기 시작했고 덩달아 광산업의 주력지인 강원도 일대에 사람들이 몰려들었다.

이러한 배경 속에 부모님도 강원도로 이주하셨고 아버지는 행정직에 종사하셨던 경력을 바탕으로 대한석탄공사 관리직으로 일하시게 되었다. 그렇게 9남매 중 내 위로 두 분, 형님과 누님만 영양이 고향이고 9남매 중 셋째로 태어난 나는 태백이 고향이다.

강원도 일대는 가히 '탄광도시'라 해도 무방할 정도로 막장이 개발되었다. 1950년대부터 1960년대 중반까지 석탄산업이 최고 전성기를 누리면서 국내 탄광 숫자가 급격히 늘어났고 특하나 많은 탄광이 몰려있는 태백의 인구도 기하급수적으로 늘어났다. 눈에 보이는 세상이 전부였을 때 내겐 탄광 광부들의 삶이 인생의 전형적인 모습이었다. 아침 일찍 도시락을 하나씩 손에 들고 허름한 옷을 입고 막장 앞에 서서 일제히 지하로 지하로 들어가던 모습, 저녁이 되어 피곤에 전 표정으로, 아니 오늘 하루도 무사히 보냈다고 안도하는 표정을 안고 달그락거리는 빈 도시락 통을 들고 귀가하는 가장들의 모습이 내가 만난 어른의 삶이었다.

"아버지, 탄을 캐려면 얼마나 아래로 들어가야 해요?"

"왜, 궁금하냐? 한도 끝도 없이 내려가지."

아버지는 실제 광부는 아니셨어도 광부들과 함께 생활하고 그들을 관리하는 입장이다 보니 그들과 궤를 함께하고 계셨다. 아버지가 슬쩍 알려주신 광부의 삶은 정말이지 어린 내가 느끼기에도 험난하고 고생스러웠다. 수백 미터도 더 되는 지하로 내려가면 눈앞이 캄캄한데, 그 속에서 조명등 하나 없이 헬멧에 달아놓은 조그만 랜턴 불빛에만 의존한 채 몇 시간을 탄을 캐고 분진과 싸워야 한다. 끓어오르는 열기와 언제 어디서 날아올지 모를 석탄가루, 작은 불씨만 튀어도 화학작용을 일으킬 광물 천지라 폭발 위험이 도사리는 곳. 그 좁은 공간에서 수많은 인부들이 삶을 향한 치열한 전쟁을 벌이고 있었다.

"느그 아버지나 다른 집 아버지들이 그렇게 석탄가루 마시면서 돈 벌어 가정을 살리고 있다. 그러니 열심히 공부해야 한다."

지나가듯 한 말씀 덧붙인 그 이야기가 잊히지 않았다. 사실 우리 동네에서 광부가 아닌 사람은 거의 없었다.

"너희 아버지도 탄광 다니시지?"

"응. 우리 아버진 장성광업소. 너희 아부진?"

"우린 그 옆 탄광으로 다니서."

친구 아버지도 광부, 친구 형님도 광부, 건너 건너 이웃도 광부. 어쨌든 일을 한다는 성인 남자들은 모두 탄광으로 들어가는 상황이었다. 온 동네가 석탄산업의 최고 전성기를 누리는 만큼 모든 사이클이 탄광촌 위주로 돌아갔다. 가족의 생활 패턴 또한 보통 3교대 근무를 하는 아버지들의 근무 스케줄에 따라 달라졌다.

산업이 점점 발전하면서 생활은 넉넉해졌을지도 모르겠다. 6·25전쟁을 겪은 우리 세대로서는 밥이 곧 생존의 문제임을 알기에 밥 굶지 않고 산다는 게 얼마나 감사한 일인지 정도는 알고 있었다.

그러나 그즈음 나는 한숨이 많아졌다. 10대 중반을 지나면서 비로소 나를 둘러싼 환경을 바라보니 뭔가 꽉 막힌 답답함이 들었던 것이다.

특히나 형님의 귀환은 나의 갑갑한 마음을 더욱 짓누르는 결정적인 한 방이었다. 나보다 열 살이나 많은 형님은 6·25전쟁에 학도병으로 징집되었다가 전쟁이 끝나고 제대한 뒤에는 태백으로 돌아와 우리와 함께 살게 되었다. 나는 어린 나이에 전쟁터를 누비고 다녔을 형님에게 연민과 함께 자부심도 느끼고 있었는데, 그 형님이 선택한 길도 바로 탄광 취업이었던 것이다.

'아…… 나도 결국 탄광에서 살아야 하는 것일까?'

수년 뒤 가야 할 길이 정해져 있다는 데에 대한 막막함이랄지, 원하든 원치 않든 막장으로 갈 수밖에 없다는 조바심도 있었던 것 같다. 그러면서 반대급부로 이곳에서 벗어나고 싶다는 소망이 끓어올랐다. 탄광촌이 세상의 전부가 아닐 테니 탄광촌 밖의 더 넓은 세상을 바라보고 싶었다. 광부를 멸시하는 것이 아니다. 우리 아버지들의 희생과 헌신은 정말 훌륭하다. 그분들의 고생스럽고 험난한 이야기는 코끝이 시커메지도록 들었고 또 지켜봤다. 하지만 모두가 똑같은 인생, 정해진 인생을 살라는 법은 없다. 우리 아버지가, 나의 형님이, 누님의 남편 매형이 탄광에서 일한다고 나 역시 그 길을 가야만 할 것 같은 생각에 나는 탄광촌을 벗어나기로 결정했다. 아직은 벗어날 특별한 방법을 찾지 못했지만 마음을 먹었으니 방법도 생기리라 희망을 걸었다.

그리고 보면 탄광촌은 내 인생에서 미성숙한 생각을 자라게 해준 인큐베이터 같은 곳이었다. 미성숙하게 태어난 아이가 정상적으로 자랄 수 있도록 도와주는 것이 인큐베이터다. 이곳에서 세상의 빛을 조금 일찍 본 아기들이, 아직 덜 완성된 채로 세상에 나온 아이들이 마치 엄마 품 안에 있는 것처럼 영양과 환경을 공급받으며 자란다. 나는 탄광촌이란 인큐베이터에서 벗어남이라는 소망을 공급받았다. 세상에서 가장 *끄트머리*라 일컫는 곳, 막장 인생이 모여드는 곳에서 어쩌면 고민 없이 편안하게 갈 길을 정하고 선택했을 수도 있었던 생각의 폭을 넓혔다. 그래서 탄광촌은 나에게 애증의 공간이다.

누구나 타고난 환경이 있다. 모두가 부러워할 환경을 타고날 수도 있을 테고 그렇지 않은 환경에서 날 수도 있을 것이다. 하지만 중요한 것은 타고난 환경을 탓하다가 귀중한 시간을 놓쳐버려선 안 된다는 사실이다. 환경은 고스란히 그 사람의 생각을 배양할 인큐베이터가 된다. 그 속에서 제대로 생각이 정리되어 나오면 된다. 나는 탄광촌이란 인큐베이터에서 '막장 인생'이 아닌 '넓은 세상으로 도약할 길'을 찾았다.

밥상머리 교육

"기업을 웬만큼 경영하다 보니까 사람들이 부자라고 생각하더라고요. 그런데 부자가 뭘까요? 제가 남들보다 돈이 많은 것도 아니에요. 그렇다고 또 밥을 더 많이 먹는 것도 아닙니다. 하하. 사실 저는 하루 세끼도 못 먹고 살 때가 많거든요. 그러니 저는 당연히 부자가 아니죠. 하하."

이런 이야기를 자주 한다. 실제 나의 삶이 그렇다. 바쁘기 때문에 밥 때를 놓치는 경우도 많고 약속이 잡히는 통에 세끼 모두 챙겨 먹기가 여간 힘든 일이 아니다. 우스갯소리로 다 먹고살자고 일하는데 말이다.

밥, 참 중요하다. 밥은 곧 일의 결과이자 의미도 된다. 열심히 일했을 때 얻게 되는 열매이기도 하지만 열심히 일했기에 밥이 더 가치 있는 것이다. 물론 일용할 양식을 주시는 분의 은혜가 전제되어야 할 테지만 말이다.

이렇게 '밥론'에 빠지게 된 건 나의 DNA에 흐르는 어머니의 '밥상 철학' 덕분이다. 어머니는 밥에 유독 민감하셨다. 광산에서 일하는 남편의 월급으로 열한 식구의 삶을 꾸려가는 입장이었기에 늘 먹는 것에 예민하셨던 것이다. 어머니는 아홉이나 되는 자식들이 가만히 앉아서 노는 꼴을 보지 못하셨다. 식구라는 한자를 보면 밥식食 자에 입구口로 한집에서 함께 끼니를 먹는 사이를 의미함에도 '일하지 않는 자 먹지도 말아야 한다'는 신념을 철저히 지키셨다.

물론 살림이 넉넉하진 못했다. 당연했다. 아무리 광산업이 발전하던 시기라고 해도 당시의 월급이 높은 수준도 아니었고 아홉이나 되는 자식들을 가르치고 입히고 먹이는 데 들어가는 돈이 얼마나 부담스러웠을지 가히 짐작이 간다. 그나마 다행인 건 회사에서 쌀이 배급되었다는 사실이다.

우리 집 밥상은 3개였다. 상당히 가부장적인 성향이셨던 부모님은 밥상에서부터 남녀 차별을 철저히 행하셨는데, 밥상 하나는 아버지를 위한 것, 또 하나는 아들 일곱이 모여서 먹는 밥상, 나머지는 어머니를 비롯한 여자 형제들이 먹는 맨바닥 밥상이었다. 그들은 변변한 밥상 없이 바닥에서 식사를 했다. 매 끼니마다 이런 풍경이 펼쳐졌는데 그때는 나도 그게 당연하다고 생각했던 것 같다. 모르긴 해도 다른 집들도 마찬가지였을 것이다. 지금도 그 사실에 대해 한 번도 부당하다고 생각하거나 왜 그래야 하는지 물어보지 못했다.

그래도 하루 중 가장 좋은 때는 식사 시간이었다. 하루 세끼 식사를 하는 시간이 왜 그렇게 좋았는지. 없어서 못 먹던 시절이라 그런지 식욕은 왕성했고 늘 음식은 부족했다. 열한 명이나 되는 식구들 입으로 밥이 들어갈 때면 밥상은 고요했다. 우적우적 밥 씹는 소리, 김치 씹는 소리만 들릴 뿐 별다른 대화도, 특별한 일도 없었다.

다만 어머니의 타박 소리가 정적을 뚫고 나왔다. 어머니는 돌아서면 배가 고프던 자식 아홉을 키우며 꽤나 걱정스러우셨는지 날마다 많이 먹는다고 타박하셨다.

"야야, 밥 좀 그만 먹어라. 배 속에 뭐가 들었는지…… 쯧쯧."

당시에는 그 많은 식구의 그릇을 감당하기도 벅차서, 커다란 양푼에 밥을 산처럼 퍼놓고 각자에게는 국 그릇 하나만 배당이 되었다. 국 그릇에 밥을 떠서 반찬 한두 개를 두고 먹는 게 전부였다. 김이 모락모락 피어오르는 밥이 올라오면 형제들의 눈빛이 달라졌다. 그 밥이란 것도 하얀 쌀밥이 아닌 조밥이나 잡곡을 잔뜩 넣은 밥이 다였지만 "요이 땅!" 하면 먼저 많이 가져가는 사람이 임자였다. 속도의 중요성을 그때 일찌감치 깨달았다고 보면 된다.

보릿고개라 해서 남들은 밥도 거르는 때였으나 그나마 아버지가 석탄공사에서 근무해 쌀을 배급받았기에 쌀은 굶지 않을 만큼 있었는데도 어머니의 밥은 늘 부족했다.

"어머니, 저 밥 좀 더 주시면 안 돼요?"

누군가 용기 내어 말하기라도 할라치면 0.5초도 안 되어 어머니의 반격이 시작되었다.

"밥 없다. 그만 먹어라. 넌 뭐 잘한 게 있다고 그렇게 밥을 먹냐? 공부는 서푼어치 하고 그렇다고 일을 제대로 한 것도 아니고."

한바탕 잔소리를 듣고 나면 더 먹겠다는 말이 쏙 들어갔다. 먹는 게 귀했고 사는 게 팍팍했기에 가족을 건사해나가야 했던 어머니로선 당연한 제재였겠지만 어린 마음에는 그게 그토록 서운했다. 넉넉히 마음껏 먹을 수 없다는 환경적 제약 때문인지 내 배 속은 허전할 때가 많았던 것 같다.

밥 먹을 때마다 어머니가 노래처럼 하시던 말씀, '공부는 서푼어치도 안 하면서 밥을 많이 먹는다' 또는 '일도 제대로 하지 않으면서 밥을 축낸다'는 말이 가슴에 콕콕 박혔다. '아, 밥이라는 것은 공부나 일을 하고 난 뒤에 그 대가로 먹어야 하는구나' 하는 인식이 생기게 되었다. 그것이 좋은 교육인지 아닌지는 잘 모르겠다. 다만 '일하지 않는 자 먹지도 말라'는 성경의 말씀이 지금껏 전해지는 것을 보면 어머니가 잘못된 논리를 펼치신 것 같진 않다. 게다가 훗날 신앙을 갖게 되면서 성경 말씀을 접하다 보니 데살로니가후서에서 이미 같은 말씀을 하고 계셨음을 알고 놀라워했던 기억이 난다. 사도 바울이 데살로니가 교회 성도들을 향해 "우리가 너희와 함께 있을 때에도 너희에게 명하기를 누구든지 일하기 싫어하거든 먹지도 말게 하라."라고 한 말씀이었다.

어쨌든 어머니의 밥상철학 덕분에 내 유전자 속엔 '성실' 인자가 강하게 각인되었던 것 같다. 우리 형제 아홉은 누구랄 것 없이 어머니가 명하신 일을 해야 했다. 우리는 해방이 되자 일본인들이 본국으로 철수하면서 남겨놓은 적산가옥에 살았는데, 그 집 앞 텃밭에 농사도 짓고 마늘이며 배추도 키웠다. 게다가 가축 축사도 지어 살림에 보태곤 했다. 그러다 보니 토끼에게 물을 주는 일, 밭에서 김을 매는 일, 돼지에게 먹이 주러 가는 일 등 집안일은 모두 형제들 차지가 될 때가 많았다.

어머닌 그것 말고도 끊임없이 일을 하셨다. 아버지의 외벌이로는 도저히 살림이 감당되지 않으셨기에 좌판에 농사지은 것들을 가져다 놓고 파는 일까지 불사하셨다. 그러다 보니 집안일이나 잡일 등을 우리가 맡아서 하는 건 당연했다. 나 역시 다양한 일을 해야 했는데 그중에서도 돼지 밥을 수거해 오는 일이 가장 곤혹스러웠다.

"국창아, 가서 돼지 밥 가져와라."

이런 명령이 떨어지는 날은 재수 없는 날이었다. 축사에서 키우는 돼지가 어찌나 많이 먹는지 날마다 돼지 밥을 주어야 했는데, 그러려면 집집마다 돌아다니며 버려진 음식물을 수거해 가져와야 했다. 집 앞 양동이에 놓인 돼지 먹이를 수거하려면 가까운 곳에서부터 길게는 30분 넘게 걸리는 곳까지 다녀야 했는데, 양동이를 들고 다니느라 힘들 뿐 아니라 창피하기도 했다.

그도 그럴 것이 때는 한창 감수성이 예민한 까까머리 중학생 시절, 돼지 먹이가 가득 든 양동이를 들고 오다 보면 꼭 여학생들과 마주치곤 했다. 우리 동네는 탄광촌답게 초등학교, 중학교, 고등학교도 딱 하나씩 있었다. 그러니 거의 모두가 안면을 트고 지낼 수밖에 없는 폐쇄적인 공간이었다. 옆집에 숟가락이 몇 개인지 알 수 있었고, 그 집 자식들이 어떤지 알 수 있었지만 그렇다 해도 사춘기 시절 아닌가. 알고 지내던 여학생 앞이라 해도 감성적으로 예민할 때였다. 그런 시기에 돼지 먹이가 가득 든 양동이를 들고 철벅철벅 걸어오는 모습을 보인다는 건 참 창피한 일이었다.

이런 심정을 어머니가 알 리 없었다. 이런저런 변명을 하다 안 통하면 지척지척 일어나 돼지물을 받으러 가곤 했다. 한번은 하도 일을 시켜서 일을 하지 않으려고 벽장 속에 전구를 설치하고 바둑과 장기를 두었는데, 눈치 빠른 어머니가 그 모습을 발견하시곤 장기판과 바둑판을 아궁이 속에 집어 던진 일도 있었다.

그런 어머니도 공부만큼은 인정해주셨다. 어릴 때부터 책 읽기를 좋아하고 학교 공부를 곧잘 했던 내가 공부하고 있을 때는 일을 할당하지 않으셨다. 나뿐만 아니라 다른 형제들에게도 마찬가지였다. 학생의 본분은 공부이고 언제나 공부가 먼저라고 생각하셨기에 공부를 하고 있을 땐 그 어떤 일도 시키지 않으셨지만 놀거나 쉬고 있을 때면 어김없이 일이 떨어졌다. 그래선지 어렸을 때부터 내 DNA에는 '공부를 해야 인정받는다', '밥의 무게는 곧 일의 가치다' 라는 생각이 들어찼던 것 같다.

지금도 나는 밥상머리 교육을 떠올리곤 한다. 밥을 먹을 때마다 밥먹을 자격이 되는지 끊임없이 상기하게 했던 어머니의 말이 교육 방식이었다고 보긴 어려울 것이다. 하지만 사는 게 팍팍해서 퉁명스럽게 나온 이야기 속 어디엔가 성실함이야말로 생존의 가장 기본적인 조건임을 알게 해주려는 마음이 있었으리라 믿는다. 그래서 일흔이 넘는 나이에도 불구하고 지금까지 현업에 종사하면서 밥상을 대할 때마다 생각한다.

'나는 밥의 무게를 제대로 느끼고 있는가.'

부모는 인생의 멘토다

모든 아이들의 놀림을 받던 4차원 소년, 날마다 엉뚱하다고 놀림과 왕따를 당했던 아들을 가슴에 품고 '너는 특별하다'고 격려해주며 왕성한 호기심을 누르지 않았던 어머니 덕분에 아들은 어둡던 인류에 환한 불빛을 제공한 발명가가 되었다. 바로 에디슨의 이야기다. 에디슨에게 인생 최고의 선생님은 다름 아닌 어머니였다.

모차르트가 태어날 때부터 아들에게 뛰어난 음악적 재능이 있음을 알아본 아버지는 혹독하리만치 음악 교육을 시키며 재능이 120퍼센트 발휘되도록 했다. 매서운 추위를 뚫고 연주 여행을 떠날 때도, 잠시 꾀가 나서 음악을 쉬고 싶을 때도 아버지는 아들에게 엄격하게 연습을 강조했다. 그런 아버지가 아들은 부담스럽고 싫을 때도 있었지만 마침내 자신의 연주와 작곡 실력으로 사람들 앞에 섰을 때 그는 아버지의 엄한 교육이 얼마나 큰 힘이 되었는지 알 수 있었다. 이 아버지가 아니었더라면 세기의 음악가로 불리는 모차르트는 없었을지도 모른다.

그러고 보면 많은 위대한 인물이 인생 최고의 교사로 부모를 꼽는다. 때론 한없는 격려와 믿음을 보여주기도 하고 때론 엄격하게 지도하기도 했으나 어떤 가르침이든 그 기저에는 사랑이 흐르기 때문인 것 같다.

누군가 나에게 인생을 이끌어준 교사를 꼽으라고 한다면 나 역시 부모님을 꼽고 싶다. 돌아보면 그분들처럼 나를 끝까지 믿어주고 사랑해주신 분들이 없기 때문이다. 물론 성장 과정 내내 요즘 흔히 볼 수 있는 따뜻한 사랑을 넘어선 집착에 가까운 사랑은 받아보지 못했다. 그럴 형편도 되지 않았다. 다만 우리 부모님의 살아오신 삶, 인생을 대하는 한결같은 자세를 곁에서 보면서 울림을 느꼈을 뿐이다.

열 장정 부럽지 않았던 어머니의 억척스러움과 강인함 그리고 자신이 맡은 분야에서 최고의 성실함을 보이며 열한 가족의 가장으로서 끝까지 가정을 지키고 인간미를 보여주었던 아버지의 부성애는 내 인생에 두루 영향을 미쳤다.

"에휴, 나는 늬 아버지가 얼마나 버는지 그런 거 하나도 모른다."

어린 시절부터 어머니께서 즐겨 말씀하시던 레퍼토리 중 하나였다. 아무리 석탄산업이 호황기에 접어들었다고 해도 그곳에서 일하는 월급쟁이 수입이야 뻔했을 텐데, 어린 마음에 아버지가 월급을 다른 곳에 쓰시나 의심스러울 때도 있었다. 두 분이 월급 문제로 이야기하다 종국엔 언성을 조금 높인 적도 있었으나 아버지는 대체로 묵묵부답이셨다.

아버지는 그런 분이셨다. 언성이 높으신—아니 높으실 수밖에 없었던─어머니로 인해 살짝 주눅이 들어 있을 법한 우리들에게 늘 친절하셨다. 보이지 않는 곳에서 챙겨주시기도 하셨고 따뜻한 말씀을 해주시곤 하셨다.

특히 나는 아버지에 대한 정이 깊을 수밖에 없는 특별한 기억이 하나 있다. 어린 시절 태백에 살다가 6·25전쟁이 발발하고 피난길에 올랐을 때였다. 동생들은 너무 어렸기에 어머니와 남아 있고 나는 아버지 손에 이끌려 아버지가 태어나신 고향 영양으로 피난을 가게 되었다.

여덟 살밖에 되지 않은 나였지만 중학교 2학년이던 형님이 학도병으로 징집되어 간 터라 아버지는 나도 걱정이 되셨는지 서둘러 피난길에 오르셨다. 자전거에 앉으신 아버진 자전거 손잡이 밑기둥에 담요를 대어 안장 삼아 얹고 나를 앉히신 채 고된 길을 떠났다. 논두렁, 밭두렁을 지나 깊은 산속 영주까지 가던 길 내내 아버지는 나를 돌봐주셨다.

어느덧 영주에 도착해 허름한 여관에서 잠시 여장을 풀 즈음 마침 그곳에 미군 헬리콥터가 착륙했다. 넓디넓은 밭두렁에 요란한 소리와 바람을 일으키는 헬리콥터를 보고는 아이들이 너나없이 그곳으로 몰려들었다. 당시 미군들은 아이들이 보이면 초콜릿이나 과자 같은 것을 나눠주었기에 나 역시 사람들 틈에 끼어 정신없이 구경을 하다가 그만 길을 잃어버리고 말았다. 동서남북이 어딘지 분간되지 않는 상황에서 눈앞이 캄캄해졌다. 유일한 길잡이가 되어준 아버지의 손을 놓쳤다는 생각에 엉엉 울었다. 아침부터 저녁까지 아버지를 찾아 헤매며 울고 또 울었다.

시간이 얼마나 지났을까, 어디선가 "국창아! 야, 이놈아!" 하는 낯

익은 목소리가 들리더니 두툼한 손이 나를 꽉 안았다. 아버지였다. 아버지가 몇 시간 만에 나를 찾은 것이다. 그때의 반가움이란 이루 말할 수 없었다. 아버지에게 크게 혼쭐이 났지만 아버지를 찾았단 기쁨과 안도에 비하면 아무것도 아니었다. 피난길은 험하고 힘들고 두려운 시간이었지만 두툼하면서 따뜻했던 아버지의 손을 가장 오래 잡아본 시간이기도 했다.

그렇게 아버지가 나의 길이 되어주셨던 기억이 남아 있기에 다시 태백으로 돌아와 바쁜 일상 가운데 놓였어도 아버지는 나에게 늘 따뜻한 존재였다.

1년에 한 번 가장 신나는 날은 아버지와 함께하는 날이었다. 바로 생일이었는데, 형제들은 1년에 한 번 돌아오는 생일을 손꼽아 기다렸다. 생일이라고 해서 지금처럼 대단한 파티를 하거나 특별한 선물이 있는 것도 아니었다. 그저 아침밥 한 끼, 아버지의 상에서 겸상하며 밥을 먹는 것뿐인데 그날만큼은 어머니의 밥상 타박도 없었고 오히려 반찬이 풍성한 아버지의 상에서 원 없이 먹을 수 있었기 때문이다.

아버지는 한창 커가는 아들의 입속으로 밥이 연신 들어가는 모습을 흐뭇하게 바라보셨다. 우리 상에서는 볼 수 없었던 생선구이나 찌개와 같은 반찬을 먹는 기쁨이 어찌나 컸던지……. 아버지는 살코기는 모두 아들에게 밀어주시고 당신은 묵묵히 밥만 드시곤 했다. 어머니도 귀빠진 아들에게 고봉밥을 퍼주시곤 맛있게 먹는 아들을 쳐다보시며 안타깝게 웃기도 하셨다.

유년 시절을 지나 청소년기에 이르기까지 가정이 따뜻하다고 느낀

것은 착하고 선한 아버지의 영향이 컸다. 어머니가 거치셨던 데에 반해 아버지는 이웃이나 친척에게 나누고 베푸는 분으로 완충 역할을 하셨다. 어머니는 때때로 그런 아버지가 못마땅하셨는지 잊을 만하면 한 번씩 월급봉투 얘기를 꺼내시곤 했다. 그때마다 아버지는 왜 아무 대꾸도 안 하시는지 궁금했는데, 대학에 들어가고 나서야 우연히 그 이유를 알게 되었다.

그날도 아버지는 동료들과 반주를 하셨는지 조금 취한 채 귀가하셨다. 탄광 일이라는 게 워낙 험하고 스트레스를 받는 일이다 보니 탄광촌 저녁 풍경은 날마다 취한 표정이었고, 그 풍경 속에 아버지도 끼어 계실 때가 많았다. 그날따라 심기가 불편하셨는지, 어머니는 취기가 오른 얼굴로 보자기에 싼 도시락을 달그락거리며 들고 들어오시는 아버지를 향해 당신의 레퍼토리를 읊어대셨다.

"누군 새끼들 뒷바라지에 집안일에 이렇게 안달복달하고 사는데 누군 세상 좋게 술타령이네."

"동료들이랑 월급날이라 막걸리 한 잔 받았네."

"그러니까. 가져다주는 월급이 얼마나 된다고 그걸 그새 못 참고……"

그러자 아버지는 뒷주머니에서 부시럭부시럭하며 월급을 내미셨다. 월급은 늘 부족하다. 최상위 부자들을 빼면 모든 이들이 월급이 넉넉하지 않다고 생각한다. 실제로 늘 부족하셨던 어머니는 또 신세 한탄이셨다. 그 소리를 잠자코 듣고 있던 나는 잠시 기다렸다가 아버지의 옷을 받아 들었다. 아버지는 금세 정신없이 코를 골며 잠에 빠지셨다.

그 모습을 바라보다 아버지의 옷을 옷걸이에 걸어놓으려는데 윗주머니에서 뭔가 부시럭하는 소리가 났다.

'뭐지? 혹시…… 이거 월급봉투 아닌가? 한번 볼까?'

순간적인 호기심에 나도 모르게 봉투를 슬쩍 꺼냈다. 과연 예상대로였다. 누런 봉투에 수기로 뭔가 잔뜩 적혀 있고 웬 붉은 도장이 촘촘히 찍혀 있는 모습이 눈에 들어왔다. 몇 백 몇 십 원까지 꼼꼼히 적혀 있는 글씨를 보니 한눈에 봐도 월급 가불 표시였다. 12월 월급은 1월 월급을 미리 가불해서 가져가고, 다음 달 월급을 받으면 채워 넣었던 흔적들이 고스란히 그 속에 적혀 있었다.

순간 머릿속에서 종소리가 울렸다. 단 한 번도 아버지에 대해, 아버지가 겪었을 마음고생과 가장으로서의 무게에 대해 생각해보지 못했는데 그제야 붉은색 도장과 함께 각인이 되었다. 주무시고 계신 아버지의 표정을 보고 있자니 마음속이 복잡해졌다. 아버지의 얼굴에 피어난 주름 한 골 한 골에 어떤 심정이 담겨 있을지 헤아려보았다.

말할 수 없이 죄송함이 밀려왔다. 나는 월급봉투를 아버지 속주머니에 다시 넣지 않았다. 가능한 다른 가족들도 알았으면 하는 바람으로 봉투가 살짝 보이게끔 꺼내놓았다. 그런 행동 가운데에는 어머니도 이 사실을 아셨으면 하는 마음이 있었던 것 같다.

다음 날, 여느 때처럼 복닥거리는 일상이 시작되었다. 어머니는 아이들 도시락이며 아침을 준비하시느라 바쁘셨고 숙취 속에 깨어난 아버지도 푸석한 모습으로 부산하게 나설 준비를 하셨다.

여느 날과 다름없이 밥상에 둘러앉은 형제들 사이에 좀 더 먹으려는 눈치작전이 펼쳐졌다. 나 역시 그 속에 끼어 있었지만 예전과 같은 전투력은 사라졌다. 아버지의 월급봉투가, 아니 정확히 말하면 '가불' 봉투가 자꾸만 눈앞에 어른거려 꾸역꾸역 밥만 삼켰다. 아버지는 어제 입고 계신 웃옷을 그대로 입고 계셨다. 거의 단벌 신사로 생활하시던 아버지였기에 어제 끼워져 있던 봉투도 아마 그대로 있을 것이었다. 좀 다르다면 내가 살짝 빼놓아 둔 봉투가 보이지 않는다는 사실이었다.

아버지가 다시 끼워 넣으셨을까, 아니면 어머니가 보신 것일까? 그건 알 수 없다. 다만 그날 아침 어머니는 밥상 타박도, 돈 이야기도, 아버지 월급봉투 이야기도 일절 하지 않으셨다.

시간이 흘러 부모님을 모실 기회가 많아지면서 어머니와 어린 시절 이야기를 나누던 중 우연히 그때 일이 생각나 여쭸던 기억이 있다. 어렵게 살았던 그 시절, 어머니는 아버지에 대해 어떻게 생각하셨을까. 세월이 지났어도 여전히 강인한 어머니셨지만 열한 식구를 먹여 살리고자 생계의 무게를 고스란히 짊어지셨던 아버지를 향한 안타까움을 드러내셨다.

"늬들 아부지 고생 많이 하셨다. 그 쥐꼬리만 한 월급 받아서 니들 다 공부시키고 먹이고 입히고 얼마나 고생을 하셨냐. 늬 아버지 월급봉투는 온통 빨겋더라."

그 말씀에 우리 모두 숙연해졌다. 가장의 무게를 누구보다 잘 아셨기에 일부러 더 강단 있게 살림을 이끄신 어머니의 마음, 끝까지 가정과 자녀를 책임지며 당신의 자리를 지키셨던 아버지의 삶은 그 자체가 내 인생의 교사였다.

많은 사람이 인생을 이끌어갈 위대한 멘토를 찾아다니곤 한다. 물론 훌륭하고 위대한 인생을 살아온 선현들, 이 시대 멘토들에게 얻어지는 귀중한 삶의 교훈이 있을 것이다. 그런데 그들을 찾아다니는 수고스러움에 앞서 가슴에서 솟아나는 애정과 끓어오르는 책임으로 온몸과 온 마음을 다해 자식을 이끌어온 부모를 돌아보는 수고로움이 선행되었으면 좋겠다. 조금은 퉁명스러워도, 투박해도 다수를 향한 멘토의 가르침보다 오로지 나를 향한 애정의 강도가 더 강할 것이니 말이다.

기회는 사건을 통해 온다

"회장님, 회장님은 인생에서 절호의 찬스가 몇 번이나 있었나요?"

"글쎄요, 절호의 찬스 같은 건 없었던 것 같은데……."

이 대목에서 멋진 말로 깊은 인상을 남기고 싶은데 매번 허탕이다. 상대방이 어떤 대답을 원하는지 알지만 동의할 수 없어서다. 흔히 성공학을 이야기하며 기회의 소중함을 많이 언급하곤 한다. 여러 자기계발서를 보면 어떻게 기회를 자신의 것으로 만들지, 그 기회를 어떻게 활용해야 하는지 말한다. 그런 이야기를 듣다 보면 성공한 사람들에게는 정말 하늘에서 생각지도 못한 기회가 뚝 떨어진 것 같이 느껴지기도 한다. 물론 그런 경우도 있긴 하다. 하지만 대부분의 행운은 선물처럼 주어지지 않는다.

"기회만 주십시오. 그럼 열심히 하겠습니다."

대부분 기회가 오지 않는다고 불평한다. 취직할 기회, 승진할 기회,

결혼할 기회, 돈을 왕창 벌 기회 등등 무엇 무엇을 할 수 있는 기회가 자신에게 오지 않았기에 이 모양 이 꼴이란 식으로 한탄한다. 성공의 아이콘 빌 게이츠나 스티브 잡스가 잡은 기회를 부러워하며 자신에게도 그런 기회가 있었다면 잘할 수 있었을 거란 상상에 빠지기도 한다.

그런데 살아보니 기회는 찾는 것이 아니다. 기회는 개개인의 삶에서 벌어지는 사건들을 통해 만들어진다. 공중에 기회라는 것이 둥둥 떠다녀서 우리가 그걸 하나씩 붙잡는 게 아니다. 각자가 겪는 인생의 사건들 사이에 여러 가지 상호작용이 일어나면서 기회가 생겨나더란 말이다. 한마디로 누구에게나 공평한 것이 기회다.

탄광촌에서의 삶은 잔잔한 시냇물 같았다. 그곳에 들어온 사람들은 누구랄 것 없이 비슷비슷한 삶을 살아가고 있었다. 다른 곳에서 어떤 삶을 살았는지 알 수는 없어도 탄광촌에 들어오는 순간 가정을 책임지는 가장은 탄광으로 들어갔고, 나머지 가족들은 아버지의 일과에 맞춰 생활했다. 자녀들 중 남자는 아버지나 형님과 같은 삶을 살아가게 될 것이고 여자는 그런 남편을 둔 아내로 살아가는, 쳇바퀴 돌아가듯 단조로운 패턴을 보이고 있었다.

교육 환경도 탄광촌의 미래를 예견하듯 초·중·고등학교가 딱 한 곳뿐이었고 게다가 하나뿐인 고등학교조차 졸업한 뒤 탄광 취업으로 이어지는 공업고등학교였다. 상황이 이렇다 보니 친구들 사이에서 미래의 꿈이나 진로 계획 같은 건 아예 입 밖에 낼 필요가 없었다. 공업고등학교에 입학해서 광부가 되는 삶, 이것이 불문율 같은 것이었다.

"아버지, 저 광업소에 취직했습니다."

징용에 끌려갔다가 제대 후 고향집으로 돌아온 큰형님마저 광부의 길을 걷기로 했을 때 나는 정신이 번쩍 들었다.

'나까지 이 길을 걸어가야 하는 걸까? 아니다, 아니야. 다른 길이 있을 거야.'

이런 생각이 나를 강하게 지배했고 정해진 진로가 아닌 다른 길을 모색하기 시작했다. 물론 뾰족한 수가 있는 것도 아니었다. 어쩔 수 없이 지역에 유일한 고등학교인 태백공업고등학교에 진학했지만 남몰래 '다른 길'을 꿈꾸었다. 나는 어렸을 때부터 손재주가 남들에 비해 조금 뛰어났던 터라 뭔가를 만지고 조작하고 부수고 조립하는 일에 능했다. 재봉틀을 다루는 기술도 좋아 형님이 입던 옷을 줄이거나 늘려 입기도 했다. 기계나 도구 다루는 데 능했던 사람이 광산과만 있는 고등학교에서 광산 관련 공부를 하려니 더욱 적성에 맞지 않았던 것이다. 그걸 계기로 나는 한 가지 결심을 했다.

'대학에 진학하자. 서울로 가는 거다.'

이곳을 벗어나는 길은 대학에 진학해서 유학을 떠나는 길뿐이라는 생각에 마음 단단히 먹고 부모님께 말씀을 드렸다. 가정 형편을 생각하면 서울 유학, 대학 등록금이 웬 말인가 싶었지만 고맙게도 부모님은 자녀의 교육 문제에는 너그러우셨다.

"그래 좋다. 늬 공부 잘하고 똑똑한 거 잘 안다. 대학 가라. 등록금은 어떻게든 마련하면 안 되겠냐? 대신, 늬 아래로 줄줄이 동생들 있으니까 재수는 절대 안 된다."

대학에 진학하겠다고 결심은 했지만 사실 앞길은 막막했다. 공부는 곧잘 했고 노력하면 안 될 게 없다는 자신감도 있었는데 그것만으로 대학에 진학할 수는 없었다. 바로 그때 한 가지 사건이 일어났다. 태백촌의 한 기업가가 인재를 후원하겠다고 공표한 것이다. 지금까지 기업에서 장학제도를 운영하는 일이 없었는데 태백을 대표하는 강원산업(삼표연탄)의 CEO였던 고 정인욱 명예회장님께서 조금 앞선 생각을 하신 것이다.

회장님은 강원도 태백이 탄광촌이긴 하지만 이 지역의 우수한 인재를 배출해내는 일에 남다른 열정을 품고 있었던 것 같다. 이곳의 많은 젊은 인재들이 기껏해야 광업소에서 일하며 주저앉는 것이 안타까웠는지 지역을 대표하는 인재를 선발해 대학에 보내주겠다는 파격적인 제안을 한 것이다. 기회다 싶었다. 지역 기업가가 후원하겠다는 인재는 태백 지역에 있는 학생 모두에게 해당되는 일이었다. 다만 그 말을 내 사건으로 받아들이느냐 아니냐가 중요했다.

기업에서 후원하겠다는 인재의 조건을 충족하기가 쉬운 일은 아니었다. 기업이 원하는 인재상이 있었고 그들이 말하는 '우수한 인재'가 되기 위해 상위권 대학 진학은 필수 조건이었다. 오히려 주변 친구들이 더 걱정할 정도였다. 그도 그럴 것이 고등학교에 광산과만 있다 보니 광업 기술을 가르치는 정도지, 일반 교과목에 대해서는 인식이나 지도 수준이 낮았다. 거의 독학에만 의존해야 했던 탓에 독하게 마음먹고 공부했다.

많은 가족이 복닥거리며 살다 보니 변변한 공부 장소는커녕 자습서 같은 책을 구하는 일도 요원했다. 선생님에게 부탁해서 책을 얻기도 하고 어렵게 문제집을 구해 보기도 하면서 혼자만의 공부가 이어졌다.

좁디좁은 벽장은 나 자신과 사투를 벌인 공간이었다. 일본말로 후시마라고 하는 벽장 속 작은 공간을 공부방으로 삼은 것은 혼자만의 공간을 마련하기 위함도 있지만 어머니 눈에 띄지 않으려는 의도도 있었다. 어머니는 대학에 가겠다는 나의 뜻을 아셨음에도 때때로 일을 시키셨기에 어떻게든 눈에 띄지 않고 공부해야 한다는 일념으로 후시마에 틀어박혀 책을 파고 또 팠다.

고등학교 친구들은 놀기 바빴다. 학업성적이 그리 중요치 않고 진로가 정해져 있어서인지 대부분 놀 건수만 만들었고 나로선 무척이나 견디기 힘든 유혹이었다. 특히 남녀공학이었던 터라 가뜩이나 감성 풍부한 10대 청소년이었던 나는 남녀가 모여 어울리는 것이 그렇게 부러웠다. 그들을 볼 때마다 '조금만 어울려 놀아볼까?' 하는 생각이 스멀스멀 피어올랐고 억지로 머리를 흔들며 뒤돌아서곤 했다. 그러다 보니 친구들 사이에서 나는 일찌감치 서울로 공부하러 갈 아이, 대학 갈 아이로 알려져 나중엔 친구들이 끼워줄 생각도 안 했다. 그래도 마음속으론 늘 유혹과 싸우며 책상 앞에 앉았던 기억이 난다.

그 흔한 고3병 따위 겪을 새도 없었다. 매일 정해진 일과대로 생활을 하고 때때로 집안일도 거들어가며 책과 씨름한 끝에 드디어 고3 입시가 치러졌다. 그리고 감사하게도 연세대학교 전기공학과에 합격했다.

지금도 합격자 발표일이 기억난다. 일찍부터 서울행 기차를 타고 올라가 청량리역에 내렸다. 신촌으로 가기 전 급한 마음에 조간신문을 샀다. 당시에는 신문에 대학 합격자 발표가 났기 때문이다. 신문을 펼치고 내 이름을 찾아보는데 이게 웬일인가, 아무리 눈을 비비고 찾아봐도 내 이름은 보이지 않았다. 어찌나 실망했는지 신촌에서 자취하고 있던 형님과의 약속도 잊은 채 태백으로 내려가고 싶은 마음뿐이었다. 하지만 약속은 약속이라 신촌 형님 댁으로 터덜터덜 걸어가 초인종을 눌렀다. 그런데 형님이 빙그레 웃으며 나를 맞아주었다.

"너 합격되었더구나."

깜짝 놀라 형님이 내민 신문을 보니 붉은색 펜으로 밑줄이 그어진 내 이름이 보였다. 얼마나 긴장했으면 내 이름도 찾지 못한 것이다. 꿈인가 생시인가 싶고 어찌나 기뻤는지 모른다.

합격 소식은 삽시간에 온 동네에 퍼져나갔다. 처음엔 내가 정말 대학에 갈 수 있을지 반신반의했던 분들도 합격 소식을 듣고 놀라워했다. 지금껏 한 번도 일류 대학에 학생을 진학시킨 역사를 쓰지 못한 모교에도 일대 사건이었다. 등록금을 후원하겠다고 한 기업에서도 좋은 인재가 탄생했다며 흡족해했다.

나는 더 넓은 세상으로 나갈 수 있다는 사실이 좋았다. 태백을 벗어나고 싶다는 막연한 생각에서 머무는 것이 아니라 대학 입시라는 사건에 적극적으로 도전하면서 다른 삶을 선택할 수 있게 된 것이다.

비로소 나에게 태백을 벗어날 기회가 열렸다. 그 후 내가 걸어간 길은 만약 태백에 머물러 있었다면 결코 경험할 수 없었을 방향으로 뻗어갔다. 이전까지는 생각지도 않았던 방향으로 말이다. 그리고 보면 기회는 내가 어떻게 해보려고 아등바등한다고 만들어지지 않는다. 오히려 자연스럽게 일어나는 사건을 통해 주어진다. 그 사건에 적극적으로 임하느냐 아니냐에 따라 기회를 잡느냐 못 잡느냐가 결정될 뿐이다. 그러니 주변에서 일어나는 사건에 잘 반응하기만 하면 된다. 그러기 위해서는 능동적인 자세가 무엇보다 중요하다.

일흔이 훌쩍 넘은 지금도 나는 새벽 5시 반이면 어김없이 기상한다. 새벽기도를 하고 독서 시간을 가진 뒤 영어 공부를 시작한다. 전화로 하는 원어민 영어 수업을 제법 오랫동안 받고 있는데, 언어는 노출이라는 말처럼 매일매일 대화를 나누다 보니 재미도 쏠쏠하고 어느 정도 자신도 붙는 듯하다.

기회는 사건을 통해 올 때가 많다. 언제나 그런 것은 아니지만 대부분 평범한 이들에게 있어서의 기회는 하늘에서 뚝 떨어지는 것이 아니라 주변 상황이나 사건을 통해 조성된다. 이때 벽장을 공부방 삼아 어떻게든 이 악물고 버티며 공부하는 능동적인 마음가짐, 그것이 곧 성공의 비결이 아닐까 생각한다.

배움에 눈을 뜨다

'축 합격! 강국창, 연세대학교 전기공학과 합격!'

대학에 합격하자 마을 어귀에 현수막이 걸렸다. 부모님은 동네 사람들을 모아놓고 잔치를 벌였다. 그동안 학교에서 별다른 주목을 받지 못하다가 갑자기 많은 이들의 주목을 받으니 쑥스러웠지만 이런 내가 자랑스러워 기쁨을 숨기지 못하는 부모님의 모습을 지켜보는 흐뭇함도 있었다.

대학교에 입학하기까지 한동안 나는 마을의, 학교의 자랑이 되었다. 지역 기업의 후원을 받을 첫 번째 수혜자로 선정되어 기업에서도 여간 기뻐한 것이 아니다. 그해 나와 함께 장학금 수혜자가 된 또 한 명의 친구가 있었는데 그 친구는 인하공대에 합격했고 우리 둘 다 공대에 합격했다는 공통점이 있었다.

사실 대학 진학을 준비하면서 나는 잘하기도 하고 좋아하기도 하는 수학을 전공해 선생님이 되고자 했었다. 하지만 수학 같은 순수과학 계통의 전공보다는 실무적이고 실전에 강한 공학 계통 전공의 전망이 좋다는 여러 의견을 수렴하여 공대로 진로를 바꾸었다.

거의 독학하다시피 대학 진학을 준비하면서 공부하기란 여간 어려운 것이 아니었다. 탄광촌 공업고등학교에서 서울의 명문대에 입학하는 일이 거의 없다보니 대학별 특성이나 각 학과에 대한 상세한 정보가 거의 없었고, 이렇다할 상담을 해줄 선생님도 없었다.

서울이란 대도시를 생전 처음 접하고는 삐죽삐죽 솟은 건물을 정신없이 쳐다보다 때론 인파에 밀려 넘어질뻔도 했다. 과연 서울은 사람도 많고 차도 많고 새로운 것도 많은 도시였다.

"어이, 강원도!"

학교도 혼잡하기는 마찬가지였다. 대학교는 전국 각지에서 몰려든 사람들의 집합소였다. 그곳에서 만난 모두가 처음 보는 이들이었다. 태백에서 올라온 나를 몇몇 친구들은 '강원도'라고 불렀다. 아무래도 강원도 사투리를 쓰는 내가 그들에게 인상 깊었나 보다. 그 당시 강원도 출신의 동급생들이 적었던 것도 사실이다. 그러나 나는 내가 어떻게 불리고 있는지는 크게 중요하지 않았다. 그저 하루하루의 생활에 적응하기 바빴다. 낯설고 물선 서울에서 하숙을 얻고 부지런히 눈치를 보며 살았다. 아는 게 별로 없으면 눈치가 빨라야 한다. 약삭빠르게 행동하는 것이 아니라 자신이 속한 공동체의 문화를 빠르게 이해하고 습득하려고 노력하는 것이다.

공학도가 된 나는 전공에도 조금씩 눈을 떴다. 공학의 세계는 그동안 독학해온 순수과학인 수학과는 많이 달랐다. 수학을 바탕으로 한 과학을 현실 세계에 활용하는 '실전' 학문이었다. 학과 수업도 실습으로 이어지는 경우가 많았는데 아무것도 모른 채 덜컥 입학한 나로서는 후폭풍이 걱정됐으나 그것은 기우였다. 우리나라 산업이 한창 성장세에 오르는 시점에 필요한 공부를 하고 있다는 자부심과 어릴 때부터 기계를 만지고 즐겼던 일의 연장이란 반가움으로 학과에 쉽게 적응한 것이다.

그런데 사실 학교생활에 잘 적응할 수 있었던 이유는 따로 있었다. 시대가 변해도 사람의 위력은 쉽게 변치 않는다. 어디에 가나 사람과 맺는 인연, 인맥은 적응력을 키워주고 나 자신을 강하게 만들어주었다. 특히 서울에서 만나는 지방 출신들은 금세 가까워진다. 지방이 고향이라는 사실만으로 대동단결하고, 사투리를 쓴다는 유대감으로 친구가된다. 출신 지역이 지근거리에 있다는 이유만으로도 연대감이 느껴져서인지 그렇게 친구들이 모이기 시작했다. 서울 토박이에 비해 상대적으로 여러 면에서 취약할 수밖에 없는 환경을 여럿의 힘으로 극복하려는 의지일 것이다. 어쨌든 나는 대학생활 내내 그들과 함께하는 낙으로 살았던 것 같다.

고등학교 시절 억누르기만 했던 노는 즐거움을 누리기도 했다. 거의 대부분의 친구들이 삼삼오오 모여 웃고 떠들며 노는 모습을 눈물을 머금고 지켜보기만 했던 터라 노는 데 한이 맺힌 나였지 않은가. 그래서 공부에 열중하기보다는 친구를 만들고 그들과 어울리며 마음을 나누는 데 애를 썼다.

사람을 사귀는 데에도 노력이 필요하다. 무작정 상대방에게 친구하자며 들이대선 곤란하다. 대학에 진학할 정도가 되면 나름 인생관도 확립되어 있고 주변인들에게 인정을 받아온 친구들이기에 인격적으로 대하는 것이 중요하다. 그렇다고 대학 외에서 만난 친구는 막 대해도 된다는 소리가 아니다. 내가 속한 그룹의 특징과 성향을 파악하는 게 중요하다는 이야기다.

어느 정도 학교생활에 적응하면서 지방에서 올라온 몇몇 친구들과 더욱 가까워졌다. 나는 탄광촌 출신이란 사실을 친구들에게 굳이 숨기지 않았는데, 그런 솔직함이 신뢰감을 주었던 것 같다. 또 워낙 대식구 틈에서 많은 형제와 살았던 터라 상대방의 마음을 이해하고 배려하려는 마음이 몸에 배어 있었는지 작은 행동 하나하나가 친구들에게는 친밀감을 불러일으킨 듯했다.

그렇게 1학년은 친구를 만드는 일과 '놀기'에 열중했다. 술, 담배, 미팅으로 이루어진 대학생 문화를 열심히 즐기며 살다 보니 어느샌가 주변에 친구들이 많아졌다. 그리고 친구들끼리 모임이 생기면서 자연스럽게 리더가 되었다. 점차 활동 반경도 넓어졌다.

"국창아, 니가 우리 학교 강원도 삼척군 출신 학우모임 대표를 맡아라. 그리고 강원도학우회로도 진출하자!"

"그래, 네가 가장 적극적이잖냐. 강원도의 힘을 좀 보여주자."

지방 출신 대학생 모임의 리더를 맡다 보니 이 조직의 회원을 서울 전체로 확대하게 되었다. 지방에서 대학에 진학한 친구들이 그리 많지 않았기에 연세대뿐만 아니라 서울에 있는 대학으로 유학 온 친구들 전체의 모임이 결성되었고, 나는 이 모임의 학우회장까지 맡는 등 2학년이 되면서는 정신없이 바빠졌다.

학우회장이 주로 하는 일이란 모임을 주도하고 친목을 도모하는 것이었다. 같은 학교 출신만 만나지 않고 다른 학교에서 공부하는 학우들과 교류하는 일이 잦아지면서 어느 틈엔가 수첩 속 친구들 명단이 늘어났다. 이전까지의 나는 어떻게 보면 소극적이고 폐쇄적이었다. 마치 우물 안 개구리처럼 우물 바깥의 세상을 보지 못했다면, 서울로 올라온 뒤의 나는 누구보다 적극적이고 발 넓은 리더가 되어 있었다. 과연 사람이 사람을 변화시키는 것이었다.

지금도 돌아보면 대학 시절만큼 신나게 시간을 보낸 적도 없는 것 같다. 대학 시절에 즐길 수 있을 법한 놀이는 다 섭렵했다고 자부할 정도로 등산과 바둑, 당구, 탁구, 족구, 볼링 등 여러 다양한 취미 활동을 했고, 그를 통해 인맥을 넓히는 동시에 그 인맥으로 각종 정보와 사람을 알아가면서 사회생활을 미리 경험했다고 할까. 물론 그로 인해 주머니 사정이 딱해져서 집에서 보내주는 유일한 하숙비를 홀랑 쓴 뒤 입주 과외를 하며 부족한 돈을 메운 기억도 있다. 하지만 그때 그 시절 사람과의 관계를 배우고 알아간 것이 대학 생활 중 가장 잘한 일이었다는 생각엔 변함없다.

수십 년이 흐른 지금, 가끔 현장에서 갓 사회로 나온 청년들을 보거나 강연에서 대학생을 볼 때면 좀 서글퍼지기도 한다. 내가 성장할 때와는 환경이 180도 변했지만, 그래도 이제 갓 10대를 벗어나 성인의 대열에 든 시절에 가장 소중한 배움인 '사람공부'보다 '취업공부'를 먼저

하고 있어서다. 취업의 문이 좁디좁아진 지금의 현실에 안 맞는 말이라고 할지 모르나 그래도 나는 사람공부가 먼저였으면 좋겠다. 그래야 세상을 보는 눈이 조금 더 넓어지고 따뜻해지며, 사람의 마음을 이해하는 다양한 방법을 터득할 수 있기 때문이다.

리더십 훈련

3년 전쯤엔가, 까마득한 후배라고 자신을 소개하며 한 매체의 기자가 인터뷰 요청을 해왔다. 그 매체는 사회 각계에 포진한 ROTC 출신 선배를 찾아가 그 사람의 인생을 조명하고 삶의 철학 등을 담는 기관지였다.

"선배님, 지금도 경영 일선에서 일하고 계신다고 들었습니다. 특별한 이유라도 있으세요?"

보통 다른 매체와 인터뷰를 할 때는 회장이라는 직함을 부르는데, 선배님이라고 불러주니 그 말이 그렇게 푸근하고 좋을 수가 없었다. 인터뷰는 꽤 긴 시간 이어졌는데, 마지막에 후배 기자가 물었다. 오늘날 인정받는 리더가 되기까지 과거의 어떤 경험이 도움이 되었느냐는 질문이었다. 나는 1초도 망설임 없이 답을 내놓을 수 있었다.

"산골 소년이 오늘날 전자 업계에서 인정받는 CEO가 되기까지는

ROTC로서의 경험이 큰 힘이 되었습니다. 또한 기독교인으로서 은혜를 받은 덕분이기도 하지요."

돌아보면 나의 리더십이 길러진 건 청소년 시절보다는 대학 시절 장교 경험을 통해서였다는 생각이 든다.

대학 3학년이 되면서 나 역시 군대 문제를 고민했다. 일반적으로 선택하는 군 입대와 학군단 활동을 통한 군 생활 중 어느 쪽이 좋을지 고민이 되었다. 그러다가 복무 기간은 좀 길더라도 학군단이 좋겠다는 판단을 했는데, 아무래도 계속 학교에서 생활할 수 있다는 메리트가 가장 컸던 것 같다. 게다가 이제 막 학군단이 조직되던 시기였기에 새로운 조직에 대한 호기심과 경험해보고 싶다는 의지도 있었다.

ROTC에 지원하기로 마음먹는다고 다 되는 건 아니었다. 1961년에 시행된 이 제도는 처음엔 학훈단이었고 10년 뒤에 학군단으로 변했는데, 워낙 지원자가 많아서 그들을 대상으로 신체검사와 면접, 필기시험을 거쳐 선발했다. 나는 지역 장학금을 받는 수혜자 입장이라 학점 관리를 철저히 해야 했지만 워낙 공사가 다망하다 보니 어떤 학과는 학점이 잘 나오지 않아 담당 교수님을 찾아가 사정을 해서 성적 관리를 하기도 하였다. 하지만 ROTC에 지원하기에는 충분한 성적이라 당당히 지원을 했고, 필기시험과 면접을 통과해 합격할 수 있었다.

대학 3학년이 되자 제복을 입고 캠퍼스를 누볐다. 과연 제복을 입었을 때의 마음가짐은 이전과 달랐다. 제복이 주는 무게랄까, 군인으로서 국방의 의무를 지키면서 학교생활을 병행할 수 있다는 점도 특별했다. 이 제도가 소위로 임관하기 위한 예비 과정인 만큼 장교로서 갖춰야 할 능력과 자질, 리더십을 기르는 데에 큰 도움이 되었다. 그동안 막연하게나마 인간관계, 사람공부의 중요성을 깨달았다면 이론과 함께 훈련을 통한 실질적 리더십을 배울 수 있었다. 리더십의 진정한 의미는 스스로가 자기 자신의 주인이 되는 것이다.

최근 각계각층에서 리더십이 얼마나 회자되고 있는가. 초등학생, 아니 더 어린 아이들에게 리더십을 키워줘야 한다며 학습을 시키고 캠프를 보내는 등 난리 법석이다. 그런 면에서 학군단으로 활동하던 시간은 진정한 리더십을 훈련한 시간이었다고 생각한다. 무엇보다 조국을 수호하고 민족 번영을 위해 젊음을 바치겠다는 각오로 책임자로서의 올바른 가치관을 연마해나가겠다는 자세는 나를 알아가고 만들어가는 시간이 되어주었다.

수업은 수업대로, 훈련은 훈련대로 받는 학군단 활동이 힘에 부칠때도 있었지만 나름 즐겁기도 했다. 각 학교마다 학군단이 결성되었으므로 타대생과의 교류도 잦았는데, 특히 여학교에서 ROTC를 멋지게 봐준 덕분에 그들과 교류하면서 청춘을 나누기도 했다.

무엇보다 ROTC 행사의 꽃이라 불리던 쌍쌍파티에 대한 재미난 추억도 빼놓을 수 없다. 쌍쌍파티, 즉 커플이 함께하는 축제로 파트너를 초대해 즐기는 행사였다. 솔로인 친구들은 이날을 위해 열심히 미팅을 해서 짝을 찾았다.

"국창아, 나 이번 쌍쌍파티에 데리고 갈 파트너가 없다."

그때나 지금이나 연애에는 영 소질이 없는 친구들이 있는지, 이 파티를 앞두고 파트너가 없는 친구들은 풀이 죽은 채 말하곤 했다. 그러면 나는 그 모습을 그냥 두고 볼 수 없어 해결사로 나섰다.

다행히 인간관계를 넓혀놓은 덕분에 미팅 자리는 잘 주선되는 편이었다. 특히 단체 미팅 자리를 주선하다 보면 특유의 진행 유전자가 발동되는지, 어떻게든 분위기를 띄워야 한다는 책임감에 미팅 자리를 종횡무진 누볐고 아뿔싸, 그사이 마음에 드는 여성들은 이미 다른 친구들과 짝이 되어 있었다. 이런 황당한 일을 몇 차례 겪으면 내 잇속을 챙길 법도 한데 별로 그러고 싶은 생각은 없었던 것 같다. 결과적으로 나만 잘되는 것보다 단체 분위기가 나빠지지 않는 것, 내가 조금 손해를 본다 해도 조직을 중요시하는 마음을 알아주니 괜찮았다. 이런저런 재미난 기억과 추억으로 어렵고 힘들었던 군 복무 기간을 채우고 소위로 전역하게 되었다.

그런데 대학 3~4학년 동안 ROTC 훈련을 받은 후 졸업과 동시에 나는 소위로 임관되어 2년간 군 복무를 마쳤는데, 전역 2개월 후 일어난 1·21사태 때문에 ROTC 4기부터는 복무 기간이 연장되는 일이 벌어졌다. 1968년 1월 21일에 북한의 김신조 일당이 청와대를 습격한 이 사건을 계기로 향토예비군이 창설되었고, ROTC 복무 기간이 늘어나 이후 ROTC 장교는 소위로 임관하여 중위로 전역하게 되었다.

전역한 지 50년이 지난 지금도 가끔 동문 모임이나 군 동기들과 만나는 자리에 가면 대학생 시절, 군기 바짝 든 군인으로 돌아가 그 시절 추억담을 나누곤 한다. 신기하게도 학점 관리에만 혈안이 되어 있던 친구들보다 캠퍼스를 누비며 학교생활을 즐기고 리더십을 경험하고 실전에 활용하며 생활한 친구들의 삶이 훨씬 풍요로워 보인다. 대학에서 배운 공부가 사회에서 사용되는 건 실제로 10퍼센트도 안 되니, 이론을 중시하는 학교에서는 A학점이 통할지 몰라도 사회에서는 관계에서 우등한 것이 훨씬 낫다. 그런 면에서 나는 대학 생활 내내 A학점은 못 받았지만 사회에서 필요로 하는 소양에서는 좋은 학점을 받았다고 자부한다.

많은 사람들이 내가 CEO로서 어떤 리더십을 발휘하고 있는지 궁금해한다. 그런 질문을 받으면 곰곰이 생각하게 되는데, 그 시절 친구들과 어울려 지내며 솔선수범하고 책임감 있게 살고자 했던 기억 외에는 뾰족한 대답이 떠오르지 않는다. 실제로 리더십은 대단히 특별한 데에서 생겨나는 것이 아니다. 내게 주어진 장교 훈련 기회를 통해 학습하고 익혔던 것, 나에 대해 책임 있는 행동과 가치관으로 조국과 민족을 수호하는 정신이 곧 리더십의 기반이 되었다고 생각한다.

2009년에 발표된 논문이 있다. 'CEO의 어떤 특성과 능력이 중요한가' 라는 주제로 CEO 316명을 세부적으로 평가해본 것이다. 많은 이들이 이 주제를 보고 드라마틱한 스토리를 기대하기도 한다. 하지만 기대와는 달리 평가 결과는 매우 평범하고 상식적이었다. 사람들에게 인정받는 최고의 CEO들은 섬세하고 세부적이며 신중하다는 공통점이 있었다. 또한 자신이 선택한 분야를 꾸준히 밀고 나가는 끈기와 자기 통제력이 강했다고 한다.[1] 카리스마 넘치는 영웅이 아닌 평범하고, 성실하고, 규율을 준수하는 보통 사람들이었던 것이다. 그들의 리더십은 그

---

1) 헬렌 S 정, 《나는 왜 일하는가》(인라잇먼트, 2012), 134쪽.

저 주어진 자리에서 책임을 다하고 성실하게 학습한 데에서 비롯되었을 뿐이다.

리더십도 훈련이다. 배움이 필요하다. 특별한 곳에서, 특별한 사람에게 배울 것이 아니다. 주어진 자리에서 사람을 중시하고 개인보다 공의를 먼저 생각하는 마음가짐을 갖고 배우고자 하는 자세로 임할 때 어느새 리더라 불리게 된다.

경험이 재산이다

어렸을 때 일이다. 어머니의 성화로 일을 하러 나갈 때 가장 싫은 일 1순위가 돼지 먹이 받아 오는 것이었다면 2순위는 땔감을 해 오는 것이었다. 그래서 어머니 눈을 요리조리 피해 다녔는데 하루는 어머니와 눈이 딱 마주치는 바람에 땔감 해 오는 일에 당첨되고 말았다. 땔감을 구하러 가는 장소는 따로 있었는데, 집 근처 뒷산에 하나 있던 사찰이었다. 사찰 주변엔 늘 벌목된 나무가 있어서 그것들을 하나씩 잘라 통으로 가져다가 집에서 도끼로 패서 장작을 만들었다. 나는 앞집, 옆집 친구와 같이 나무를 하러 갔다. 통발을 메고 가서 등에 한가득 잘라 놓은 나무를 쌓아 지고 내려오는 길이었다.

어느새 대화는 사라지고 헉헉거리는 숨소리만 들렸다. 비탈진 길을 내려오다가 동굴 앞 조금 높은 바위에 잠시 나무 짐을 받치려고 살짝 기댔다. 그런데 땅이 평평하지 않은 탓에 순간 기우뚱하면서 그대로 비탈진 길로 구르고 말았다.

"어어어……!"

"국창아!"

친구들의 소리가 멀리서 들리더니 정적이 흘렀다. 깜빡 정신을 잃었다 깨어나 보니 나는 등에 지고 있던 나무와 함께 굴러떨어져 도랑에 처박혀 있었다. 다행히 봄이었던 터라 도랑에 물이 있어서 크게 다치진 않았다. 사고를 목격한 친구들이 어른들에게 연락을 해주어 집에까지 무사히 올 수 있었다.

이 일을 계기로 나무를 하러 갈 때는 적정량만 지고 오게 되었고 비탈진 길을 내려올 때 어떻게 속도를 줄여야 하는지, 또 경사진 곳에서 가능한 쉬지 않고 천천히 내려오는 법도 터득하게 되었다. 그 뒤로 다른 사고가 있었다는 기억이 없는 걸 보면 확실히 경험이 중요하다.

오늘날까지 기업을 이끌어오고 있지만 사업 역시 어느 날 갑자기 시작된 것이 아니다. 소중한 경험이 바탕이 되었기에 가능한 일이었다. 그 경험은 바로 8년간의 직장 생활이었다.

내가 대학을 졸업한 해는 1967년, 한창 우리나라가 산업 발전기에 들어서고 있던 때였다. 기술 기반의 산업이 발돋움하던 시기라 기업에는 더 많은 인재들이 필요했다. 특히 기술력을 갖춘 외국과 교류하며 산업 기반을 넓혀가고 있어 공과대학 졸업자들에게 취업의 문은 활짝 열려 있었다. 물론 그중에서도 유망 기업의 취업 경쟁은 옛날에도 지금처럼 치열했다.

"아무래도 큰 회사에 들어가는 게 전망이 좋겠지?"

"그렇긴 한데, 오히려 조금 눈을 낮춰서 들어가면 승진 기회가 더 생길 수도 있잖아."

"업종은? 전자제품 업계가 낫겠지?"

"지금 한창 성장하고 있는 산업이니까……."

졸업을 앞둔 동기들의 취업 고민이 한창인 가운데 나 역시 진로를 어떻게 정해야 할지 고심하다가, 무엇보다 전공을 잘 살릴 수 있는 분야로 가는 것이 유리하겠다고 판단해 동신화학에 지원했다. 당시 동신화학은 타이어, 치약 등을 생산하고 아연 제련 공장도 갖추고 있는 업계의 4대 재벌 중 하나로 가전제품 생산을 준비하고 있는 회사였다. 탄탄한 회사다 보니 취업 경쟁률도 셌다. 보통 20~30대 1은 기본이었던 터라 지원하긴 했지만 합격하리라는 확신은 갖지 못했다. 그래도 입사하기만 하면 잘 적응할 자신이 있었다.

여러 채용 단계를 거치고 최종 합격자가 발표되는 날이었다. 요즘처럼 취업 준비를 도와줄 사람이 있는 것도 아니고 뭐든지 스스로 해내야 했기에 여기까지 오는 동안 훌쩍 성장한 기분도 들었다. 드디어 발표 시간이 임박했다. 조심스럽게 전화를 걸어 합격 여부를 물었다. 수화기 너머로 "축하합니다!"라는 목소리가 들려왔다.

마침내 명실공히 사회인이 된 것이다. 재벌 기업으로 알려진 유명한 회사에 입사한 것도 축하할 일이었지만 강원도 탄광촌에서 혈혈단신 서울로 올라와 대학 생활을 견뎌내고 사회인으로 우뚝 서게 된 것이 얼마나 감사한 일이었는지 모른다. 그 당시만 해도 괜찮은 회사에 들어간 만큼 착실하게 직장 생활을 해서 가정도 이루겠다는 꿈을 꾸었던 것 같다.

나의 취업 소식 또한 고향으로 퍼져나갔고 현수막이 걸리지는 않았지만 모두 진심을 다해 축하해주었다. 지금은 블라인드 취업이라고 해서 이력서에 학력이나 집안 환경 등을 쓰지 않도록 하는 곳도 많지만 그때는 모든 것이 공개였다. 나는 시골 출신인 데다 고등학교도 공업고등학교를 졸업한, 어찌 보면 흙수저의 이력이었지만 그래도 대학 공부를 했다는 사실이 그 모든 것을 보완해주었던 것 같다. 생각해보면 나에겐 행운 같은 일이었다. 동신화학은 냉장고, 텔레비전 같은 가전제품을 만드는 기업이 되었다. 지금의 현대나 삼성과 같이 가전제품을 다루는 회사 중 하나이며 탄탄한 기업으로 손꼽혔다. 나는 그중에서도 냉장고를 개발하는 부서에서 일하게 되었다.

입사를 하고 나니 신세계가 열렸다. 현장에서 몸으로 부딪히며 새로운 배움을 얻어나가야 했다.

"어이 신입! 이리 와서 이것 좀 정리해."

"신입! 이리 와서 좀 도와."

신입은 몸은 고되어도 마음은 가장 편하다. 회사라는 거대한 조직은 수많은 조직원들이 톱니바퀴처럼 돌리고 있어서 어디 한 군데라도 비어 있으면 금방 티가 났는데, 신입의 경우는 아직 배우는 과정이라 책임도 그만큼 덜하다. 그래서 이때 부지런히 배우고 익히며 무한 생존 경쟁에서 살아남을 방법을 찾아가야 한다.

나의 생존법은 무조건 많은 경험 쌓기였다. 쓸모없는 경험은 없다는 생각으로 가능한 많은 경험을 하려고 노력했다. 엔지니어로 입사했지만 영업 부서의 일이나 총무과, 경리과 할 것 없이 직원들과의 유대 관계를 넓히는 동시에 그들의 일을 어깨너머로 배웠다.

'아, 재무제표는 이렇게 작성하는구나.'

'가만있자, 이 냉장고는 주로 어디에서 소비되는 거지? 타사 제품에 비해 영업 성적이 좋은 제품은 뭐지? 이 제품은 왜 인기가 있을까?'

1960년대 후반, 국내 가전제품 업계는 태동기에서 성장기로 나아가고 있었다. 불과 몇 년 전, 강원도 태백에서 텔레비전을 보려면 동네 이 장님 댁에 설치된 흑백텔레비전 앞에 옹기종기 모여야 했건만, 언젠가는 각 가정마다 텔레비전을 놓고 보는 시대가 올 것이라 예상하고 있었다. 가전, 즉 집에서 사용하는 전기제품의 보급률이 높아지리란 전망에 따라 기업도 풀가동 중이었다. 냉장고 개발 부서 역시 바빠졌고, 가전 업계의 무서운 성장력을 지켜보면서 모든 것이 새롭고 신이 났다.

당시 숙직과 야근은 직장인에게 필수였다. 숙직은 전 직원이 순번을 정해 돌아가며 섰는데 숙직을 대신 서주는 것이 나의 또 다른 일이기도 했다. 온전히 내가 원해서 그러겠다고 한 것이었다. 나는 당시 회사에서 숙식을 하고 있어서 회사가 일터요, 쉼터였다. 그러니 다른 사람들에 비해 시간적 여유가 많았고 그들의 수고스러움을 덜어준다는 뿌듯함도 있었다. 하지만 사실 숙직을 대신 선 가장 큰 이유는 숙직을 통해 얻는 이득이었다. 야근을 하다 보면 본업을 할 때보다 훨씬 더 많은 것을 배울 수 있다는 장점이 있었다. 소수의 인원이 모여서 일을 하니 궁금한 것을 물어보기도 편했고 실습을 해볼 수도 있어 일석이조였다. 이런 내 마음을 아는지 모르는지 동료들은 숙직과 야근을 부탁해야 할 때 상당히 미안해했다. 그들 입장에서야 미안한 것이 당연했으니 그들의 인심까지 얻을 수 있어서 인간관계에도 도움이 되었다.

더 큰 선물은 다양한 부서의 일을 배우고 사람과 사귀는 등 남들보다 많은 경험을 쌓은 덕분에 고속 승진의 길이 열렸다는 것이다. 나는 입사 4년 만에 기술과장 자리에 오르게 되었는데, 고속 승진이었음에도 직원들 모두가 수긍하고 박수를 쳐주어 더욱 뿌듯했다. 회사 내에서 적을 만들지 않으면서 하나라도 더 배워보려는 노력이 결실을 맺었다는 보람은 두고두고 남았다.

1967년 우리나라 가전산업계의 기술 인재로 사회생활을 시작한 뒤 5년간 이어진 첫 직장에서의 경험은 나를 철저한 배움의 세계로 안내해주었다. 경험우선주의, 실전에서 부딪히고 알아가며 배운 것들은 나중에 큰 지적자산이 되었다.

1920년대 하버드대학교의 맥두걸 교수가 경험에 대한 실험을 하나 진행했다고 한다. 쥐들이 미로를 헤쳐나가는 방법에 대한 실험이었다. 첫 번째 실험이 진행되었을 때 실험에 사용된 쥐들은 무려 165번 실패한 후에야 미로를 완벽히 빠져나올 수 있었다. 그 후 실험 쥐들이 새끼를 낳고 그 새끼들이 어미만큼 자랐을 때 다시 미로 찾기 실험을 실시했다. 그런데 새끼들은 120번 만에 미로를 빠져나갔다. 더 놀라운 것은 그 쥐들이 성장해 낳은 새끼들은 20번 만에 미로를 빠져나갔다는 사실이다. DNA에 감춰진 경험 인자들이 실력을 발휘한 것이다.[2]

---

2) 헬렌 S 정, 《나는 왜 일하는가》(인라잇먼트, 2012), 274쪽.

쥐뿐만이 아니다. 사람은 더욱 그렇다. 미시간대학교 심리학자인 니스벳 박사는 문화적 유산이 수세대에 걸쳐 이어져 내려오고 있다는 사실을 밝혀냈다. 예를 들어 미국 남부 출신의 후손들이 200년 전 카우보이 선조들의 공격성을 띠고 있다는 것이 타액 조사 결과 나타났다고 한다.

이처럼 사람의 경험은 위대한 힘을 발휘한다. 그래서 젊었을 때 경험은 하나도 버릴 것이 없을 정도로 소중하며, 언제 어디서든 경험했던 것의 익숙함은 낯선 길에서의 방향지시등이 되어준다. 그렇기에 경험의 다양성, 경험의 깊이가 무엇보다 중요하다.

총 8년간의 직장 생활은 오늘날 나를 만들어준 자양분이 되었다. 그 경험이 없었더라면 훨씬 더 많은 시행착오와 시간이 필요했을 것이다.

직장 생활에 대해 회의적으로 말하는 사람들과 만날 때면 나는 경험우선주의를 이야기해주고 싶다. 약속된 월급을 받으면서 합법적으로 배움을 쌓을 수 있는 경험은 직장에서 이루어질 때가 많다. 그렇다고 내가 직장최우선주의자는 아니지만 또 아닌 것도 아니다. 어떤 분야든 자신보다 먼저 그 세계를 경험한 자들이 모여 있는 조직에 소속되어 경험을 나누어 받는 것만큼 좋은 기회도 드물다. 그러므로 너무 계산적으로 미래를 따지기보다 계산할 수 없는 경험이란 소중한 자양분을 선택해보는 것도 결코 나쁘지만은 않을 것이다. 경험은 곧 재산이다. 경험이 나를 금수저로 이끈 실질적인 동력이 되었기 때문이다.

말씀을 묵상하라

배움은 정성을 다하는 과정이다. 학교 공부를 하거나 인생 공부를 할 때 정성을 다해 배우지 않으면 나의 것이 될 수 없다.

성경은 진리의 말씀으로 그 속에는 살아갈 지혜가 담겨 있다. 주님은 우리가 복 받길 원하신다. 복은 하나님에게서 오는데, 성경은 이 땅에서 어떻게 해야 그 복을 받을 수 있는지 알려주신다. 성경 66권 중에 가장 운율이 있고 아름다운 가락은 시편이다. 다윗을 비롯한 여러 인물이 하나님의 은혜와 사랑에 대해 시를 지어 표현한 것으로, 시편을 묵상함으로 우리는 영적인 평안함에 거할 수 있다. 그중에서도 시편 1편 말씀에는 복 받는 자의 비결과 복을 받기 위해 무엇을 해야 하는지 분명히 나와 있다.

복 있는 사람은 악인의 길에 서지 않으며 죄인들의 길에 거하지 않으며 오직 여호와의 율법을 즐거워하여 주야로 묵상하는 자로다.

시편 1편 1절에 나오는 이 구절은 복 받는 자의 비결을 정확히 언급하고 있다. 하나님께 복을 받으려면 말씀을 아침저녁으로 묵상해야 한다. 묵상이란 단어에는 깊이 새기며 곱씹어본다는 의미가 들어 있다. 이 구절을 영어 성경(NIV)에서 찾아보면 다음과 같다.

But his delight is in the law of the LORD, and on his law he meditates day and night.

복 있는 사람은 말씀을 사랑하는 사람이다. 의무감을 느껴 형식적으로 읽는 것이 아니라 말씀을 너무 사랑해서 읽는 사람이다. 그들은 말씀이 너무 좋아서 아침저녁으로 가까이한다고 표현한다. 또한 말씀을 곱씹는 행위 속에서 자연스럽게 말씀이 암송되고 마음속에 되새김질된다. 마음에 새겨진 말씀은 행동의 근간이 되고 기준이 된다. 즉, 말씀을 묵상하는 일을 통해 우리의 삶이 올바르고 정의롭고 아름답게 변화되어 어디서나 복 받은 자로, 복을 끼치는 사람이 됨을 시편 기자는 말하고 싶었을 것이다.

또한 여기서 말하는 '율법'이란 넓게 하나님의 말씀에 해당하지만, 구약시대를 기준으로 볼 때 율법을 압축해놓은 십계명을 지칭하기도 한다. 십계명을 묵상하고 지키는 것 또한 복 받는 비결이다.

열 가지 계명을 살펴보면 우선 하나님 외에 다른 신을 두지 말고, 그 우상에 절하지 않는다. 하나님의 이름을 망령되게 해선 안 되며 안식일, 즉 주일을 거룩하게 지켜야 한다. 부모를 공경함과 함께 살인도,

간음도, 거짓말도 하지 말고 남의 것을 탐하지도 거짓 증언을 해서도 안 되는 등 열 가지 율법을 지키라고 하신다. 하나님은 우리가 십계명을 잘 지키면 형통하게 되는 복을 주시겠다고 약속하고 계신다. 이처럼 하나님께 복 받는 지혜는 하나님께서 말씀하신 '해라', '하지 마라' 하는 율법을 마음에 새기는 것이다.

나 역시 예수를 믿게 된 후 성경책이 필수품이 되었다. 잘 때도 머리맡에 두고 새벽에 눈을 뜨면 기도와 함께 말씀을 읽고 하루를 시작한다. 매일 접하는 말씀이지만 하루하루 받아들여지는 맛이 다르다. 점점 깊은 의미가 깨달아지고 그 속에서 생활 속 진리와 지혜가 얻어진다. 십계명을 묵상함으로 생활의 기준이 세워지고 삶의 질이 높아짐이 느껴진다. 이런 변화가 말씀을 묵상함으로 얻게 된 복이 아닐까 싶다.

하나님의 말씀 속에는 모든 진리와 배움의 근간이 담겨 있다. 그렇기에 늘 말씀을 가까이하고 묵상하면서 그 속에서 깨달아지는 지혜에 귀를 기울이는 것, 이것이 복 받는 비결이다.

PART

3

채움과 비움

·

주어진 일에는 최선을

기본적인 틀이 완성되고 나면 채우고 비우는 과정이 이어진다.
너무 채우려고 욕심을 내면 흘러넘치고
너무 비워두면 단단해지지 못한다.
그릇의 적정량을 알기 위해서는 채움과 비움이 연속되어야 한다.

블루오션을 보다

동신화학에 입사한 지 3년쯤 지났을 때였다. 당시 나는 거의 매일 야근을 자처하는 꽤 성실한 회사원이었다. 일이 재미있었고 또 열심히 해야 한다는 사명감으로 상사를 따라다니며 기술을 익히고 배웠다.

당시 국내 가전 업계는 금성사(지금의 LG)가 주도하는 가운데 대한전선, 천우사, 삼양전기, 동신화학 등이 포진하고 있는 상황이었다. 국내 최초로 금성사에서 흑백 TV 생산에 성공하면서 뒤를 이은 기업 대부분이 일본과 기술 제휴를 맺어 TV를 생산했고, 냉장고도 비슷한 시기에 개발되었다. 국내 최초의 냉장고인 금성사의 눈표냉장고를 시작으로 다른 기업에서도 냉장고 개발에 한창 열을 올리고 있었다.

특히 1960년대 후반 들어 가전산업이 커지면서 우리 회사를 비롯한 전자제품 기업은 대부분 해외 선진국과 제휴를 맺고 기술을 배워 오는 실정이었다. 가장 가까우면서도 최상의 기술을 보유한 일본 기업은 좋은 제휴처라 그들과 협력 관계를 유지해가며 제품 생산에 박차를 가했다. 그러나 말이 제휴지, 아직까지 우리만의 기술력이 없어 온전한 제품을 생산해내지 못했고 일방적으로 도움을 받는 단계였다. 우리나라로서는 대부분 일본에서 건너온 부품을 조립하고 케이스만 그럴듯하게 만들어 생산하는 실정이었다. 국내 가전제품 시장은 계속 성장세를 보이고 있는데 제품은 겉만 'made in korea'였으니 답답할 노릇이었다. 엔지니어의 역할이 더 중요해질 수밖에 없었다.

그러다 보니 회사 차원에서 일본으로 출장이 잦았고 일본의 엔지니어들도 한국을 자주 방문하곤 했는데, 나는 이런 교류의 현장에는 최선을 다해 참석했다. 우리 회사와 제휴를 맺고 있는 기업은 TV는 미국 RCA사, 냉장고는 독일 AEG사였다. 하지만 사실상 특정하고 구체적인 기술을 공유하는 것보다 중요 부품을 선심 쓰듯 제공한다는 분위기가 강했다. 겉으로는 깍듯하고 친절한 것 같지만 잇속만을 챙기는 모습이 너무나도 눈에 보여 화가 나기도 했다.

하지만 우리가 누구인가. 우리 엔지니어들은 그들에게서 기술을 확보하기 위해 온갖 방법을 다 짜냈고 합동작전을 펼쳐 기술을 확보하곤 했다. 회식을 빙자한 자리를 만들고 눈치작전으로 그들이 보물단지처럼 여기던 기술 노트를 사수하기도 했다. 물론 상도가 있으니 적정한 선을 지켰지만 물밑 작업으로 얻어낸 기술력은 자주 도움이 되었다. 아이디어가 떠오르는 메모가 많았기 때문이다.

이렇듯 나의 첫 엔지니어 생활은 치열했고 열정적이었다. 무한한 기술의 세계에 빠져든 채 열심을 다해 직장 생활을 했건만, 입사 5년

차 되던 때 회사 경영에 빨간불이 켜지고 말았다.

동신화학 역시 가전제품 개발에 열중했으나 너무 방만한 경영 탓이었는지, 당시 한 차례 외환 위기가 몰려오면서 휘청하더니 순식간에 부실기업으로 곤두박질쳤다. 제법 탄탄한 재벌 회사였는데도, 지금 생각해도 안타까울 만큼 무너졌다. 사회생활 5년 차를 맞은 나로서도 막막한 일이었다. 아니 나뿐만 아니라 직원들 모두 갑자기 일이 사라져 난감한 상황이었다.

나는 살길을 찾아야 했다. 회사가 휘청거리기 전까지만 해도 내가 꿈꾸던 미래는 지극히 평범했다. 주어진 분야에서 인정받으며 안정된 생활을 유지하는 것이었다. 그런데 생각지도 못한 상황에 놓이니 솔직히 많이 당황스러웠다. 이제는 학력으로 선발되는 신입사원이 아닌 전문 분야에서 경험을 쌓은 5년 차 경력 사원이었기에 더욱 신중을 기해야 했다. 어느 정도 사회생활을 한 뒤였던 까닭일까, 오히려 조급해하지 말고 직장에 대해 생각해야 할 것 같았다.

회사가 어려워졌다는 소문이 순식간에 업계에 피져나가면서 경쟁기업에서 스카우트 제의가 쏠쏠히 들어왔다. 주변 사람들을 보니 근무 환경이나 보수, 복지 등을 기준으로 큰 회사로 옮기는 선배도 있었고 전혀 다른 분야로 옮기는 경우도 있었다. 물론 대부분이 보수가 좋은 쪽으로 이동하고 있었다.

나도 꽤 깊은 고민을 했던 것 같다. 대학을 졸업하고 첫 직장을 구할 땐 남들 이목이나 회사에 대한 자긍심을 더 생각했지만 막상 5년 차가 되고 나니 더 중요한 것이 있음을 깨닫게 되었다고 할까. 그동안 일본을 비롯한 여러 제품 생산 현장을 돌아다니면서 느꼈던 점이 있었다. 정해진 분야에서만 일을 잘하는 인재보다는 하나의 제품이 완성되기까지 전반적인 프로세스를 파악하고 있는 사람이 기업에는 더 필요하다는 사실이었다. 자기 분야가 아니라고 알려고 하지도 않는다거나 모른다고 회피하는 것이 능사는 아니었다. 생각이 여기에 미치니 이제는 기업의 자산 규모나 크기에 현혹되지 말고 내가 정말 전방위로 일할 수 있는 실속 있는 곳을 선택하자는 결심이 섰다.

"저는 동남샤프로 갑니다. 거기서 한 번 더 꿈을 펼쳐보려고요."

"아니 강 과장, 다른 데에서도 오라고 그러는데 왜 하필 거기로 정했어?"

"소꼬리보다 닭머리가 되기로 결정했습니다."

당시 동남샤프는 텔레비전 생산에 주력하다가 냉장고 개발에 뛰어든 상황이었다. 그러니 냉장고 분야에서 경험을 쌓은 나 같은 사람들을 영입해 본격적으로 냉장고 생산을 시작하려 했다. 한마디로 쌓인 노하우가 있는 회사가 아닌 새롭게 개척해야 하는 회사였다.

동남샤프로 이직한 후에도 나는 냉장고 개발 관련 업무를 이어갔다. 이 기업의 상황도 동신화학과 다를 바 없었다. 거의 다 수입한 부품을 조립한 뒤에 케이스만 디자인해서 생산해내는 수준이었다. 그 현장을 진두지휘하다 보니 한 가지 의문이 들었다.

'우리는 왜 부품 하나 제대로 만들 생각을 안 할까? 우리가 직접 만들면 되잖아.'

물론 나만 이런 생각을 했다고는 생각하지 않는다. 이미 다른 기업에서도 완전한 국산화를 이루기 위해 노력하고 있었지만 선뜻 나서는 기업이 없었다. 그러는 사이 국내에서 텔레비전이 일반 가정에 보급되는 비율이 수직 상승했고, 냉장고의 수요 또한 늘어갔다.

당시 개발부장이었던 나는 제품을 만들기 위해 필요한 부품을 수입하는 일을 맡고 있어서 일본 샤프사로 자주 출장을 다니며 교류했다. 다니면 다닐수록 부품을 직접 만들어야 한다는 생각은 더욱 깊어졌고, 그러던 어느 날 번뜩 이런 생각이 스쳤다.

'부품 하나라도 국내에서 생산할 수 있어야 한다. 그게 나라를 살리고 기업을 살리는 길이다. 그래, 일본이 만드는 부품, 내가 만들어보자.'

사회적인 분위기도 좋았다. 1970년대로 들어서면서 전자 업계는 급성장 중이었다. 정부에서도 가전제품 개발과 생산, 소비로 경제가 활성화되는 것은 반가워했지만 동시에 부품 수입이 부담스러워 부품의 국산화를 장려하는 정책을 펼치고 있었다.

블루오션, 기업론에서 자주 등장하는 용어다. 아직 미개발된 분야를 뜻하는데, 경쟁 상대가 없는 신기술이나 신제품 시장을 말한다. 블루오션이 각광받는 이유는 무한 경쟁을 헤쳐가야 하는 치열한 기업 현장에서 과열 경쟁을 벌이지 않고 새로운 시장, 창조적인 시각을 제공할 수 있기 때문이다. 《손자병법》에서 '가장 훌륭한 승리는 싸우지 않고 이기는 것'이라고 했듯이 블루오션 개척은 싸우지 않고 이기는 좋은 경영이라 할 수 있다. 국산 부품이야말로 아무도 개발하지 않은 블루오션이었다.

나는 1970년대 치열하게 번져가는 전자제품 개발 현장에 몸담고 있으면서 블루오션을 발견했다. 그 시장을 개척해보고 싶다는 강한 소망이 끓어올랐다. 첫술에 배부를 수 없으니 일단 가능한 일부터 시작하고 그 시작을 반으로 삼아 이어나가면 될 것 같았다.

먼저 일본 회사를 방문했을 때 창문 너머로 견학한 현장을 떠올리며 부품이 만들어지는 과정을 머릿속으로 그렸다. 그리고 회사 개발실에 처박혀 기억과 상상을 조합해 시뮬레이션을 해보면서 협력업체에 알려주고 만들어보게끔 했다. 정확한 프로세스나 매뉴얼이 없어서인지 협력업체에서는 난색을 표하곤 했다.

"부장님, 우리 기술자들도 못하겠다고 하네요. 그냥 편하게 수입해서 쓰십시오."

이런 이야기를 들으면 오히려 오기가 생겼다. 내가 나가서 부품을 만들어보겠다는 의지가 샘솟았다. 아무리 창문 너머, 어깨너머로 배운 기술이라지만 도전하고 시도하다 보면 성공하리란 확신도 들었다. 에디슨의 수천 번의 시도, 아니 수천 번의 실패하는 방법을 발견했다는 마음가짐이면 못할 것도 없으리란 생각이 들었다.

1976년, 나는 블루오션에 올인하기로 했다. 과감히 사표를 던지고 나와 본격적으로 부품을 개발하기로 결단한 것이다. 주변에선 탄탄한 직장을 놔두고 가시밭길로 간다며 혀를 차기도 했지만 상관없었다. 내가 하고자 하는 일의 목적이 단순히 먹고사는 데에 그쳤다면 이런 결정을 하지 않았을 것이다. 내가 일을 선택하는 기준은 나 자신과 우리나라가 좀 더 발전하는 길을 고민하고 그 발전에 일조할 수 있는 것, 내가 가장 잘할 수 있는 분야에서 상생하는 것이었다.

블루오션을 발견하고 선택하기로 결정한 내게 그간의 경험은 귀한 자양분이 되었고, 미래에 대한 기대는 동력이 되었다. 그러고 보면 자신이 선택한 일을 돌아볼 필요가 있다. 그 일이 자신에게 어떤 의미이고 어떤 가치가 있는지 돌이켜보았을 때 그 대답을 할 수 있다면 좋은 선택을 한 것이다.

100퍼센트 국내 기술의
반전 드라마

1965년 국내 최초로 냉장고를 만든 금성사의 비하인드 스토리는 재밌으면서도 애잔하다. 이 냉장고는 하루아침에 뚝딱 만들어진 게 아니다. 금성사의 모기업인 락희화학에서 사용되던 치약 원료용 냉동실을 제작한 경험이 기저에 있었기 때문이다. 냉장고의 구조와 전기회로는 미국 PX에서 불법 유출된 빙과점용 냉동기를 역으로 분석해 알아낸 것이었다.

또한 고 구정회 사장의 개발 일념도 큰 몫을 했는데, 자신의 집에 미국 RCA 냉장고를 가져다가 완전히 분해해놓고 연구 자료로 활용했다고 한다. 이러한 노력 끝에 국산 1호 냉장고인 GR-120이 탄생할 수 있었다. 또한 개발에 성공한 데서 그치지 않고 그 후 종합전자생산공장에서 냉장고를 대량생산함으로써 수요가 급증하는 경제 상황에 부응할 수 있었던 것이다. 우리나라 기업이 어떻게 성장했고 어떤 노력을 기울였는지 알 수 있는 대목이다.

회사를 퇴사하고 창업을 결심했을 때 나 역시 비슷한 심정이었다. 거창한 성공을 꿈꾼 건 아니다. 다만 나에게 주어진 사건으로 만들어진 기회에 최선을 다해 부응하자는 생각뿐이었다. 무엇보다 아무도 시도하지 않았던 국산 부품화에만 초점을 맞추었다.

청파동 굴다리는 아주 허름했다. 판자촌이 즐비하여 허름함이 묻어나는 곳, 그곳에서 공장이 시작되었다. '성신하이텍'. 제대로 제작된 간판도 아니었지만 일단 대충 간판을 세워놓고 공작기계 한 대만 마련한 상태로 문을 열었다. 말하자면 판자 공장이었다. 다니던 회사에 사직서를 제출했을 때 나를 만류하며 퇴직 유보 처리까지 해준 사장의 얼굴이 떠올랐다.

얼마 되지 않는 퇴직금은 몽땅 공장을 차리는 비용으로 들어가서 이제 막 꾸린 가정의 형편은 어려웠다. 다행히 아내는 나의 사정과 꿈을 알고 이해했기에 그 시간을 묵묵히 견뎌주었다.

누군가 걸어간 길을 뒤따라가는 일은 그 자취가 남아 있으므로 조금 수월하다. 그런데 아무도 걸어가지 않은 곳에 새롭게 길을 내는 일은 위험 부담이 크다. 실패는 당연히 있는 일인데 실패 횟수가 늘어남에 따라 포기할 수도 있기 때문이다. 솔직히 창업을 하면서 가장 두려웠던 부분이 그것이었다. 혹시라도 여러 주변 여건에 의해 포기하게 되면 어쩌나. 그래도 그때는 패기가 등등하여 안 되면 뭐라도 만든다는 오기로 달려들었다.

직원 두어 명을 둔 판자 공장이 가동되었다. 부품을 제작할 기계 한

대가 고작이었지만 그래도 회사 생활을 하면서 습득한 기술을 믿었다. 가장 먼저 도전한 분야는 냉장고 문이 닫히는 부분에 사용되는 자석패킹이었다. 냉장고의 기본적인 기능은 내용물을 일정한 온도로 냉장 또는 냉동하여 신선하게 보관하는 것이다. 일정 온도를 유지하려면 외부에서 유입되는 열을 차단하는 것이 가장 중요하고 또 어딘가로 열을 뺏기지 않아야 한다. 그 역할을 자석패킹이 하기 때문에 어쩌면 눈에 잘 띄지도 않는 부품일지 모르지만 매우 중요했다.

회사에서 개발부장으로 일할 때 부품 국산화 계획서를 작성하면서 이 자석패킹에 눈독을 들였다. 냉장고의 핵심 부품이고 우리 기술로도 충분히 만들 수 있을 것 같다는 믿음이 있었다. 그러나 뭔가를 새롭게 개발하는 일은 지난했고 상당한 인내를 요구했다.

"자석패킹은 재질도 중요하지만 압출실력도 있어야 해."

열악한 상황 속에서 시도 또 시도가 이어졌다. 말이 창업이지 제품으로 출시된 것이 없어서 초기엔 계속 투자만 이어졌다. 공장 가동비는 얼마 되지 않았지만 데려온 기술자들 월급은 꼬박꼬박 나가야 했다. 당연히 집으로 가져가는 돈은 거의 없었다. 아내라고 뾰족한 수가 있는 것도 아니었을 텐데 싫은 소리, 불평 한마디 하지 않았다. 아끼고 절약하며 살림을 해서 그런지 가난했지만 궁핍하진 않았다.

"사장님, 이것 좀 보세요. 웬만큼 성능을 내는 것 같은데요?"

"웬만한 성능 가지고는 안 되지. 자, 여길 보라고. 이게 일본에서 만든 자석패킹인데 우리가 만든 거랑 뭐가 다를까?"

여름엔 지독히 덥고 겨울엔 지독히 추운 공장에서 우리는 머리를 맞대고 부품을 요리조리 분석하고 뜯어보며 비슷하게 만들어나갔다. 과연 일본의 기술이 괜히 선진 기술이 아니었다. 그들의 섬세함과 디테일은 정말 배워야 할 점이었다.

하루하루 아까운 시간이 흐르고 있었다. 주머니는 탈탈 털려서 과연 공장을 얼마나 운영할 수 있을지 막막해질 즈음, 나는 자구책을 찾기로 했다. 어떻게든 자금이 돌아가는 시스템을 만들어야 하니 일단 자금력을 확보할 수 있는 제품들을 만들어 돈을 만들자 싶었다. 그래서 냉장고 부속품 중 비교적 만들기 편한 것을 먼저 생산했다. 공장에 있는 기계를 사용해 생산해낼 수 있는 진공성형제품 중 맥주나 음료수를 꽂는 플라스틱을 만들었다. 이 부속품은 모양대로 찍어내기만 하면 되지만 거기에도 특별한 노하우나 기술력이 필요했다. 다만 좀 더 신속하게 개발해 생산할 수 있겠다는 판단이 들었다.

일단 이 제품부터 만들어 경비를 마련하고 한편으로 자석패킹 개발을 이어나갔다. 책상 위엔 일본산 부품과 우리가 만든 부품이 나란히 놓여 있었다. 날이면 날마다 두 제품을 비교하면서 무엇을 어떻게 고쳐야 할지 들여다보며 시간을 보냈다. 어떤 사람은 그 모습이 궁상맞다고 생각할 수도 있었겠으나 나는 그 시간이 참 좋았다. 나로 인해 부품이 개발된다면 우리나라 냉장고 부품의 국산화에 일조하는 것이고 그것이 곧 외화 낭비를 막는 애국이라는 데에까지 생각이 미치면 더욱 힘을 내게 되었다.

그렇게 1년 반이 흘렀다. 과연 노력한 시간은 거짓말을 하지 않았다. 1년 반이라는 시간을 개발에 매달리면서 수백 번 시도하고 실패했는데,

그 시간들은 정말 '성공하지 못하는 방법'을 발견하는 시간이었다.

'아…… 이렇게 하면 안 되는구나.'

이런 깨달음을 얻는 것이 얼마나 소중한 경험이었는지 모른다. 많은 이들이 '어떻게 하면 성공하지?'를 고민하지만 고민을 잠시 접고 일단 시도하면서 '이렇게 하면 성공하지 못한다'는 사실을 아는 일도 의미가 있다. 개발에 매달리면서 나는 그것을 철저히 깨달았다.

그리고 마침내 그토록 바라고 원했던 자석패킹 부품이 개발되었다. 1년 반 만이었다. 여기서 개발이라 함은 냉장고에 장착되었을 때 본래의 기능을 완벽히 해내는 수준을 의미한다. 부품이 성공적으로 개발되자 우리 직원들은 서로를 껴안고 환호성을 질렀다.

"와! 해냈다, 해냈어. 거봐! 하면 되잖아."

"그러게요, 이게 되네요."

드디어 국내 기술로 만든 부품 1호가 탄생한 것이다. 100퍼센트 순수 국내 기술로 만든 부품은 그저 부속품으로 보면 보잘것없었지만, 1년 반, 아니 그보다 더 많은 시간과 공을 들여 탄생시킨 결과물로 바라보면 하루 종일 보고 있어도 질리지 않았다. 무엇보다 수많은 냉장고 부품 중 하나를 만드는 데 성공했을 뿐이지만 이 제품으로 국내 전자제품을 국산화하는 데 아주 작은 힘이라도 보탤 길이 열렸다는 것이 그렇게 뿌듯할 수가 없었다.

주어진 일에 최선을 다한 자석패킹은 '하면 된다, 최선만 다하면 언젠가 결과가 따른다'는 진리를 보여준 선물이었다. 또한 일의 기쁨을 단순히 노동의 차원이 아니라 성취감과 의미, 가치를 부여하고 풍요를 향해 가는 길목으로 만나는 것이 중요함을 깨달았다.

불과 얼마 전까지만 해도 초등학생들에게 꿈을 물어보면 훌륭한 사람이 되고 싶다는 대답이 나왔었다. 그런데 요즘엔 판도가 달라졌단다. '돈 많은 연예인', '건물주'가 되는 것이 아이들의 꿈이란다. 물론 그 꿈을 폄하할 생각은 없다. 다만 요행을 바라고, 물질 중심이 된 가치관이 개탄스러울 뿐이다.

일의 중요성, 일의 의미를 제대로 알아야 한다. 일은 수고스럽지만 하나님이 주신 또 다른 선물이다. 이 땅을 창조하신 하나님도 '일'을 하시며 창조 사역을 완성하셨고, 예수님도 이 땅에 오셨을 때 목수로 오셨다. 그만큼 일은 우리에게 주어진 선물이고 특권이다. 마치 일하는 것을 큰 불행인 양 여기면 그 인생은 수고스러운 인생이다. 그러나 그를 선물로 여기면 일생이 선물처럼 여겨질 것이다. 나에게 있어 창업은 일의 의미를 알아가게 만든 귀한 과정이었다.

넘어설 수 없다면 바꿔라

국산 부품 개발에 성공했을 때의 기쁨도 잠깐, 이내 생각이 복잡해졌다. 개발에 성공하지 못했을 땐 '개발에만 성공하면' 하는 바람이 간절했는데, 막상 개발을 해놓고 나니 '잘 팔릴까' 하는 의문이 들기 시작한 것이다.

물건이 있다고 해서 만사 오케이가 아니다. 그것을 알리고 팔아야 자금이 회전된다. 이제부터는 영업 싸움이었다. 이미 시장의 판도는 우리에게 유리한 방향으로 흘러가고 있었다. TV 보급률이 치솟으면서 각 가정마다 텔레비전이 놓이자 이제는 냉장고 수요가 늘어가고 있는 실정이었다. 국내 업체에서는 공급량을 채우기 바빴으므로 조건은 아주 좋은 편이었다. 나는 본격적으로 영업에 들어갔다.

"저…… 부장님, 안녕하세요. 저 강국창입니다. 제가 부품 공장을 시작했습니다. 국산 기술로 부품 개발을 해보려고요. 이 자석패킹이 저희가 만든 국산 부품이거든요. 한번 써봐 주세요."

"알았어요. 일단 두고 가세요. 보고 연락드릴게요."

처음엔 반갑게 맞아준 담당자들도 제품을 내밀면 표정이 굳어졌다. 어떤 제품을 만들었는지 궁금하지도 않다는 표정이었다. 특히나 순수 기술로 개발했다는 말에는 못 미더운 눈치를 대놓고 보냈다.

며칠 동안 간절한 기다림이 이어졌다. 냉장고를 생산하는 기업이 늘어났고 수요량도 늘고 있었기에 우리 물건을 주문할 이유가 충분했음에도 아무런 연락이 없었다. 하루하루 속이 바짝바짝 타들어가는 심정이었다. 하루빨리 판로가 개척되어야 후속 제품도 개발하고 자금도 돌아갈 텐데 반응이 없으니 답답할 노릇이었다.

연락을 준다는 사람은 감감무소식, 답답한 마음을 안고 회사를 찾아가면 책임자가 자리를 비운 상태라며 나를 피했다. 언제부턴가 그것이 핑계에 지나지 않는다는 사실을 알 수 있었다. 얼마나 자존심이 상했는지 모른다. 그동안 앞만 보고 달려왔는데 이렇게 마지막에 무너지면 안 된다는 생각으로 끝까지 버텼다. 불과 1년 전까지만 해도 협력업체와 갑의 관계에 있었건만 하루아침에 을의 위치에서 일하게 되니 기분이 착잡했다. 그래도 결국 부품은 완성품에 끼워지는 것이고 원청에 제공해야 하기에 절박한 심정으로 방법을 강구했다.

업체에서 부품에 대한 컴플레인이 들어오면 즉시 고쳐서 다시 보내기를 수차례, 그러면서 우리가 개발한 자석패킹은 더욱 업그레이드되었고 차츰차츰 일본에서 수입해온 자석패킹과 동등한 수준에 이르렀다. 그런데도 냉장고 생산의 주축을 담당하는 업체들은 도무지 움직이

질 않았다.

그때 직장 생활을 할 때의 일이 선명하게 떠올랐다. 부품 담당자였던 나는 부품을 수입할 때마다 상공부에 부품 국산화 계획서를 제출했었는데, 그 경험이 떠오름과 동시에 이런 생각이 드는 것이었다.

'정부에서도 국산화 계획을 권장하고 있는데 왜 우린 이렇게 찬밥 신세일까. 국산화에 일조할 만한 결과를 냈는데 써주는 곳이 없다면 이건 국가에도 책임이 있다. 정부의 힘을 빌려보자.'

나는 그길로 상공부로 달려갔다. 공장에서 만든 부품을 들고 상공부 담당 직원을 찾아가 그동안 우리가 어떤 노력을 기울였고 어떤 과정을 거쳐 부품 개발에 성공했는지 이야기하며 이렇게 덧붙였다.

"생각해보십시오. 정부에서는 국산 제품을 만들라고 하는데 저희 같은 회사에서 만든 국산 부품을 써주지 않는 기업은 문제가 있는 거 아닙니까. 아직까지 일제가 최고라고 생각하기 때문에 우리 제품을 제대로 보지 못하는 겁니다. 제가 감히 말씀드릴 수 있는 건 우리 물건도 결코 성능에서 뒤처지지 않는다는 겁니다. 충분히 경쟁에서 이길 자신 있습니다. 그러니 국산 부품을 보호하는 법을 만들어주십시오."

상공부 담당 직원도 나의 말에 공감했다. 국가 정책으로 우리 같은 업체를 보호하는 게 당연하다는 말을 건네며 최대한 긍정적으로 검토하겠다고 약속했다. 그렇게 얼마가 흐른 뒤 상공부에서 관련 자료가 검토되었고 마침내 국산품을 보호하는 규제법이 제정되었다. 규제법의 내용은 국내에서 개발된 부품에 한해서는 수입을 금지한다는 것이었다.

그러자 시장의 판도가 확 바뀌었다.

"강 사장님, 지난번엔 못 뵈서 죄송했습니다. 저 좀 보시지요."

불과 얼마 전까지만 해도 담당자 만나기가 하늘에 별 따기였건만 이제는 그들이 우리 판자 공장까지 찾아와 물건을 달라고 부탁하기 시작했다. 더 이상 기업을 찾아갈 필요가 없을 정도로 먼저 연락을 취해 왔다.

자석패킹은 국산품 보호가 되었기 때문에 유일하게 그것을 생산해 내는 우리 업체 제품만 사용해야 하는 독과점 현상이 벌어지면서 더 이상 판자 공장에서는 물량을 감당할 수가 없었다. 정해진 기한에 물량을 맞추기 위해 밤을 새우는 것이 힘들거나 지치지는 않았지만 기계 몇 대로는 주문량을 감당하기가 벅찼다. 서둘러 공장을 알아보러 다니다가 가리봉동 코카콜라 공장 옆 공장단지의 알맞은 장소에 공장을 옮겨 생산을 가동했다. 하루 온종일 기계 돌아가는 소리가 들렸고 주문량을 맞추기 위해 모두가 하나 되어 움직였다.

"사장님, 삼성에서 찾아오셨는데요."

"대한전선 개발부장이 좀 뵙자고 왔습니다."

하루에도 몇 번씩 대기업 담당자들이 공장을 들렀다. 하나같이 폭발적으로 증가하는 냉장고 수요를 책임지는 이들로 부품을 납품해달라는 부탁을 해 왔다. 고맙고 또 고마운 일이었지만 가동하는 공장의 생산량은 정해져 있었으므로 납기일을 맞출 자신이 없을 땐 아예 그들을 피해 다니기도 했다. 소비량은 점점 더 늘어났고, 공장은 제2공장, 제3공장까지 확장되었다. 정말 눈 깜짝할 사이에 폭발적으로 성장한 것이다. 그러는 사이 우리는 이미 또 다른 부품 개발에 돌입해 있었다. 당시 냉장고의 가장 큰 문제는 성에가 낀다는 것이었다. 외부와 내부의 온도 차를 일정 범위 내로 유지해야 성에가 생기지 않는데 아직 그러한 기술은 부족했고, 따라서 성에를 없애는 기술이 요구되고 있었다. 우리는 다음 제품 개발 방향을 그쪽으로 잡았다.

'냉장고는 성에가 끼면 안 되는 제품이다. 성에는 내·외부 접촉 부분의 온도 차가 커서 생기니까 온도 차도 없애주고 증발기에 낀 얼음을 제때 제거해줘야 제 기능을 할 수 있는데……. 어떻게 하면 얼음을 제거할 수 있을까…… 그래, 히터!'

그때부터 개발팀 사람들과 함께 서리 제거용 제상 장치 개발에 들어갔다. 이미 한 차례 부품 개발에 성공한 경험과 그 과정에서 들인 시간과 노력이 큰 자산이 되었다. 냉장고 부속품에 대한 인지가 끝난 상태에서 서리 제거용 제상 장치를 만드는 일은 마그네틱 장치에 비하면 비교적 쉬운 작업이었다.

얼음을 제거할 제상용 히터가 개발되자 우리 제품을 사용하는 기업에 당연히 납품되었다. 두어 명에서 시작한 판자 공장은 얼마 지나지 않아 규모 있는 공장 세 곳과 500여 명에 달하는 직원을 둔 기업으로 커나갔다.

그러고 보면 시작이 중요하다. 어떻게 첫 단추를 끼우느냐에 따라 두 번째, 세 번째는 쉬워진다. 1970년대 후반, 한국 산업은 엄청난 기세로 성장하고 있었고 그에 따라 기업도 살아갈 방책을 찾고 있던 시점, 나는 새로운 길을 선택했다. 흘러가는 방향에 편승하기보다 한 걸음 빗겨나되 흐름에 순응하는 우리만의 기술력을 갖추었다. 그러자 어느 순간 길이 열리고 또 방법이 보였다. 넘어설 수 없다면 환경을 바꾸는 게 빠르다. 변화된 환경이 또 다른 변수를 만들고, 또 다른 길을 내주기 때문이다.

국산 부품이 일으킨 바람

처음으로 부품 국산화에 도전한 주인공이 된 뒤 많은 변화가 일어났다. 우리나라 기술로 만들 수 있는 부품이 조금씩 늘어났고, 이는 우리 회사를 성장시켰음은 물론 원청 기업 예산을 절감하는 동시에 보국의 기쁨도 느끼게 해주었다. 덕분에 우리 회사는 자석패킹과 제상히터 부품 생산 1위 공장이 되었다.

생산량이 기하급수적으로 늘어나자 직원들도 많이 필요해졌는데, 공장이 세 군데로 흩어져 있다 보니 한 군데로 통합해서 효율적으로 운영해야겠다는 생각이 들었다. 그래서 모두 임대 공장으로 거리도 떨어져 있던 공장 세 곳을 한곳으로 합칠 계획을 세웠다. 일본 공장을 다니며 느꼈던 바대로 물류가 원활할 만한 공장의 위치를 돌아보다가 부천시 송내역 부근이 가장 적당하다고 판단하고 부지를 마련했다. 그리고 서둘러 3,500평 대지에 건평 1,500평짜리 공장을 지었다. 세 군데 공장을 합쳤으므로 규모가 꽤 컸다. 어느새 직원은 500여 명으로 늘어나 우리 회사는 그 일대에서 꽤 잘나가는 중견 기업에 속했다.

매주 월요일이면 전 직원을 모아 조회를 했다. 학창 시절 교장 선생님이 전교생을 모아놓고 훈화 말씀을 하듯 우리 회사도 조회 시간을 가졌다. 지금은 이런 풍경을 상상하기 힘들지만 1980년대 초반 군사정권 하에서는 기업에도 약간은 통제적인 분위기가 존재하고 있었다.

직원 수백 명을 이끌고 공장을 이끌어갈 때 나는 막 40대 초반, 젊고 패기가 넘치는 리더였다. 물론 처음엔 고전도 했지만 그 시간이 그리 길었던 것은 아니고 판로도 비교적 적절한 때 열린 데다 거의 경쟁 상대가 없는 시장을 개척하다 보니 자신감이 충만했던 것 같다.

"여러분, 앞으로의 산업은 더욱 발전할 것입니다. 가정생활의 수준은 더욱 높아질 것이고 그 가운데 편리함을 추구하는 전자제품은 더 많아질 것입니다. 이는 우리 기술이 더욱 발전해야 한다는 말이고 우리 역할이 더 커진다는 의미입니다. 그러니 지금 여러분이 하고 계신 일에 자부심을 가지세요."

패기만만한 직원들의 눈빛과 마주할 때면 그렇게 뿌듯할 수 없었다. 공장은 여전히 분주하게 돌아갔다. 하루도 기계가 쉴 틈이 없을 정도로 가동되었고 개발실의 불은 날마다 켜져 있었다. 우리가 해야 할, 만들어야 할 부품이 차고 넘쳤기 때문이다. 물론 우리 회사의 일방적인 전진이 다른 동종 업체에 큰 자극이 되긴 했다. 자석패킹은 국내에서 생산되는 거의 모든 냉장고에 사용되고 있고 대부분 우리 제품을 소비하고 있으니 다른 업체에서도 뒤늦게 문제의 심각성을 깨달은 것이다.

실제로 우리 공장의 급성장을 경계한 업체들이 하나둘 생겨나기 시작했다. 그들은 국산 부품을 만들겠다는 일념으로 우리와 같은 길을 걸었다. 우리가 일으킨 바람이 태풍이었는지, 맞바람도 꽤나 강력했다.

경쟁 업체가 하나둘 생겨나는 것이 나라 전체적으로 볼 땐 고무적이면서 다행이었지만 우리로선 당연히 달가운 일만은 아니었다. 경쟁 업체가 생기는 데에는 여러 의미가 있다. 시장의 파이가 커지면서 경쟁 업체가 생겨나면 괜찮지만 그렇지 않은 상황이라면 그만큼 치열한 경쟁을 벌여야 한다. 아직까지는 부품 시장의 파이가 크고 발전 가능성이 있었으나 경쟁 업체가 많아진다면 더 긴장하고 더 정진해야 했다. 원래 기업이란 것이 한곳에 머물러선 안 되는 성질을 지니고 있다지만 우리 역시 긴장의 끈을 놓치면 안 된다는 생각이 강하게 들었다.

뿐만 아니라 산업스파이 활동도 막 시작되던 시기여서, 우리 회사에서 일하던 사람이 동종 업계로 스카우트되어 가기라도 하면 손해가 생기기도 했다. 하지만 어차피 기술은 돌고 돌며 공유되는 것이라는 생각에 크게 제재하지는 않았다. 다만, 핵심 개발 인력만은 보유하는 방식을 택했다. 어찌 됐든 수년 이내 모든 부품이 국산으로 바뀔 것이고 업체들은 경쟁할 수밖에 없는 구조였기 때문이다.

그럼에도 직원이 빠져나가고 기술이 흘러나가는 일은 막을 수만은 없었다. 사람은 감정의 동물이고 환경과 조건에 의해 움직이기 때문에 그 점에 있어서만큼은 나름 마음을 강하게 먹은 편이었다.

'그래, 사람과 기술이 빠져나가는 건 어쩔 수 없는 일이다. 하지만 우리가 보유한 핵심적인 기술과 정신은 빼앗기지 말자.'

이런 마음으로 회사를 운영했다. 그런데 수백 명이 몸담은 기업으로 회사 규모가 커지다 보니 경영이 필요해졌다. 소수가 모여 제품을 개발할 땐 경영의 필요성을 그다지 느끼지 못했는데 이제는 조직을 운영하고 시스템을 만들어가고 자금을 운용할 수 있는 경영이 필요했다. 사실 경영에는 그다지 자신이 없던 나로서는 고민이 되었다. 다뤄야 할 돈의 단위가 커지면서 재무회계 분야도 알아야 하고 조직 관리부터 인사, 또 내가 가장 치중해야 할 기술적 부분인 제품 개발까지, 신경 써야 할 일이 많아졌다.

'그래, 나 한 사람이 모든 걸 관리할 수 없다. 적절한 인력을 뽑아 활용하자.'

생각 끝에 회사를 경영하는 데 필요한 인재들을 영입해 분야별로 책임을 맡기고 나는 최종 결정권만 행사하며 개발에 더 열중했다. 얼마 뒤 이 시스템이 가져올 후폭풍은 생각지도 못한 채 나는 아직 경영권자로서 준비가 되지 않았다고 스스로를 위로했다.

그러던 어느 날이었다. 새마을운동이 전국에서 활발히 일어나고 있을 때 공공 기관과 군부대에서 나에게 성공 사례 강의를 부탁해 왔다. 인천 지역의 젊은 기업가 중 성공한 기업을 일군 주인공을 찾고 있다며 거절하기 힘들 정도로 간청했다. 그 강의 이후로도 어쩌다 보니 성공 사례 강사로 여기저기 불려 다니게 되었다. 지금도 젊은이들과 만나는 강연 자리에 서곤 하는데, 따지고 보면 30년도 훨씬 전에 이미 강사로 데뷔한 셈이다.

당시 사람들은 먹고사는 데에 급급했던 삶에서 조금 벗어나 잘 사는 일에 한창 눈을 뜨고 있었다. GDP가 올라가고 삶의 질이 조금씩 나아지니 나와 같이 개천에서 용이 난 케이스가 필요했던 것이다. 그로 인해 40대의 나는 성공과 명예를 동시에 경험하는 달콤함에 빠졌다. 휘몰아치듯 다가오는 성공이라는 태풍에 일순간 사로잡힌 것이다.

초심初心, 이것은 처음 가졌던 마음을 의미한다. 부품의 국산화를 이루어 기술 보국에 일조하겠다는 것이 애초에 내가 가졌던 마음이다. 물론 그 가치관이 바뀐 것은 아니었다. 다만 그를 통해 얻어지는 부수적인 것들에 살짝 마음이 빼앗겨 초심을 잊어버린 것이다. 마음이란 것이 원래 작은 바람에도 흔들리는 법 아닌가. 그 바람은 100퍼센트 최선을 다했던 마음을 90퍼센트로 깎아내리곤 하는데, 때론 그 작은 차이가 승패를 가르기도 한다. 그래서 그 마음을 잘 붙들고 있어야 함에도 40대, 어떠한 것에도 흔들리지 않는다는 불혹의 나이에 나는 조금씩 흔들리기 시작했다.

채움을 파고든 틈

피 튀기는 경쟁이 판치는 일터에서 '왜 일해야 하는지', '어떻게 일해야 하는지' 고민하는 젊은이들에게 성경적 관점에서 일의 의미를 나누는 팀 켈러라는 목사님이 있다. 그는 《일과 영성》이란 책을 통해 이런 메시지를 전했다.

일하는 이의 능력을 최대로 표현하는 게 곧 자신을 하나님께 드리는 수단이며 반드시 그리되어야 한다.

자신에게 주어진 능력을 최대한 표현하는 게 곧 영광의 일이 된다는 요지다. 다시 말해 최선을 다하지 않을 때 우리는 일할 권리로부터 직무 유기를 한 셈이 된다.

성공이란 것에 취해 있을 때 최선을 다하는 삶은 주변의 공격을 받는다. 나 역시 그랬다. 본의 아니게 여기저기 얼굴을 비추다 보니 어느샌가 여러 모임에 참여하면서 지역 내에서 이름깨나 날리는 이들과도 친목을 갖게 되었다. 당시는 전두환 대통령 집권기로, 예비사단의 사단장이 영내 근무를 하고 있었다. 그렇다 보니 사단장을 중심으로 지역 인사들이 모임을 가졌는데, 젊은 기업인으로 사업을 이끌어가는 나를 좋게 보았는지 저녁 모임에 자주 불러주곤 했다. 그 자리에 모인 사람들이 대부분 장급이었기에 내심 인맥 관리에 성공했다는 우쭐함도 있었다.

"자네가 그렇게 사업을 잘하고 있다면서?"

"아, 아닙니다. 그냥 열심히 할 뿐입니다."

"그래, 우리나라에도 이런 패기 있는 사람들이 일해야 돼. 자네, 당 활동 좀 해보지."

그들은 생각지도 않았던 제안을 했다. 민정당이 창당을 준비하고 있을 때였는데, 내게 창단준비위원회에 들어가라고 권유한 것이다. 순간, 대학 학우회장 시절 국회의원에게 협조를 구하러 다녔던 기억이 떠올랐다.

'맞아. 내가 정치인이 되고 싶다는 마음을 가졌던 때가 있었지. 그렇다면 혹시 지금이 그 기회 아닌가?'

전혀 준비되지도 않은 상태에서 모든 상황을 나를 중심으로 끼워 맞추고 있었다. 결국 나는 입당해서 당적에 이름을 올린 뒤 막내 당원으로 열심히 활동했다. 나를 이끌어준 분들과 관계를 맺고 수발을 했다는 표현이 더 맞을 것이다. 그렇게 얼마나 지났을까. 나를 당으로 이끌어준 분들이 또 한 번 뜻밖의 제안을 했다. 국회의원직을 권한 것이다.

생각지도 않은 제안이었지만 나도 모르게 끌렸다. 아마 본심 어딘가 권력에 대한 욕심이 있었나 보다. 나의 심정을 아는지 모르는지 '역시 패기 있다'며 젊은 국회의원 한번 만들어보자는 분위기가 형성되었다.

번갯불에 콩 볶듯 그렇게 정계 진출이 가시화되었다. 선거라는 것이 민심을 읽는 일인데, 민심은커녕 권력의 중심에 있는 사람들의 합의로 공천이 오가는 현장에 내가 있었던 것이다.

먼저 회사에 소식을 알리고 대책을 논의했다. 다행히 회계나 재무 관리 쪽에 자신이 없던 나를 대신해 살림해줄 인력이 있었기에 당장은 회사 운영에 별문제가 없었다. 이미 개발된 부품을 생산하는 시스템도 어느 정도 갖추고 있었기에 그 시스템대로만 돌아간다면 큰 문제는 없어 보였다. 무엇보다 이미 머릿속에 선거가 꽉 들어차 있어서 회사에는 거의 통보한 것이나 다름없었다.

고향인 태백으로 내려간 뒤 본격적으로 선거 준비에 들어갔다. 아직 공천을 받기 전이었지만 당시에는 여당의 공천만 받으며 당선 확률이 아주 높았고 다들 공천을 보장하고 있었으므로 지역 주민들을 만나 안면을 트면서 다음 행보를 이어갔다.

"국창아, 너 서울 가더니 정말 성공했구나. 그 나이에 벌써 국회의원에 도전하겠다니 참 대단하다. 사업도 성공했다며?"

나와는 다른 길, 아니 탄광촌 대부분의 사람들이 걸어간 길을 걷고 있던 친구들은 나를 엄청 부러워했다. 고맙게도 선거운동원이 되어 도와주겠다며 애도 썼다. 어쨌든 고향에 내려와 일을 하려고 보니 푸근하고 정겨운 맛이 있었다. 사업상 서울로 올라와야 하는 것도 몇 번 미루며 막바지 선거운동을 이어갔다.

지방은 어디든 모임이나 행사가 잦다. 주민들이 모이는 곳에 지역 리더들이 참여해 친목을 나누곤 하는데 나 역시 아직 예비후보자이지만 주민들과 만나고 교류하며 지역 민심을 파악해나갔다. 누구보다 열심히 뛰어다니며 관리를 하다 보니 나에 대해 알아가는 사람도 생겨나고 만나는 사람들의 범위도 넓어졌다. 진짜 국회의원이 된 상상을 하기도 했다. 그런데 너무 자만했던 것일까, 어느 날 예상치도 못한 일이 발생했다.

내가 선거에 뛰어들 수 있게 도와주던 분에게 연락이 왔다. 마침 당에서 공천이 이루어지던 시기라 연락을 받고는 콩닥거리는 가슴을 안고 약속 장소로 나갔다. 그런데 나를 기다리는 분들의 표정이 심상치 않았다. 말을 얼버무리며 눈도 잘 마주치지 못했다. 뭔가 잘못된 것이 분명했다. 얼마 뒤 전해진 내용은 황당했다.

"공천이 다른 사람에게 넘어갔어."

"네? 공천을 못 받았다고요? 왜요?"

"자네 마음 타들어가는 거 잘 알고 있네. 그런데 윗선에서 그렇게 결정이 되었어."

알아보니 당시 청와대를 출입하던 기자가 있었는데, 그가 정계 진출을 꿈꾸면서 그에게 공천권이 주어졌다. 지근거리에서 대통령과 만나며 눈도장을 확실히 찍었던 것이다. 그 이야기를 들으니 화가 나기도 하고 허무하기도 하여 마음이 상했다. 하지만 당에서 주도하는 공천권은 이미 꽉 차 있는 상태였고 억울해도 받아들여야만 했다.

"당신은 아직 나이도 젊잖아. 이번이 아니라도 다음번에 기회가 있을 거야. 다음번 공천권은 꼭 받도록 힘써주겠네."

"아닙니다. 됐습니다. 저는 여기까지인가 봅니다."

더 이상 태백에 머물러 있을 필요가 없었다. 당의 공천을 받지 못했으니 무소속으로 나가지 않는 한 선거와는 상관없어졌으므로 그날로 짐을 싸서 집으로 돌아왔다. 마치 망중한, 한낮의 꿈을 꾼 것 같았다. 그동안 무엇을 향해 그토록 달려왔는지, 본분을 잊고 뭘 하고 지냈는지 스스로에게 묻고 싶은 심정이었다.

'난 그동안 뭘 위해 이렇게 바쁘게 살았는가? 과연 내가 최선을 다해야 할 일이 이 일이었는가?'

대답은 '아니다'였다. 괜한 꿈을 꾸었고, 다른 사람이 심어준 허황된 꿈을 잡으려고 허비한 시간이 아까워 미칠 지경이었다. 다음 날 복잡한 심정을 안고 부천 송내 공장으로 들어섰다. 매일 공장에서 살다시피 하다가 선거에 정신이 팔려 얼마 동안 발걸음도 제대로 하지 못했기에 괜히 미안한 마음에 공장을 들어서는데 저절로 어깨가 움츠러들었다. 마치 패잔병이 된 것 같은 이 기분, 사실 정치계에 눈을 돌리지 않았다면 겪지 않았을 일이었다. 아마도 나는 잠깐 동안 마음의 눈이 먼 것 같다. 보지 않아도 될 권력을 보았고 맛보지 않아도 될 명예의 맛을 탐했던 것 같다.

'틈', 채움을 채움답게 만들지 못하는 것이 바로 틈이다. 틈이란 단어가 긍정적인 의미일 때도 있다. 틈새시장, 틈새 공략 등으로 기업에서 사용될 때는 블루오션을 개척한다는 의미로 쓰인다. 하지만 틈은 부정적인 의미 또한 가지고 있다. 견고한 진을 무너뜨리는 것은 보이지 않는 작은 틈이다. 미세하게 금이 간 곳에 공기가 드나들면서 틈이 벌어져 결국 진이 무너지게 된다. 그래서 틈을 조심해야 하는 것이다.

모든 일에 최선을 다하자는 신념으로 선택한 일이었지만, 그 일이 본래 가고자 했던 기업인으로서의 이정표를 공고히 하지 못한다면 과감히 내려놓는 결단도 필요했다. 어쨌든 국회의원을 향한 꿈은 일장춘몽에 불과한 해프닝으로 끝났다. 하지만 그것은 안타깝게도 채움 가운데 틈이 되었고 재앙이 되어 돌아왔다.

"사장님, 상무님이 회사를 쑥대밭으로 만들어놓고 사라졌어요! 지금 회사 돌아가는 상황이 심상치 않아요."

공장에 돌아왔을 때 나를 기다리는 건 절망적인 소식이었다. 국회의원에 출마한답시고 회사를 비운 지 꽤 된 시점이었다. 알아보니 재정회계를 맡고 있던 상무가 있는 대로 수표를 발행한 뒤 사라진 상태였다. 발행된 어음이 돌아오는 시기에 돈을 막지 않으면 부도가 날 상황에 처한 것이다. 나는 그길로 은행으로 뛰어갔다.

"은행장님, 부도라니요? 아니 그게 무슨 말씀이십니까."

"강 사장님, 큰일 났습니다. 지금까지 발행된 어음을 막지 않으면 회사가 부도나게 생겼습니다. 아니 어쩌자고 그런 큰일을 다른 사람한테 맡기셨어요."

순간 두 다리에 힘이 풀렸다. 어디서부터 손을 써야 할지 감도 잡히지 않아 한동안 멍하게 서 있었던 것 같다. 지금껏 돈 문제는 어려움은 있었지만 이렇게 심각하게 겪어본 적이 없어 부도가 뭔지도 제대로 알지 못한 채 위험을 몸으로 고스란히 맞고 있었다.

선거 바람이 들어 태백으로 내려가면서 회사에서 중책을 맡고 있는 몇몇에게 경영을 부탁했는데, 그중 한 명이 재정을 담당하던 상무였다. 워낙 재무나 회계 쪽에 능숙하지 못한 나였기에 회사가 커지면서 전문 인력을 고용했다. 그는 나보다 열 살이나 많은 형님이었고 그 분야에 특화된 적임자라 상당 부분 도움을 받았다. 무척 꼼꼼하고 철저한 사람이라서 많이 신뢰했다.

"상무님, 저 선거 끝날 때까지는 회사 일에 신경을 많이 못 쓸 겁니다. 회사 좀 잘 부탁합니다. 여러 가지 일을 처리하려면 저의 결재가 필요할 테니까 도장과 주요 서류 놓고 갑니다. 제겐 구두로 보고해주시고 급한 건 알아서 처리해주세요."

"네, 사장님. 걱정 마세요, 성심껏 일하겠습니다."

신뢰가 돈독하다고 여기고 모든 것을 맡긴 게 불찰이었다. 알고 보니 상무가 그런 일을 벌이게 된 것은 아들 때문이었다. 군대를 간 아들이 그만 탈영을 했다는 것이다. 당시만 해도 군의 서슬이 퍼렇던 시기라 탈영한 아들 문제를 수습하는 데 돈이 꽤 많이 들어갔다. 결국 그 아들을 의가사제대 시키는 비용과 함께 문제 있는 아들이 자리를 잡는 데 회삿돈을 가져다 쓴 것이다.

자식 이기는 부모 없다더니 그가 바로 그런 경우였다. 회사에는 사장님 선거비용 보낸다는 명목으로 수표를 발행해 그 수표를 아들 일을 수습하는 데 사용하는 악순환이 반복되면서 눈덩이처럼 불어난 어음을 막아야 하는 사태가 벌어진 것이다.

정신을 차리고 은행장을 찾아갔다. 이 사태를 어떻게 수습해야 하는지 제대로 알지도 못한 채 무작정 은행에 앉아 있었다. 어음이 돌아왔을 때 돈만 막으면 된다고 단순하게 생각한 것이다.

"사장님, 은행 마감 시간이 5시인데 그때까지 어음을 다 막지 못하면 큰일 납니다."

회사에 돈을 쌓아둔 것은 아니었지만 어떻게든 부도를 막아야 하니 은행에 마감 시간을 7시까지 미뤄달라고 사정사정했다.

"행장님, 저희 회사 한 번만 살려주십시오. 한 번만 살려주시면 어떻게든 해결하겠습니다. 우리 공장에 대해 다 아시잖습니까. 저를 믿어주시면 무조건 최우선으로 갚겠습니다."

"사장님, 딱한 사정은 알겠지만 이미 제 소관이 아닙니다. 또 시간이 너무 빠듯합니다. 죄송합니다. 안 되겠습니다."

눈앞이 캄캄했다. 은행은 더 이상 기다려주지 않았다. 나는 은행에 초라하게 서서 최종 부도 처리를 지켜봐야 했다. 은행에 앉은 채 당해버린 것이다. 휴지 조각으로 바뀐 어음을 들고 아우성치는 이들의 모습이 눈앞에 그려졌다. 경쾌하게 돌아가던 공장이 뚝 멈춰버린 모습이 눈앞에 선연해 정말 견딜 수가 없었다.

눈 뜨고 코 베였다는 것이 바로 이 경우를 두고 하는 말이었다. 하루아침에 공장도, 사람도, 돈도 잃은 빈털터리 신세가 된 것이다. 이 사실이 믿기지 않았다. 힘없이 터덜터덜 집을 향해 갔는데 집 앞에는 더 큰 시련이 기다리고 있었다.

저 멀리 가로등 밑에 웬 사복 입은 남자들의 모습이 보였다. 한눈에 봐도 예사롭지 않은 모습이었다. 순간 '형사다' 하는 직감에 몸을 숨겼다. 그 당시 부정수표 단속이 시행되고 있었기 때문에 그 수표를 발행한 회사의 대표를 만나러 온 것이었다. 그제야 정말 큰일이 났다는 실감이 들었다. 무엇보다 피땀 흘려 일궈놓은 회사가 하루아침에 부도가 나고 다른 이에게 넘어가다니 자다가도 벌떡 일어날 일이었다.

골목에 한참을 서 있다가 눈물을 머금고 돌아섰다. 집을 지척에 두고도 들어갈 수 없는 신세, 그게 바로 나의 모습이었다. 처참하고 비참했다. 바로 며칠 전까지만 해도 중견 기업의 대표로 국회의원이 될 생각에 선거운동을 하며 어깨에 힘주고 다녔건만 그 모습은 한낱 꿈이었다.

어디로 갈까 한참을 고민했다. 어차피 당분간 집에 들어가는 일은 생각도 못할 테고 그렇다고 남에게 넘어가게 된 회사는 더더욱 갈 수 없었다. 그토록 많았던 주변 사람들이 주마등처럼 스쳐갔지만 찾아갈 만한 사람은 생각나지 않았다. 그동안 대체 어떻게 지내온 것인가 자괴감이 들 정도였다.

그래도 제일 먼저 생각나는 사람은 친구였다. 나의 모든 모습을 보았던 친구, 그 친구에겐 이렇게 무너진 모습을 보여도 덜 부끄러울 것 같았다. 그렇게 찾아간 친구의 집, 친구는 하루아침에 처량한 신세가 된 나를 망연자실한 눈빛으로 쳐다보며 말없이 집으로 들였다.

"당분간 여기서 지내라. 사람이 살다 보면 이런 일도 있고 저런 일도 있잖냐."

고마웠다. 따뜻하게 맞아주는 친구가 어찌나 위안이 되었는지 모른다. 하지만 친구에게 신세를 지는 것도 하루 이틀이지, 여간 눈치가 보이는 게 아니었다. 딱한 사정을 아는 친구라 뭐라 하지도 않았지만 스스로 견딜 수가 없었다. 밤이면 살던 집 앞을 배회하며 멀찌감치 서서 집을 살펴보다가 걸음을 돌리곤 했다. 아무것도 모른 채 어느 날 갑자기 압류 딱지가 붙고 회사가 처분되는 것을 지켜봐야 할 아내, 이제 막 초등학교에 입학한 아들부터 유치원에 다니는 딸아이에 대한 미안함이 마구 솟구쳐 올랐다.

'미안하다. 정말 미안하다. 다 내 잘못이다.'

이 말을 수없이 되풀이했다. 언뜻언뜻 들리는 소문으로는 부도난 공장은 다른 사람에게 넘어갔다고 했다. 수백 명 되던 직원들도 뿔뿔이 흩어졌고 손때 묻은 기계들은 그대로 방치되어 있다는 이야기도 들려왔다. 마음 한쪽이 떨어져 나가는 것처럼 쓰라려왔다. 외로웠고 고독했다.

그런데 신기하게도 철저하게 혼자가 되고 나니 오히려 내 자신이 더욱 또렷하게 보이기 시작했다. 어디서부터 잘못되었는지 곱씹고 또 곱씹었다. 그렇게 들여다보니 여기저기 문제투성이였다는 사실을 발견할 수 있었다.

문제는 세 가지로 압축될 수 있었다. 먼저 성공에 너무 취했다는 것이다. 무한 경쟁을 벌여야 하는 기업 현장에서 이렇다 할 경쟁 업체 없이 블루오션을 개척해 잘나가다 보니 성공에만 너무 익숙해졌던 것 같다. 언제까지나 영화가 이어지리란 막연한 기대도 있었을 것이다.

게다가 과욕을 부렸다. 불과 몇 년 만에 부품을 개발해 소위 '대박'을 치다 보니 겉으로 보이는 화려함에 취했다. 그래서 공장 규모도 너무 크게 늘렸고 인원도 방만하게 운영하는 등 사람들에게 보이는 외면에만 신경 쓰며 그들의 부러워하는 시선을 즐겼던 것도 같다.

특히 사람을 너무 믿은 것이 최대 실수였다. 사람은 존귀하다. 하지만 사람은 환경에 지배를 받는 존재이므로 믿음에도 절제가 필요했는데 그렇게 하지 못했다는 것이 아쉬운 대목으로 남는다. 회사 부도에 결정적인 요인이 잘못된 인재 등용이었던 탓에 이 부분은 훗날 회사 경영에도 영향을 끼쳤다.

생각해보면 40대 초반, 나는 첫 번째 성공을 과신했던 것 같다. 살아보니 성공과 실패는 종이 한 장 차이다. 불어오는 바람에 살짝 뒤집히면 성공과 실패가 바뀌는데 성공에 취하다 보면 감각이 둔해진다. 그래서 기업가는 성공과 실패에 너무 둔해서도 안 되지만 너무 예민해서도 안 된다. 그저 주어진 일에 최선을 다하는 것 외에는 방도가 없다.

####

깨끗이 비워라

'아…… 죽고 싶다. 내가 더 이상 뭘 할 수 있을까?'

날마다 그런 생각을 하면서 살았던 것 같다. 사람이 한번 꺾이고 나면 처음엔 배신당했다는 데에 화가 치솟고 악에 받치는데, 얼마쯤 지나면 후회와 번민이 끊임없이 휘몰아친다. 그러다가 과연 재기할 수 있을까 하는 걱정과 염려, 무력감으로 우울감에 휩싸인다. 암 환자들이 자신의 병을 받아들이고 치료하기까지 겪는 감정적 변화와 비슷하다.

부정수표 단속으로 도망자 신세로 전락해 여기저기 떠돌아다니면서 하루하루가 고통이었다. 끝내는 우울한 감정에 공격당해 죽고 싶다는 생각에까지 이르게 되었다. 하지만 그때마다 가족과 형제의 얼굴이 아른거려 죽음의 늪에서 나를 간신히 건져냈다. 이미 공장과 집 모두 넘어간 상태라 아내와 아이들은 원효로에 있던 집에서 나와 부모님이 사시는 집으로 들어가 얹혀살아야 하는 실정이었다.

주머니에 돈 한 푼 없는 상태에서 친구네 집을 전전하는 것도 더는 눈치가 보여 하지 못하게 되자 나는 더욱 움츠러들었다. 누군가 나를 찾아와도 괜한 자격지심에 피하게 되고 거의 대인기피증까지 생길 정도였다.

그러던 어느 날 한 친구가 나를 찾아왔다. 지금은 캐나다에 이민을 가 있는 그 친구는 나의 딱한 사정을 잘 알고 있었는데 대뜸 내게 이런 제안을 했다.

"이봐, 그러지 말고 나랑 교회나 한번 가보자."

"교회? 거긴 뭐하러 가. 그런 데는 어디 나사 하나 빠진 사람들이나 가는 거 아니니?"

"그런 건 아니고…… 나도 그렇게 교회 열심히 나가지는 않지만 한 번 나가봐라. 더 이상 갈 데도 없잖냐. 마지막이라고 생각하고 한번 나 가보자."

그 친구도 사업을 하고 있어 사업을 한다는 공통점으로 가깝게 지냈는데 알기로는 독실한 신자는 아니었다. 친구의 아내가 교회를 열심히 다니면서 친구를 전도했고 친구는 가정의 평화를 위해 일주일에 한 번 교회에 다녀주고 있는 정도였다. 그런데도 내게 교회에 가보자고 제안을 했으니, 모르긴 해도 주님의 부르심이 그 친구를 통해 왔던 것 같다.

"국창아. 너 종교에 비관적인 거 알고 있어. 우리 같은 공대생, 눈에 보이는 현상만 중요하게 생각하잖아. 나도 아는데 그래도 기적이라는 것도 있고 교회 다니는 사람들 얘기 들어보면 병도 고치고 그런다더라. 혹시 아냐? 밑지는 거 아니니까 가보자."

그렇게 나는 교회라는 곳에 처음 발을 디디게 되었다. 우리 가족이 살던 곳이 바로 여의도 옆 원효로에 있는 산호아파트, 그러니까 전 세계에서 단일교회로 가장 크다는 여의도순복음교회 근처가 나의 거주지였다. 당시 그 교회가 얼마나 폭발적으로 부흥 중인지는 나도 익히 알고 있었다.

"와. 이 많은 사람들이 다 어디서 왔냐?"

"정말 대단하지? 하나님 믿으러 온 사람들이 이렇게나 많다."

처음엔 나사 하나쯤 빠진 사람들이 그토록 많다는 사실이 믿기지 않았는데, 본 예배에 들어가 보니 예상을 뒤엎는 광경이 펼쳐졌다. 지금은 그렇지 않은데 그때는 직업별로 예배드리는 자리가 구분되어 있었다. 눈에 들어오는 표지판에는 법조인석, 외교관석, 의료인석 등의 글씨가 적혀 있었고 그곳에 사람들이 가득가득 들어차 있었다.

'저 사람들은 여기에 왜 오는 걸까? 하나님이 어떤 분이시기에 저런 사람들이 와서 예배를 드리는 걸까.'

그날 나는 적지 않은 충격을 받았고, 과연 하나님을 믿는다는 것이 무엇인지 진지하게 생각하게 되었다. 하나님이라는 보이지 않는 존재를 믿는 일이 어떻게 가능할까, 그를 통해 무엇을 얻을 수 있을까, 그게 과연 과학적으로 논리에 맞을까 등등 비판적인 생각을 했다. 그런데도 이상하게 교회에 대한 거부반응보다는 호기심이 더 생겼다. 어찌 보면 나보다 더 큰 사람들, 사회적으로 명망을 얻는 사람들이 하나님을 믿는 이유가 있을 거란 호기심이었던 것 같다.

그렇게 그 후로도 교회에서 예배라는 것을 드리고 더듬거리며 기도라는 것을 했다. 모든 게 증명이 되어야 직성이 풀리는 나의 본성을 자제하고 믿음의 사람들을 따라 해보자고 마음을 먹은 뒤였다. 다행히 아내도 나보다 먼저 전도를 받아 교회를 다니고 있었던 터라 어느새 우리 가족은 자연스럽게 신앙을 갖게 되었다.

얼마쯤 지났을 때 누군가 기도원을 가자고 제안했다. 그때는 이미 강퍅했던 마음이 좀 꺾인 상태라, 어딘지도 모르는 기도원에 간다는 말에 순종하며 버스에 올랐다. 기도원을 또 다른 교회쯤으로 생각하고 가게 된 곳은 바로 오산리 최자실기념금식기도원이었다. 여의도순복음교회가 운영하고 있는 기도원으로, 1980년대 초반 우리나라 교회 부흥의 교두보 역할을 한 곳이기도 하다.

"여긴 하루 종일 물만 먹고 금식하면서 기도하는 곳이에요. 예배드리는 홀에서 생활하시면 될 거예요."

성경에 보면 금식기도라는 것이 나온다. 예수님도 금식기도를 하셨고 여러 성경 속 인물들이 하나님의 뜻을 구하며 금식기도를 드린다. 인간의 본성 중 가장 크다고 할 수 있는 식욕을 억제하는 고난을 감내하며 기도를 드릴 때 하나님은 그 간절함을 더 크게 보신다. 그래서 간절히 해결되어야 할 문제가 있을 때 기도원을 찾곤 한다. 나 역시 간절함으로 치자면 못할 일이 없었으니 기도할 이유가 충분했다.

금식기도가 시작되었다. 처음 하루는 견딜 만했다. 하루 다섯 번씩 드려지는 예배와 기도 시간에 맞춰 생활하다 보면 지루할 틈도 없었다. 특히 기도원에 와서 며칠씩 기도하는 사람들의 절박한 모습을 지켜보며 자극이 되기도 했다. 병자가 고침을 받기도 하고 현실 세계에서는 경험할 수 없는 성령의 임재가 찬양으로, 기도로, 다양한 반응으로 나타나는 것이 신기하기도 했다. 그러면서 가슴 한구석에 기도에 대한 도전이 생겼다. 그 뒤 아주 작은 기도 공간인 기도굴에 들어갔다. 그 기도굴은 나에게 루터의 기도방과도 같은 장소가 되었다. 종교개혁자 루터의 기도방은 지금도 성지순례 장소로 사랑받는다. 작은 기도방에는 종교개혁을 주동했다는 이유로 반역죄를 선고받고 1년 동안 갇혀 지낸 루터의 흔적이 남아 있다. 얼마나 기도를 했으면 그가 기도한 곳의 바닥이 패어 있다고 한다. 그곳에서 평신도들도 성경을 접할 수 있도록 하는, 독일어로 성경을 번역하는 위대한 과업이 시작된 것이다. 나에게 금식기도원의 기도굴은 바로 그런 곳이었다고 감히 말할 수 있다. 루터와 같이 위대한 일을 했다는 의미가 아니라, 내가 전과는 완전히 다른 사람으로 변화되어 나온 곳이기 때문이다.

기도굴은 한마디로 토굴 같은 공간으로, 한 사람이 겨우 들어가 앉을 수 있는 너비에 출입문 외에는 사방에는 막혀있어 십자가만 바라보며 기도할 수 있게끔 만들어졌다. 나는 온전히 하나님과만 만나는 그곳으로 들어가 기도를 시작했다. 화려한 기도도 할 줄 몰랐고 미사여구를 사용하는 기도도 할 줄 몰랐다. 다만 하나님이 살아계시다면 기회를 달라고 외쳤다.

"하나님, 정말 살아계신 하나님이 맞습니까. 그렇다면 제게 그 하나님이 계시다는 것을 보여주십시오. 기회를 주십시오."

이때까지 그렇게 목청껏 외쳐본 일이 있었을까. 사업을 하면서도 그렇게 간절했던 때가 없었고, 지금까지 살아온 인생에서 그토록 치열하게 외쳤던 때는 없었다. 아마 이런 나를 볼 사람이 없었고 하나님과 나만이 만나는 시간이었기에 하나도 거리낄 게 없었던 것 같다. 그렇게 나는 기도를 하면서 진정한 신앙인의 길로 다가서고 있었다.

얼마나 울고불고 기도했는지 모른다. 이미 며칠째 금식 중이라 기진한 상태였음에도 정말이지 죽을 것 같은 심정으로 도와달라고 외쳤다. 하나님은 그 간절한 기도를 통해 내 마음을 비워내도록 하셨다. 2년에 가까운 시간 동안 배신을 곱씹으며 사람을 원망했던 것, 화려한 성공을 그리워했던 것, 사람에 기대어 요행을 바랐던 모든 인간적인 생각을 고스란히 드러내게 하셨고 회개하도록 하셨다. 나의 부족함을 회개하다 보니 어느새 마음이 평안해지고 정말 아무것도 남은 게 없음이 느껴졌다. 조금이나마 남았던 '혹시나' 하는 마음마저 비워진 것이다.

그리고 얼마 뒤 청량한 바람이 부는 것처럼 마음이 시원해지더니 그 어느 때보다 기쁨이 채워졌다. 특별히 환경이 변화된 것도, 묘수가 생긴 것도 아닌데 하나님이 곁에 계시다는 것만으로 그렇게 든든하고 행복할 수가 없었다.

'그래. 다시 나가서 해봐라.'

마치 하나님이 이렇게 말씀하신 것처럼 느껴졌다. 우레와 같은 울림은 아니었지만 마음 깊은 곳에서부터 미세하게 들려오는 음성이었다. 신기하게도 이런 경험은 전능하신 하나님이 나와 함께하고 계시다는 자신감을 주었고, 나는 천군만마를 얻은 듯했다.

그날의 경험 이후 나는 예전의 내가 아닌 다른 사람이 되었다. 정해진 기한이 없었던 금식기도를 마무리하고 다음 날 올라왔다. 누구를 찾아갈지, 어디서부터 어떻게 시작할지 정해놓은 것은 없었지만 그저 하나님이 이끄시는 대로 가보리라 생각했다.

인생 전체를 두고 볼 때 고통 총량의 법칙이란 것이 있다고 한다. 일생을 통틀어 보면 기쁠 때와 고통스러울 때의 비율이 거의 비슷하다는 뜻으로, 희로애락, 즉 나그네 인생에서 겪게 되는 기쁨과 고통의 총량이 있다는 것이다. 다만 사람마다 무엇을 특별하게 받아들이느냐에 따라 인생을 받아들이는 태도 또한 달라진다.

그러고 보면 인생이 모두 넘치도록 채워지기만 하는 것도 아니다. 채워질 때가 있으면 비워질 때가 있듯 채움과 비움의 공존 역시 인생에서 반드시 만나야 하는 과정인 것 같다. 나에게 있어 그 시기는 사업에 실패했을 때였다. 나락으로 떨어져 아무것도 손에 쥔 것이 없다고 생각될 때 자신을 철저히 비워야 한다. 그간의 욕심, 약간이라도 남은 미련, 막연한 기대까지도 싹 비울 때 맑은 영으로 인생을 바라볼 수 있다.

흙수저도 금수저가 될 수 있다

장애물은 장해물이 아니다

기도원에서 집으로 돌아온 나는 달라졌다. 다시금 사업을 시작해야 겠다며 다짐하는 동시에 내가 만난 예수를 전하는 데에도 열심이었다. 그러지 않고는 견딜 수 없을 만큼 영적으로 뜨거워졌기 때문이다. 주변 에서는 이토록 뜨거운 신앙인으로 변화된 나를 보며 놀라워했다. 과연 기독교에서 이야기하는 성령을 받은 사람으로서 좋은 본을 보여주고 있다며 기뻐했다. 성령을 받으면 복음의 좋은 소식을 전하지 않고는 견 디지 못하기에 가장 가까운 부모, 형제에게 복음을 전하게 된다. 나 역 시 함께 살고 있던, 아니 내가 얹혀살던 부모님을 교회로 모시고 나갔 고 그 뒤로 차차 형제들을 전도하게 되었다.

부도가 난 뒤 아내는 아이들을 데리고 친가로 들어갔다. 부모님 사 시는 집도 넉넉한 편은 아니었으나 고꾸라진 아들을 안타까워하시며 나의 가족을 거두어주셨다. 나중에 부모님 댁에 갔을 때 눈물이 핑 돌았다. 거실에 2층 침대를 놓고 두 아이가 지내도록 했고, 아내가 방 하나, 부모님이 나머지 방 하나에 기거하면서 다섯 식구가 복닥거리며 생활하고 있었다.

웬만하면 불평하실 만도 하건만 부모님은 그저 우리를 안타까워하셨고 아들이 전도할 때에도 순순히 아들의 말을 믿어주었다. 아들이 믿는 예수를 자신들이 믿어야 아들도 잘될 수 있다는 믿음으로 복음의 사람이 되었다.

이렇게 영혼을 구원하는 데에 열심을 부리다 보니 일에서도 적극적인 마인드가 생겨나기 시작했다.

'오늘은 예전 공장에 한번 가볼까?'

어느 날은 갑자기 이런 생각이 들어 예전에 공장이 있던 곳으로 발을 옮겼다. 얼마 전까지만 해도 가슴이 아프고 열불이 나서 근처도 가지 못했는데 어느 순간부터 궁금한 마음이 더 커진 것이다. 떨리는 마음으로 근처에 도달하니 예전의 공장 전경이 눈에 들어왔다. 이미 다른 사람의 손에 넘어간 공장은 외관은 그대로 유지하고 있었으나 인기척 없이 방치되어 있었다. 들리는 얘기로는 공장을 인수한 사람이 우리 회사와는 다른 업종에 종사해 아직 어떤 방향으로 갈지 결정을 내리지 못한 듯 보인다고 했다. 절로 안타까운 마음이 들었고, 나도 모르게 옛 공장을 돌아보며 마음속으로 사업 계획서를 작성해보기도 했다.

마음속에 다시 일하고 싶다는 생각이 생기니 꿈을 꾸게 되고 미래의 모습을 그리게도 되었다. 뭔가 될 것 같은 기분이 나를 사로잡고 있었다. 사람마다 내뿜는 파장이 있다던데 뭔지 모를 그 긍정적인 파장은 분명히 하나님의 사인이었다고 믿는다.

그러던 어느 날이었다. 영등포 대림동에 있는 부모님 댁에서 우리 가족 모두가 신세를 지고 있다는 사실을 어떻게 알았는지 그곳으로 편지 한 통이 왔다. 편지는 일본에서 온 것이었다.

'일본? 일본 도시바? 도시바에서 내게 왜 연락을 했을까?'

편지를 보낸 사람은 도시바에서 근무하는 아리마라는 사람이었다. 궁금한 마음에 편지를 뜯어보니 정갈한 글씨체가 눈에 들어왔다.

'아, 아리마? 그때 그 사람?'

순간 무릎을 탁 쳤다. 아리마는 내가 한창 사업을 하고 있을 때 우리 회사와 제휴를 맺었던 도시바의 해외영업 담당자였다. 그는 수년 전 우리가 맺었던 기술제휴 건을 언급하며 고맙다는 인사를 건네고 있었다.

사연인즉슨 이랬다. 수년 전 부품 생산과 개발을 하고 있을 때 우리 회사는 일본 도시바와 제휴를 맺었다. 당시 우리나라에서는 만들지 못했던 '섬머스타트'라는 냉장고 부품이 있었는데 그것을 개발하기 위한 기술제휴가 목적이었다. 그런데 개발도 개발이지만 그전에 먼저 도시바의 부품을 한국 시장에 미리 적용해보도록 했다. 한국 업체에서 그 부품에 대한 반응이 좋으면 우리가 그 부품을 개발·생산해 시장을 넓히려는 계획이었던 것이다.

이런 계획을 도시바도 거절할 이유가 없었으므로 우리의 제안을 받아들였고, 도시바의 부품은 삼성, 엘지, 대우 같은 기업에 공급되었다.

"강 사장님, 어쨌든 사장님 덕에 우리 부품을 한국 업체에 납품하게 되었으니 그에 대한 커미션을 드리겠습니다. 물론 강 사장님이 부품 개발에 성공하면 당연히 강 사장님 회사 제품이 납품되겠지만 그전까지는 저희 측에서 소개비를 지불하겠습니다."

우리 측에서도 마다할 이유가 없었기에 그러라고 했다. 초기에는 공급량이 적었기에 그 부품뿐만 아니라 다른 부품도 소개를 해주었는데, 그쪽에서 계약서를 작성할 때 어떤 제품은 0.1퍼센트, 어떤 제품은 3퍼센트 이런 식으로 커미션율을 적용했다. 나로서는 생각지도 못한 부분이었기에 그냥 넘어갔다.

그런데 그 계약을 한 지 1년도 안 된 시점에 회사가 망한 것이다. 하루아침에 회사가 풍비박산이 되었으니 그들과의 계약도 허공으로 날아간 셈이었다. 나 역시 그 계약 건에 대해서는 까맣게 잊고 지냈었다. 하지만 그들은 자신들이 했던 약속을 끝까지 지키길 원했다. 아마도 사업이 무너졌다는 소식을 듣고 더욱 나를 돕고 싶었던 것 같다.

'강 사장님, 저희는 조금이나마 사장님의 재기에 도움을 드리고 싶습니다.'

그들의 편지를 받고 얼마나 가슴이 벅차올랐는지 모른다. 이것은 국가 차원의 민족 감정이 아닌 기업인 대 기업인으로서 느껴지는 의리요, 따뜻한 마음이었다. 그 고마운 편지가 도착한 이후 나의 통장으로 돈이 입금되기 시작했다. 물건을 얼마나 납품하고 있는지 제대로 알지 못하는 데다 알아볼 방법도 없는 상황이라 그저 의리를 지키겠다는 그들의 말을 신뢰할 뿐이었는데, 뜻밖에 커미션 비용이 꽤 되었다. 어떤 달에는 200만 원, 또 어떤 달에는 수출이 많이 되었던지 1,000만 원 가까운 돈이 입금되기도 했다.

흙수저도 금수저가 될 수 있다

통장에 잔고가 생기기 시작하자 나는 하나님 앞에 약속한 것을 먼저 지킬 수 있음에 감사했다. 그 약속은 사업 재기가 아닌 하나님의 몸된 성전인 교회를 먼저 짓겠다는 것이었는데 그 서원을 지킨 것이다. 당시 나는 부모님을 전도하면서 집과 가까운 곳으로 교회를 옮기게 되었고, 50~60명이 모이는 작은 교회에서 열심히 섬기면서 직분도 얻고 교회 건축에 소망을 품고 기도를 해오고 있었다. 아무것도 없는 상태에서 약속드린 기도에 하나님은 예비된 사람을 만나게 하심으로 재정을 부어주셨고 감사히 성전을 지을 수 있었다. 또한 집을 조금 넓은 전셋집으로 옮기게 되었고 사업을 다시 시작하는 길로 서서히 발걸음을 뗄 수 있었다.

이제 정말 일을 시작할 때가 되었다는 믿음이 생겼을 때 나는 그 자리에 엎드려 감사기도를 드렸다.

'하나님, 이것이 하나님의 방법이셨군요. 하나님이 다시 해보라고 말씀하셨을 때 재기할 수 있으리란 기대도 있었지만 어떻게 전개해나가실지 궁금했었습니다. 혹시 투자자를 만나게 하시려나? 아니면 기막힌 상품 아이디어를 얻게 하시려나? 그런데 하나님은 이렇게 생각지도 못한 사람을 만나게 하심으로 물꼬가 트이게 하십니다. 정말 감사합니다. 저로 하여금 큰돈을 만지게 됨으로 교만하지 않게 하시고, 자그만 능력에 의지하여 자만하지 않게 하셔서 감사합니다. 오로지 인도하시는 대로 순종하며 가겠습니다.'

이 기도는 그날 이후 오늘날까지 이어지고 있다. 사람의 능력에는 한계가 있고 예상 가능하다. 하지만 이 땅을 창조하신 창조주의 능력에는 한계가 없다. 그러니 우리가 가진 조그만 능력이나 재능에 교만해선 안 된다. 모든 일에 때가 있듯 우리는 그분의 계획 아래에서 움직일 수 있어야 한다. 주어진 자리에서 그저 최선을 다해, 그분의 뜻과 계획이 잘 이루어질 수 있도록 노력하는 것. 이런 자세가 갖춰졌을 때 장애물이라는 장막은 거둬지고 디딤돌이 놓인다.

흙수저도 금수저가 될 수 있다

용서할 용기,
털고 일어설 패기

많은 사람들이 스펙, 스펙 하며 강조하곤 하는데, 그 스펙이란 것이 오히려 그 사람을 제대로 평가할 수 있는 기준을 흐리기도 한다. 영어 시험 점수 몇 점, 어떤 자격증을 땄느냐, 어디로 유학을 다녀오고 어디서 인턴을 했는지 등 화려한 스펙에 그 사람의 됨됨이나 인성, 특별한 재능이 희석될 위험도 크다. 그래서 한동안 불었던 스펙 바람에 나는 조금 회의적이기도 했다. 스펙이 지닌 본연의 의미를 좀 더 자세히 들여다보면 좋을 텐데 하는 아쉬움이 들었다.

스펙은 원래 'specification'이라는 단어의 약자로 자세한 설명서라는 뜻을 지니고 있다. 인재에 대해 자세히 설명해주는 해설의 일종인데, 말하자면 이력서 한 줄로는 그 사람을 잘 알 수 없기에 부연 설명을 해주는 근거라 볼 수 있을 것이다. 그러니 점수나 자격증이 자세한 설명을 해준다고 보긴 힘들다. 오히려 어떤 사건이나 에피소드가 그 사람에 대한 설명을 도울 수 있지 않을까 생각한다.

이런 의미에서의 스펙이라면 나 역시 자랑스러운 스펙이 하나 있다. 책임 의식과 리더십을 키워준 ROTC 활동이 그것이다. 남들과 다른, 특별한 위치에 있었기 때문이 아니다. ROTC는 대학생이라면 누구나 스스로 선택할 수 있는 기회였고 그를 통해 많은 것을 생각하고 리더로서의 역량을 고민할 수 있었기 때문이다. 특히 조금은 유약했던 내게 패기와 용기라는 스펙을 갖추게 해주어 더욱 자랑스러운 과거다.

대학 3~4학년 시기 대학 내에서 군사훈련을 받으며 예비 장교로서의 자질을 갖춰나간 나는 1965년 대학 졸업과 함께 소위로 임관하여 통신병과를 받고 군에 입대했다. 강원도 양구 21사단 사령부의 통신중대 무선 소대장으로 임명되어 잔뜩 군기가 든 채 중대 책임자로 생활을 시작했다.

그런데 말이 소대장이지 전국에서 모여든 병사들을 지휘하는 역할이 녹록하지만은 않았다. 부대에 임명받고 나간 지 얼마 지나지 않아 내가 맡은 중대에서 몇몇 사람이 거슬리기 시작했다. 처음 당직사관을 맡고 일석점호를 하는데, 한 소대원이 러닝셔츠 차림으로 내무반 주변을 어슬렁거리며 돌아다니고 있었다. 갓 부임한 장교를 내려다보며 해볼 테면 해보란 식으로 정면 도전하는 것이었다.

군 문화에 대해서는 여러 차례 훈련을 받으며 들은 바가 있어 익히 알았고, 병사들 군기를 잡는 일에도 노하우가 있어야 한다는 사실 또한 잘 알고 있었다. 내 앞에서 저리 천연덕스럽게 행동하는 것으로 보아 말년 병장쯤 되는 게 틀림없었다. 제대를 앞둔 병장들의 경우에는 군에서도 유야무야 넘어가주곤 했기에 내 앞에서도 그런 식으로 행동했던 것 같다.

이건 바로잡아야 한다는 강한 의지가 생겼다. 어디서부터 이런 의지가 솟아났는지 모르겠지만 일단 그 어슬렁거리는 병사를 불러 세웠다. 어디 소속인지 군번을 대라고 명령하니, 역시나 말년 병장이라는 답이 돌아왔다. 눈을 치켜뜨며 나를 올려다보는 눈빛에서 살기마저 느껴졌다. 나중에 들어보니 그 고참병은 전과가 있는 부대 내 사고뭉치였고 한 달 뒤 제대를 앞두고 있던 터라 모든 생활에 열외였다.

이 사실을 알았든 몰랐든 상관없었다. 나는 그 자리에서 병사에게 명령했다.

"너는 지금 심각하게 군율을 어겼다. 알고 있나?"

"아니, 뭐……."

"말 똑바로 못하나? 군장 똑바로 차려입지 못하나?"

나는 이렇게 일갈하고 속된 말로 조인트를 깠다. 갑자기 군홧발 공격을 받은 고참병은 주춤하며 똑바로 섰다. 나는 병장의 눈을 똑바로 쳐다보며 군율을 어긴 벌을 내렸다.

"네가 고참병이든 아니든 상관없다. 너는 대한민국 군인으로 정해진 기간 동안 훈련을 받을 국방의 의무가 있다. 전역하는 그날까지 군율은 무조건 지켜야 하고 이제부터 열외는 없다. 이를 어길 시에는 그에 상응하는 대가를 치르게 될 것이다. 오늘 점호를 어겼으므로 팔굽혀펴기를 실시한다. 내가 그만하라고 할 때까지 실시!"

갓 부임해 온 소대장이 가차 없이 군기를 잡자 전 부대원이 바짝 군기가 들었다. 말년 병장을 교육하고 돌아서는데 등줄기에서 땀이 흥건하게 흘러내렸다. 대체 그런 패기가 어디서 생겼는지 나도 몰랐지만, 그날 이후 부대 분위기가 달라졌다. 그 골칫덩어리 병장은 제대할 때까지 얌전히 군기를 잃지 않은 채 군 생활을 했고 나에 대한 소문이 암암리에 퍼져나가 군 생활 내내 부대를 잘 이끌어나갈 수 있었다.

ROTC 장교로 경험한 군 생활은 어찌 보면 나 자신에게 또 다른 나의 모습을 만나게 해준 계기가 되었다. 패기. 어떤 어려움이나 장애 앞에서도 이겨내려는 굳센 기상과 정신을 의미하는 단어다. 그 기상의 위력을 경험한 나였기에 이후의 삶에서도 패기 DNA가 되살아났던 것 같다.

사업을 다시 시작하려고 할 때도 그랬다. 그때의 패기가 꿈틀거렸다. 집으로 돌아와 사업을 일으키려고 보니 모든 환경이 어려워져 있었다. 다행히 도시바의 의리 덕분에 어느 정도 생활은 할 수 있었지만 사업을 하려면 당장 기계와 공장이 필요했다.

'그래, 다시 해보자. 하나님도 도와주시겠다고 하셨잖아. 안 되면 되게 하라, 그 정신이면 충분하다.'

순간 용기가 생기면서 무조건 시작해보자는 의지가 굳어졌다. 의지가 생기니 길이 보이기 시작했다. 공장을 돌리기 위해 필요한 기계는 예전 공장에서 쓰던 것들이 그대로 방치되어 있어 그곳에 가서 이야기를 하면 빌릴 수 있을 것 같았다. 그 기계는 내가 직접 설계하고 제작한 기계라서 다른 사람이 사용할 수 없는 전용기였기 때문에 실제로 우리 공장을 인수한 사장님을 찾아가 사정 이야기를 하니 흔쾌히 가져다 쓰라고 배려해주셨다.

"당연히 도움을 드려야죠. 얼마나 다행인지 모르겠습니다. 어려웠는데도 포기하지 않고 시작하겠다는 말씀이 고마워서라도 부탁을 들어드리겠습니다. 저야 뭐 이 기계들을 안고 있어봤자 전문 기술자가 아니니 고철에 불과합니다."

문제는 공장을 차릴 자금이었다. 아무리 허름한 하꼬방이라도 빌려야 기계를 돌릴 수 있는데 자금이 마땅치 않았다. 돈 얘기만 꺼내면 어색해지는 것이 친구 사이기에 친구들에게는 말도 못하고 있던 차, 어느 날 한 친구와 만나게 되었다.

친구는 정신을 차린 나를 반가워했다. 내친김에 나는 사업을 다시 해보려 한다는 말을 전하며 어렵게 돈 이야기를 꺼냈다.

"내가 지금 다시 시작해보려고 해. 그런데 기술은 있는데 자본이 없어. 너도 내 사정 뻔히 아니까 일일이 설명 안 하겠는데, 공장 차릴 돈이 필요하다."

"아무래도 그렇지. 얼마가 필요하니?"

"아무리 작은 공장이라도 임대료가 상당하더라고."

"강 사장, 지금 내가 가진 돈은 700만 원이다. 이거면 되겠냐?"

"되고말고. 정말 고맙다. 내가 정말 이 은혜는……."

더는 목이 메어 말을 할 수 없었다. 사람이 가장 어려울 때 돕는 것이 가장 힘들다. 도움의 대가를 받는단 보장이 없기 때문인데, 성경은 바로 그 어려울 때 먼저 도울 것을 말씀하신다. 친구는 그런 행함 있는 믿음을 보여주었고, 나는 고마움을 잊지 못해 친구 이름인 신동춘의

'동'과 내 이름 국창의 '국'을 한 자씩 따서 '동국전자'라는 회사명을 짓고 공장을 다시 열었다.

친구가 빌려준 돈 700만 원으로 어렵게 얻은 공장은 인천의 허름한 하꼬방이었다. 창문 하나 없는 공장이었지만 그런 곳이라도 감지덕지였다. 나의 생을 다시 쓸 수 있는 공간이라는 생각에 열심히 쓸고 닦고 쓰던 기계들을 옮겨 와 2년 만에 공장을 가동했다.

경쾌한 기계 소리와 함께 그간 묵은 감정의 찌꺼기가 다 씻기는 듯했다. 자석패킹을 개발했을 때 직원들과 질렀던 환호성이 들려왔다. 3개의 공장이 멈출 틈 없이 제품을 찍어내고 냉장고로 만들어져 나오는 장면이 떠올랐다. 수백 명의 직원이 생업에 최선을 다하던 모습이 아른거렸다. 그리고 그들에게 미안했다. 이젠 정말 잘하고 싶었다. 주변의 시선을 아랑곳 않고 정의와 공의에 용기 있게 대항했던 소대장의 패기를 사업장에 쏟아붓기로 작정했다.

1983년 동국전자 공장을 가동하게 되었을 때 내 간절함은 막바지에 다다라 있었다. 이번이 정말 마지막이라는 절박함, 내가 믿는 하나님의 도우심이 함께하신다는 절실한 믿음이 있었다. 물론 업계 환경은 2년 전과 180도 바뀌어 있었다. 국내 최초 국산 부품 생산 업체였다는 타이틀은 그 어디에서도 통하지 않았다. 그걸 이용하려는 생각도 없었지만, 2년 사이 국산 부품을 만드는 생산 업체들이 여러 곳으로 늘어나 있었다. 그래도 최초로 보유한 원천 기술만큼은 위력을 발휘할 수 있을 거라 생각했는데 그도 오산이었다. 처음부터 내 것은 없었다. 기술은 돌고 도는 것이고 하루가 다르게 변화하는 환경 속에서 원천 기술을 업그레이드하지 않으면 버틸 재간이 없다.

그래서 더 막막했다. 2년 전에 가동이 중단된 기술력과 장비들, 그것으로 현재 시장과 경쟁하려니 더욱 앞이 캄캄했던 것이다.

'아니다. 처음부터 경쟁력을 갖추는 일이 쉽겠는가. 하다 보면 분명히 길이 생길 거다. 시작했으니 분명 길이 있을 거야. 일단 해보자.'

날마다 이렇게 마음속으로 다짐하며 주어진 여건하에서 물건을 생산해내는 데 최선을 다했다. 공장이 돌아가기 시작하니 이젠 판로를 찾는 일이 급해졌다. 처음에 창업했을 때는 다녔던 직장의 연결고리로 판로를 뚫고 사람들을 만날 기회가 있었지만 지금은 그 연결고리마저 끊긴 상태였다. 게다가 나름 업계에서 잘나가며 선구자라고 인정을 받다가 하루아침에 홀랑 무너진 불운의 기업으로 알려져 오히려 신뢰성은 더 떨어져 있었다.

하지만 어쩔 수 없었다. 일단 사람들과 부딪혀가며 판로를 개척하고 영업을 뛰어야 했다. 죽기 살기로 버텨나가야 할 절체절명의 순간이었기에 전자제품 생산 업체를 찾아다녔다. 그러자 귀한 인연이 하나씩 생겨났다. 사실 나쁘게 보려면 볼 수도 있을 텐데 오히려 다시 일어서려는 나에게 박수를 쳐주고 도와주겠다는 마음으로 대하는 사람들의 모습 속에서 '아 이게 하나님의 도우심이구나' 하고 저절로 느껴졌다.

"강 사장님, 일단 사장님 회사에서 만드는 부품을 소량만 먼저 주문하겠습니다. 갑자기 거래하는 곳을 바꿀 순 없으니 일단 소량에서 시작하시지요."

자석패킹을 필두로 부품이 다시 만들어졌고 알고 지내던 거래처를 통해 조금씩 주문 생산이 시작되었다. 그와 동시에 우리의 숙명인 부품 개발에도 눈을 돌렸다. 어느 정도 시간이 지나자 업계에 내가 재기했다는 소문이 조금씩 퍼져나갔다. 감사하게도 아직까지 업계에는 나를 기억하는 이들이 있었다. 국산 부품을 만들었다는 타이틀은 생각보다 견고했고 신뢰 있는 것이었는지, 그동안 인연을 맺지 못했던 곳과도 조금씩 연결 고리를 만들어갈 수 있었다.

동국전자. 지금의 동국성신이란 기업이 있게 된 베이스다. 제2의 창업을 하면서 나는 용기와 패기를 장착해야 했다. 생각해보면 한 번의 성공을 맛보는 건 그다지 어려운 일이 아니다. 성공의 기준을 어디에 두느냐에 따라 달라지겠지만, 어떤 계획이나 목표를 세워 달성하는 것을 성공으로 본다면 그것은 얼마든지 가능한 일이다. 오히려 그것보다 어려운 일은 실패 후 재기하는 것이다.

성공을 맛보고 난 뒤 어떤 이유에서든 실패를 하게 되면 가진 모든 것을 잃는 것과 동시에 용기 또한 잃는다. 주변에 많았던 사람들이 사라지고 때로는 가족마저 등을 돌린다. 내 것이라고 생각했던 것들이 떠나갈 때의 상실감과 손에 쥔 것이 하나도 없고 다시는 일어설 수 없으리란 불안감은 사람을 나락으로 떨어뜨린다. 그런데 인생은 언제나 플러스마이너스 곡선을 그린다. 좋을 때가 있으면 그렇지 않을 때가 있고, 기회를 잡을 때도 실패할 때도 있다. 그 파동에 자연스럽게 주파수를 맞추되 실패했을 때 일어설 용기, 나아갈 패기만 갖춘다면 기회는 또다시 찾아온다. 아무리 주변 환경이 변하고 아무도 나를 도와주지 않을 것 같아도 세상은 의외로 용기와 패기를 가지고 도전하는 이들의 손

을 잡아준다. 그러니 용기와 패기만 잃지 않으면 된다. 나는 그 힘을 신
앙을 통해 충전했다.

많은 청년들이 실패를 두려워해 나아가지 못하는 모습을 본다. 크
고 작은 실패를 경험하면서 위축되고 주눅 든다. 그런 이들에게 나는
다시 사업을 일으켰을 때의 이야기를 해주곤 한다. 재기에 필요한 요소
는 기술도 인력도 돈도 아니다. 신앙을 토대로 한 용기와 패기다. 사람
의 힘으로는 한계가 있음을 인정하고 하나님의 영역에 들어가 용기와
패기를 구했으면 좋겠다.

믿고 맡김으로 받는 범사의 복

하나님을 믿고 난 뒤 복에 대해 설교도 많이 듣고 생각도 많이 하게 되었다. 성경을 알면 알수록 그토록 많은 이들이 받고 싶어하는 복의 근원은 하나님이시라는 사실을 깨닫게 된다. 믿음의 조상이라고 하는 아브라함, 이스라엘의 왕으로 40년간 통치한 다윗 왕, 노예로 고생하던 이스라엘 백성들을 애굽에서 빼내어 약속의 땅으로 이끈 지도자 모세 등, 그들이 위업을 달성할 수 있었던 것은 전적으로 하나님의 인도하심 덕분이었다.

위대한 지도자뿐만 아니라 성경에 잠깐 언급된 평범한 사람부터 군 중들로 묘사된 사람에 이르기까지 하나님의 복을 경험한 사람들의 공통점은 '하나님의 뜻'대로 구했다는 것이다. 자신의 모든 권한이 아버지께 있으니 아버지 하나님 뜻대로 이루실 것을 구했고, 그런 전적인 신뢰의 끝에 하나님은 형통의 복으로 임하셨다.

하나님께 믿고 맡긴다는 것이 노력도 없이 무조건적으로 신뢰하는 것을 의미하지는 않는다. 하나님은 범사가 잘되고 강건해지는 복을 받기 위해 영혼이 잘되기를 바라신다. 자신이 노력할 것, 영혼이 잘되기 위해 먼저 마음을 비우고 결과를 고민하지 않으며 영육 간의 강건함을 유지해야 한다. 그래야 영혼이 잘되고 복이 임한다. 하나님은 그렇게 자신을 신뢰하고 맡기는 이들에게 넘치는 복을 주신다.

우리가 알거니와 하나님을 사랑하는 자 곧 그 뜻대로 부르심을 입은 자들에게는 모든 것이 합력하여 선을 이루느니라.

—롬 8:28

나는 사업에서 재기하면서 하나님을 믿고 맡기는 삶을 살기 위해 노력했다. 주어진 자리에서 최선을 다하되 결과에 대해서는 전능자에게 믿고 맡기면 그 이후의 삶은 나의 것이 아닌 하나님의 주관으로 돌려진다. 자신이 양심적으로 부끄럽지 않게 최선을 다했다면 더욱 믿고 맡기기가 쉬워진다.

'하나님 저는 제가 할 수 있는 최선을 했습니다. 이제 당신이 일하실 차례입니다.'

당당히 고백할 수 있다. 그리고 그 당당한 고백이 하나님의 마음을 기쁘게 해 범사에 형통하는 복을 받을 수 있다.

처음 창업을 하고 한창 달릴 때는 하나님을 몰랐다. 재기했을 때는 하나님을 영접한 뒤였기에 둘의 차이를 확실히 알 수 있었다. 처음 사업에 뛰어들었을 때는 '이게 과연 최선인가? 더 나은 방법 없을까? 혹시 잘못되면 어쩌나' 하는 마음이 컸다. 그래서 성공이 불안했고 잘나갈수록 염려되었다. 그런데 재기한 후에는 전적으로 믿고 맡길 대상이 생겨서인지 훨씬 마음이 편안하고 평강이 넘쳤다. 어떻게 보면 예전보다 매출도 훨씬 많이 줄었고 사람은 말할 것도 없이 영세한 입장이었지만, 내가 서 있는 자리에서 최선을 다한 뒤 믿고 맡길 대상이 생기니 무척 자유하게 되었다.

하나님을 알고 하나님께 믿고 맡길 때 범사에 복된 삶을 누릴 수 있다. 믿고 맡기는 것이 훨씬 실속 있다. 만약 믿고 맡길 대상 없이 자기 자신만 믿고 나아간다면 결과가 나오기 전까지, 아니 나오고 난 뒤에도 계속 불안하다. 믿지 않고 계속 불안해하기보다 믿고 맡김으로 편안해지는 삶, 그게 하나님을 믿음으로 얻게 되는 지혜다. 무엇보다 전지전능하신 하나님은 능력과 한계를 뛰어넘는 분이다. 그러므로 어떤 일이나 하나님을 믿고 맡길 때 형통의 복, 범사에 복을 받는 평강을 누리게 된다.

PART

4

돋움과 닿음

·

목적 있는 행동으로

어디를 향해 갈 것인가 목적과 방향이 필요하다.
한 방향으로 닿기 위해 수많은 도움닫기가 필요하고
높이 오르기 위해 돋움을 놓아야 한다.
이러한 돋움과 닿음 끝에 비로소 인생의 표지판이 선명해진다.

관찰하고 상상하고 연결하라

해마다 스위스에서 열리는 다보스포럼이라는 것이 있다. 세계적인 석학들과 기업을 대표하는 경영 리더들이 참가해 변해가는 세계 경제 정세에 대한 의견을 나눈다. 이곳에 참여하기만 해도 영광일 정도로 다보스포럼은 미래 사회의 방향을 가늠하는 바로미터가 되곤 하는데, 작년 다보스포럼의 화두는 단연 '제4차 산업혁명'이었다.

인공지능, 로봇기술, 생명과학이 주도하는 차세대 산업혁명을 일컫는 제4차 산업혁명. 세계는 사물인터넷 시대를 맞아 기술 발전과 함께 기술과 인간의 공존이라는 화두 앞에 서 있기도 하다. 다보스포럼의 창립자인 클라우스 슈밥 회장은 제4차 산업혁명을 통해 선진국에서 710만 개 일자리가 사라질 거라는 예측을 내놓기도 했다. 어디까지나 예측이지만 그에 대비하는 자세는 필요하리라 본다.

다행히 많은 이들이 이러한 변화에 대비해 어떻게 살아가야 할지 방법을 고민하고 의견을 나눈다. 나 역시 기업을 경영하는 입장에서 그들과 행보를 같이하려 애쓰고 있어 이 주제에 관한 강연을 자주 듣는데, 그중에서 특히 인상적인 부분이 있었다. 강연자로 나선 교수는 제4차 산업혁명 시대를 맞아 우리가 기술과 기계와 공존할 수 있는 방법이 바로 '연결과 공유'라고 이야기했다. 이제 혼자 성공하는 시대는 끝났다. 인터넷 기술로 국경과 장벽을 뛰어넘은 초연결시대에 어떻게 하면 잘 연결할 수 있을지 고민해야 한다는 것이었다. 전적으로 공감했다.

그런데 사물인터넷 시대에만 연결이 중요한 것은 아니다. 그 이전부터 우리는 연결의 중요성을 알아왔고 현장에서 적용해왔다. 지금과 같이 통신망 등을 통한 세련된 방법은 아닐지언정 우리 사회는 연결을 잘 활용해왔다는 생각이 든다.

두 번째 창업을 했을 때, 그러니까 35년 전 다시 회사를 시작하면서 염두에 두었던 부분은 과거의 영광을 잊고 새롭게 거듭나는 것이었다. 그러려면 무엇이 필요할까 많은 고민을 했다.

'자본? 아니야. 우리 회사는 자본 하나 없이 시작한 회사니까 돈에 기대서도 안 돼. 기술? 그래. 기술 하나로 국산 부품을 완성해낸 저력이 있지. 그 저력을 최대한 활용해야 한다. 그렇다면 어떻게 활용할 수 있을까? 우리가 가진 활용 능력은 뭐지? 그래, 전자제품을 생산하는 국내 대기업과의 연결, 또 선진국 기술자들과의 연결이 있다. 그것을 최대한 활용해보는 거다.'

2년이란 시간을 쉬고 다시 필드에서 뛰다 보니 처음에는 정신 차릴 틈이 없었다. 일이 손에 익지도 않아 주문을 받아 생산하는 과정이 버거웠고 때론 표준화된 규격을 인지하지 못해 실수하기도 했다. 그러다 차차 일이 손에 붙자 세상이 보이기 시작했다.

동국전자를 시작한 1983년, 우리나라 경제는 올림픽을 앞두고 한창 산업이 꽃을 피우고 있었다. 그러면서 서민들의 삶도 윤택해지기 시작했는데 가정마다 TV, 냉장고, 세탁기 심지어 에어컨에 이르기까지 전자제품을 갖추어놓는 것이 기본이 되고 있었다. 당연히 업계는 호황이었고 그와 함께 부품 생산 업체도 덩달아 호황을 맞고 있었다. 2년 전과는 판도가 완전히 바뀌어 있었다. 마치 춘추전국시대를 연상케 하듯 우후죽순으로 동종 업체들이 생겨난 상태라 오히려 경쟁이 더 치열해 졌음이 느껴졌다.

나는 반걸음 뒤로 물러서 업계를 관찰하기 시작했다. 잘되는 기업은 왜 잘되는지, 부품을 개발하는 업체가 보유한 기술은 무엇이고 그것이 지속 가능한 것인지 등을 살피며 관찰해나갔다. 자세히 살펴보니 원천 기술은 비슷한데 아직 개발이 활발한 상태는 아니었다. 다들 생산에만 주력하고 있었다.

'우리는 좀 달라야 한다. 지금 만들고 있는 제품으론 부족하다. 현재 형성된 시장에서 치고 올라갈 수 없다면 새로운 시장을 형성하면 된다.'

그러나 아직은 시기상조였다. 환경이 너무도 열악해 뭔가를 새롭게 만들기에는 역부족이었다. 차선책을 찾아야 했다. 또다시 관찰이 시작되었다. 동종 업계면서 경쟁 업체들이 만들어낸 제품들을 가져와 우리 제품이나 가격과 비교해보는 등 어떻게 하면 경쟁력을 갖출 수 있을지 고민했다.

'이제 우리는 후발 주자다. 후발 주자의 경쟁력은 무엇인가. 가격이다. 그래, 어떻게든 원가를 줄여서 마진을 남겨야 한다.'

다른 회사의 공장 운영 방식과 생산 라인을 비교해보기도 했다. 다 비슷비슷한 것 같아도 회사마다 특유의 분위기가 있었고 추구하는 모토도 달랐다. 그렇게 관찰을 통해 우리와 다른 점을 비교하며 아이디어를 얻기도 했다.

그 작은 아이디어를 온종일 머릿속으로 굴리며 상상의 나래를 펼쳤다. 이미 내 머릿속에서는 생산과정이 펼쳐졌고 제품이 만들어지기도, 원점으로 돌아가기도 했다. 그런데 이러한 상상이 실제로 생산과정을 수정하는 데 큰 역할을 했다.

"생산과정을 좀 줄여보면 어떨까요? 어차피 기계를 사용하는데 두 가지를 한꺼번에 할 수 있는 방법을 찾으면 될 것 같은데……."

"사장님, 생산 순서를 바꾸면 2, 3번 공정이 연결되지 않나요?"

"어디 한번 해봅시다."

머릿속에서 상상하던 것을 현실로 적용하려고 보면 물론 잘 안 되는 부분도 많았지만 의외로 가능한 경우도 많았다. 특히 이합집산, 정보를 어떻게 분리하고 어떻게 묶느냐에 따라 완전히 다른 정보가 생성될 수 있듯이 생산과정에도 그런 일들이 필요했다. 그러기 위해서는 끊임없이 관찰하고 상상하고 연결하는 과정이 필요했다.

이미 치고 나가는 업체들이 많아진 상태에서 우리가 살아남는 길은 우리만의 경쟁력을 갖추는 것뿐이었다. 관찰 속에서 아이디어가 나오고 상상을 통해 아이디어가 풍성해진다. 또한 적절한 연결을 통해 생각지도 못한 성과와 열매가 나온다. 그것이 기업을 우뚝 서게 만드는 저력이 된다.

하나님께 모든 것을 맡기고 동국전자를 시작할 때의 비전은 소박했다. 예전의 영광을 회복할 수는 없으니 그때의 10퍼센트만 하자는 마음이었다. 지금같이 축소된 규모에서는 그때의 10퍼센트도 상당량일 수 있으나 일단 업계로 발을 들여놓고 나니 10퍼센트는 가능하겠다는 감이 왔다.

이렇게 시작한 지 얼마 되지 않았을 때 또 한 번 고마운 인연과 연결되는 일이 생겼다. 하루는 인천 공장을 가는 길에 신림동을 지나게 되었다. 신림동은 처음에 공장을 차린 가리봉동과 가까운 곳이라 왠지 익숙하고 푸근해 조금 걸음을 늦추어 가고 있는데, 어딘가에서 "강 사장!" 하고 부르는 소리가 들렸다.

이곳에서 나를 아는 사람이 누가 있을까 싶어 주변을 두리번거리다 보니 한 사람의 모습이 눈에 들어왔다. 왠지 낯이 익다 싶었는데 알고 보니 가리봉동에서 공장을 할 때 우리 회사가 거래하던 은행의 대리였다. 당시 나는 은행 지점장과 직접 만나 거래를 했기 때문에 대리였던 그와는 인사만 하고 지내는 정도였는데, 나를 알아봐 주니 고맙고 반가울 따름이었다. 그간 만날 기회가 없었으니 나의 스토리를 모를 터라 간단히 그간의 이야기를 들려주고 지금은 재기하려고 고생 중이라는 설명을 덧붙였다.

그리고 그날 그와의 우연한 연결로 동국전자의 공장이 세워지는 역사적인 일이 벌어졌다. 어느덧 은행 지점장이 된 그는 어떻게든 일어서

보려는 젊은 기업가를 돕고 싶어했다. 사실 가동 중인 공장의 환경이나 여력이 좋지 않았고 무엇보다 연구 개발 업무가 제대로 이루어지지 않아 그 점이 답답했던 터라 그의 제안이 마음에 박혔다. 그는 땅만 확보하면 공장 건축 재정을 지원해주겠다고 약속했고, 나는 이를 하늘이 주신 기회라 여기며 땅을 찾아 나섰다. 공장을 나와 제일 변두리 지역의 제일 쌀 것 같은 곳만 찾아다녔다. 그러다 산중턱에 부지가 났다는 말을 듣고 가보니 과연 300여 평의 딱 공장을 지을 만한 땅이었다.

있는 돈을 탈탈 털어 공장 지을 땅을 마련한 후 은행에서 땅을 담보로 건축지원자금을 대출받아 꿈에도 그리던 공장을 짓게 되었다. 공장을 지으면서 나는 마음속으로 이 공장에서 만들어질 제품들을 끊임없이 상상하고 그려냈다. 공장의 미래를 그리고 또 그렸다. 시작은 미약하나 끝은 창대하리라는 말씀에 의지해 지금은 후발 주자이지만 끝까지 살아남는, 지속력을 지닌 기업으로 이끌어가는 모습을 상상했다.

얼마 뒤 지하 1층, 지상 5층의 공장 건물이 완성되었다. 정말 불가능할 것 같은 상황 속에서 이뤄진 결과물이란 생각에 준공식 예배를 드리는 내내 목이 메어 한마디도 할 수 없었다. 정말이지 이젠 열심히 달려갈 일만 남았다는 생각이 들었다. 한순간에 우뚝 서겠다는 것이 아니었다. 인도하시는 방향대로 가되 그 자리에서 사람이 할 수 있는 최선을 다하겠다는 다짐이었다.

혼을 실어라

혼은 사람을 움직이는 힘이다. 혼은 내가 왜 여기에 있는가라는 물
음의 과정이다. 혼은 개인을 뛰어넘는 대의大儀이다.

이 글은 세계 초일류기업 CEO와 경제경영 석학들을 인터뷰해온 저
자가 대가들에게서 공통적으로 발견한 메시지를 전하는 책《혼창통》에
나오는 구절이다. 저자는 이 책에서 대가들이 지닌 공통점인 혼과 창,
통을 조명한다. 조금 더 구체적으로 설명해보면 혼은 '가슴을 벅차게
하는 비전'을, 창은 '끊임없이 왜라고 묻는 태도'를, 통은 '만나고 잘 듣
는 자세'를 의미한다. 과연 세계적으로 인정받는 이들이 얼마나 노력하
고 치열하게 살아가는지 알려주는 대목이란 생각이 든다.

이 책을 읽는 동안 가장 마음을 흔든 부분은 혼이었다. 흔히 '혼'이
라는 단어를 언제 사용하는가. 음악의 대가들이 연주하는 곡을 들으면

'혼을 실어서' 연주한다는 느낌을 받곤 한다. 그 어떤 것으로 대체할 수 없는 노력의 극한, 혼을 싣는다는 것은 바로 그런 의미가 아닐까 한다. 반면 아주 황당한 일을 당하거나 극한의 경험을 했을 때 '혼이 빠졌다'고도 한다. 그러고 보면 혼이라는 단어가 가진 의미가 참 중요하다.

동국전자를 시작하면서 나는 나를 비롯한 직원들에게 혼을 실어 일할 것을 부탁했다. 직원이라고 해봐야 몇 명 되지 않지만 그들이 나와 한마음이 되어 일해주어야 했고, 그러려면 내가 본이 되어야 한다는 생각에 거의 공장에서 살다시피 했다. 직원들 마음을 불편하게 하려고 하는 말이 아니었다. 실제로 남과 다른 경쟁력을 갖추려면 새로운 것을 개발하는 등의 결과가 필요했는데, 그러기 위해서는 시간을 더 투자하는 수밖에 없었다. 환경이 넉넉해서 신진 기술을 보고 배울 기회가 있는 것도 아니고 그렇다고 자금이 넉넉해 투자 개발에 앞서갈 수도 없으니 더 많이 보고 더 많이 생각하는 것, 이것이 내가 선택한 길이었다.

가야 할 방향과 목적은 하나였다. 처음에 국산 부품을 만들면서 가슴 뜨겁게 느꼈던 기술 보국에 일조하겠다는 신념, 전자제품의 부속품을 지속적으로 개발함으로써 우리 회사의 기술력을 널리 알리는 기업과 엔지니어가 되겠다는 소명을 되새겼다.

소명을 분명히 하니 일에 대한 책임감이 더해졌다. 내가 서 있는 자리, 내가 할 수 있는 일에서 최선의 결과를 내고 무엇보다 끝까지 버텨야 했다. 기업이 살아남는 길은 여러 가지 방법이 있지만 우리 같은 중소기업, 기술력 하나로 버텨야 하는 중소기업에서는 기업 환경에 맞도록 빠른 변화에 신속하게 적응하며 쓸데없는 낭비를 없애야 했다.

'그래, 우리가 다른 기업과 차별화할 수 있는 길은 원가절감이다. 품질은 높이고 원가는 줄이는 길, 그 방법을 찾아야 한다.'

생산원가를 절감하는 방법은 여러 가지가 있을 수 있다. 원가에 영향을 미치는 요소를 파악해서 그 요소를 조절하는 것과 최신 기술의 동향을 파악해 그를 도입하는 것, 고객의 요구와 필요를 정확히 이해하는 것 등으로 다양하다.

일례로 초기의 IBM PC는 플로피 디스크 드라이버와 카세트 레코더의 연결 단자를 갖추고 있었다. 그런데 이것은 앞으로의 기술 변화에 대한 이해가 부족한, 쓸데없는 기능만 갖춘 제품이 되었다. 반면 미놀타에서는 최신 부품을 적용해 저가형 프린터의 원가를 절감할 수 있었다. 또한 마쓰시타전기는 설계 사양을 정확히 파악해 부품 수를 줄이고 회로를 단순화하여 복잡한 공정을 줄임으로써 제조원가를 절감했다. 스페인의 탈고Talgo는 열차에 설치된 창의 기능에 불필요한 사양을 제거하고 가장 적절한 사양을 결정하는 동시에 원가도 줄일 수 있었다. 이처럼 원가를 절감한 사례는 얼마든지 있었다. 우리도 불가능한 일이 아니었다.

밤마다 공장 한구석의 불을 밝힌 채 제품의 생산과정을 축소하는 시도를 해보기도 하고, 원재료를 다른 것으로 대체해보기도 하는 등의 시간이 이어졌다. 여러 차례 시도 끝에 조금씩 길이 열리기 시작했다. 비싼 원재료를 대체할 만한 것이 보이기도 했고, 공정 과정을 줄여 공장 가동률을 줄일 수 있는 방법이 보이기도 했다.

그 시절 나의 집은 공장 한구석이었다. 한쪽 귀퉁이에 의자 몇 개를 붙여놓고 모포 한 장 덮고 자면 그곳이 방이었다. 자세가 불편해 뒤척거리다 잠이 깨면 도로 잠들기가 힘들어 다시 기계 앞으로 가서 연구에 연구를 이어갔다.

몸은 지치고 때론 조바심에 마음이 상하기도 했다. 한창 커가는 아이들을 제대로 볼 수 없다는 서글픔도 있었다. 그나마 방 두 칸짜리 부모님 댁에서 얹혀살다가 조금 형편이 나아져 광명시에 있는 방 세 칸짜리 집으로 옮긴 뒤라 마음이 좀 놓였다. 연탄 보일러가 놓여 있는 5층 계단식 아파트였는데, 연탄을 올리고 연탄재를 버리는 일이 조금 힘들었어도 아이들은 매일 거실에서 지내다가 어엿한 자기 방이 있는 집으로 갔으니 얼마나 기뻤을까. 있을 때는 있는 것의 소중함을 모른다지만 없다가 있으면 그 소중함이 배가 된다. 우리 아이들은 그 기쁨을 맛보았고 그래서 더 소중하게 그 시절을 보냈다. 정말 하나님께 감사한 일이지만 나는 그 기쁨을 누릴 새가 없었다.

다만 지금 여기서 내가 왜 이 일을 하고 있는지 그 목적이 분명했기에 버틸 수 있었다. 그렇게 밤을 지새우며 공장에서 지내던 어느 날, 드디어 첫 번째 결실을 맺었다.

"사장님, 됐어요 됐어. 제품 생산원가가 5퍼센트 줄었어요. 오히려 품질은 더 나아진 것 같아요. 5퍼센트면 얼마나 큰 금액이에요? 우리가 1년에 주문받는 생산량의 5퍼센트면…… 와!"

원가절감 방법을 고안하고 나니 회사의 경영 상태는 훨씬 나아졌다. 무엇보다 거래처에서 먼저 우리가 원가절감한 제품을 소개하고 시연해보는 등 적극적으로 홍보를 하면서 반응도 상당히 좋았다. 기업

측에서도 더 저렴하면서 성능이 좋은 제품을 마다할 이유가 없었던 것이다.

그 후 우리 제품을 사용하겠다는 거래처가 늘어갔다. 소리 없는 총성이 오가는 기업 현장에서 경쟁 업체들의 견제도 심했지만, 어차피 실력으로 경쟁하는 만큼 누가 더 혼을 쏟아 일하느냐에 달린 문제였다.

일본식 주점 테펜이란 곳이 있다. 테펜은 단시간에 일본뿐 아니라 한국에도 진출해 많은 사람들의 인기를 받고 있다. 이곳은 다른 식당과는 남다른 구석이 있는데, 문을 열고 들어가는 순간 모든 직원이 일제히 "어서 오십시오!"라고 큰 소리로 인사하며 손님을 맞는다는 것이다. 주방과 홀에 있는 직원들이 다 함께 인사를 하고, 음식이 맛있다고 칭찬하면 직원들이 각자 있던 자리에서 그 테이블을 향해 90도로 인사를 올린다. 또 어떤 사람이 건배사를 하려고 할 때는 문구를 물어보고 적어 가 직원이 함께 건배사를 외친다. 음식점의 분위기가 어떨지 대충 짐작이 갈 것이다. 이 가게의 콘셉트 덕분에 오가는 손님들은 활기를 얻어 간다.

어떻게 일하는 내내 직원들이 얼굴 한번 찡그리지 않고 이런 분위기를 낼 수 있을까. 혹시 월급이 훨씬 높은 것일까. 그런데 그것도 아니다. 물론 다른 곳에 비해 월급이 조금 높은 편이긴 하지만 테펜의 경영 원칙은 '직원들의 꿈을 소중하게 여기는' 데에 있었다.

한쪽 벽면에 붙어 있는 직원들의 꿈이 적힌 메모, 그 메모 중엔 훌륭한 요리사가 되어 사람들의 마음까지 치유해주겠다는 꿈도 있고, 식당을 경영해 요식 업계에 새바람을 일으키겠다는 꿈도 있었다. 그런 꿈들이 그들의 몸과 마음을 움직인 것이다.

혼을 싣는다는 것은 바로 이런 것이다. 자신이 있는 자리에서 왜 일해야 하는지, 무엇이 자신을 일하도록 이끄는지 명확히 알고 일하는 것이다. 동국전자가 다시 시작되면서 나는 바로 이 혼을 다해 일하는 기업을 그렸다. 국내 최초로 국산 부품을 만든 기업이라는 타이틀에만 머물 것이 아니라 그를 넘어 기술로 승부를 걸고, 더 질 높은 기술로 부품 국산화에 일조하리라는 소명. 그 소명이 일하는 모두에게 전달되기를 바랐다. 과연 혼이 쏙 빠지도록 일하면서 나는 그 어떤 때보다 신나고 즐거웠던 것 같다.

통찰하라

통찰의 필요성이 커지고 있다. 수면 아래 있는 문제의 핵심을 간파해 대안을 제시하는 것이 통찰력이기에 기업을 이끄는 이들에게는 더욱 중요하다. 각계에서 내리는 통찰의 정의는 조금씩 차이가 있지만 그럼에도 공통적으로 통찰을 통해 얻고자 하는 것은 문제에 대한 대안이 아닐까 싶다. 또 통찰 속엔 개인의 이익만을 위하는 것이 아닌 공동체의 유익을 추구하는 긍정적인 기운이 담겨 있다.

동국전자가 후발 주자로 시작되었지만 원가절감에 성공을 거두며 안정적으로 운영되자 생각이 많아졌다. 엔지니어의 숙명은 새로운 아이디어로 제품을 개발하는 것인 만큼 기술 보국에 일조하겠다는 신념을 성취하려면 통찰력 있는 아이디어가 필요했다. 우리의 기술력으로 부품을 개발하는 일은 시간과 노력이 들어가면 가능했지만, 끊임없이 경쟁해야 하는 시장경제에서 개발 이후의 판로 개척과 앞으로의 추이

등을 염두에 두었을 때 정말 필요한 개발인지 가늠해야 하다 보니 일이 복잡해졌다.

매시간 최선의 선택과 결단을 내려야 하는 입장에 있다 보면 인간의 한계와 부족함이 저절로 느껴진다. 과연 이 길이 옳은가, 이 결정이 정말 우리 회사를 위해 좋은 것일까, 끊임없이 묻고 머릿속으로 상상하고 책임져야 하기 때문이다. 나는 신앙의 힘과 기도로 사업을 하고 있던 터라 하나님께 지혜를 구하곤 했는데, 하루는 하나님께서 이런 마음을 주셨다.

'어느 날 갑자기 좋은 아이디어가 떠올라 혁신적인 제품을 내놓을 수도 있지만 그분의 방법은 자연스러운 인도 가운데 있는 경우가 더 많다. 내가 가장 잘할 수 있는 곳에서, 잘하는 일에서 소리 없이 도우실 것이다.'

그러자 내가 있을 곳은 작업장이라는 확신이 들었다. 장갑을 끼고 작업복 차림으로 앉아 새롭게 출시된 부품, 들여온 부품들을 요리조리 분해해보고 다시 조립도 해보며 그 세계에 빠져 있는 동안이 내겐 최고의 시간이었다. 이 분야를 모르는 사람이라면 '무엇에 쓰는 물건인고' 하고 의아해하며 버릴 수도 있지만, 내게는 또 하나의 세계였다. 허름한 책상에 앉아 구부정한 자세로 작은 부품을 들여다보며 원리를 이해하는 그 시간이 참으로 귀했다.

'아, 이건 이렇게 만들었구나. 가만있자, 우리가 만드는 부품과 어떻게 연결해볼 수 있을까?'

날마다 부품의 원리를 들여다보며 이런 생각에 잠겨 있었다. 사업에만 집중하다 보니 영업이나 구매를 위해 거래처 사람들과 만나는 시간을 빼고는 계속 공장에 있었다. 공장에 있지 않을 때도 생각과 정신은 늘 공장으로 향했다.

어느 날, 정말 오랜만에 가족이 함께 외출할 일이 생겼다. 아이들과 아내는 외출한다는 사실이 기뻤는지 한껏 들떠 있었다. 가족이 모두 차를 타고 거리를 지나갈 때였다. 바깥은 봄, 한창 봄을 알리는 꽃들이 지천으로 피어 있었고 아내와 아이들은 창밖 풍광을 보며 연신 감탄 중이었다.

"여보, 방금 꽃 봤어요? 정말 예쁘죠?"

"……."

순간 나를 힐끗 쳐다보던 아내가 다시 물었다. 그제야 정신을 차린 나는 꽃이란 말에 뜨악한 표정을 지었다. 어처구니가 없다는 듯 나를 쳐다보며 아내가 말했다.

"아휴, 어떻게 같은 걸 봤는데 저렇게 감흥이 없을까. 당신 머릿속엔 늘 공장 생각뿐이죠?"

민망하고 미안했다. 아내의 말에 반박할 수 없어 더욱 그랬다. 실제로 당시 새롭게 개발을 시도 중이던 제품에 대한 생각을 짜내고 있었던 것이다. 이런 일을 한두 번 당해본 게 아닌 아내는 서둘러 외출을 끝내고 집으로 돌아갔다. 아무리 생각해도 미안했지만 수확이 없는 건 아니었다. 사실 그때 여러 가지 생각 중에 또 다른 연구 방법이 번뜩 떠올랐고 얼른 실험해보고 싶은 마음뿐이었다. 아내에게 핀잔을 듣고 공장으로 돌아간 나는 종이쪽지에 메모해놓은 것과 머릿속에서 한창 그려가고 있는 생각을 현실에 옮겨 실험 개발을 시도했다.

"좋았어. 완벽하진 않지만 지난번보다 더 좋은 결과야."

스스로 만족해하며 웃었던 기억이 난다. 맘 놓고 웃을 수 있는 이유가 있었다. 연구 개발을 계속 이어가다 보면 나도 모르게 이 분야에 대한 전문 지식과 함께 경험이 차곡차곡 쌓인다. 에디슨이 성공하지 못할 이유를 발견하는 것처럼 제품이 개발될 때 피해야 할 방법을 알게 되는 셈이다. 그 한편으론 성공에 다가가는 방법도 터득함으로써 계속 업그레이드되고 있음을 알 수 있는데, 이 과정이 반복되면 그것이 통찰력 있는 깨달음으로 툭 튀어나오리란 믿음이 있었다.

르네상스 시대의 천재라 일컫는 레오나르도 다빈치는 화가인 동시에 건축가이자 과학자였던, 다재다능한 예술가였다. 그는 인체에도 큰 관심을 갖고 해부학과 같은 공부를 계속했는데, 그러는 와중에 밸브 시스템을 만들게 되었다. 우리 몸속 피가 심장에서 모세혈관까지 흐르는 모든 과정을 깊이 연구하고 이해했기 때문이다. 밸브 시스템을 만들어야겠다고 생각한 결과가 아닌, 그저 경험과 지식을 쌓고 탐구하면서 얻어진 통찰의 선물이었다.

나 역시 부족하나마 가지고 있는 지식과 경험을 최대한 활용해야겠다는 생각으로 개발에 매달렸다. 어느 날 새벽기도를 드리러 일어났더니 갑자기 아이디어가 떠오르기도 하고, 직원들과 토론을 하면서도 생각이 떠올랐다. 그것은 곧바로 개발에 반영되었고 활용되었다. 제품은 우리도 모르는 사이 조금씩 조금씩 업그레이드되어갔다.

회사의 리더로서 내가 해야 할 일에는 적극적인 홍보도 있었다. 동국전자를 창업한 뒤 나는 개발실에 머물러 있는 시간과 비례하게 거래처 직원들과의 소통 시간도 늘렸다. 아무리 좋은 제품이라도 써주지 않으면 무용지물이니 그때그때 반응을 들어보는 것이 중요했다.

"이번에 우리가 업그레이드해서 만든 패킹입니다. 한번 봐주세요."

"그래요? 지난번과 어떤 점이 달라진 거예요?"

"부품을 좀 더 좋은 성능으로 바꿔봤어요. 저희가 사용해보니까 조립이 많이 쉬워졌어요."

"성능이 중요하죠. 한번 사용해볼게요."

계속적인 피드백을 받으며 업계의 반응을 살폈다. 그러다 보니 거래처의 의견을 꼼꼼히 챙길 수 있었고 그들이 원하는 니즈를 파악하는 데 아주 큰 도움이 되었다.

"강 사장님, 지난번 주셨던 부품 말이에요, 써보니까 성능이 개선되었고 조립도 편하다고 하더라고요. 제품을 만들려면 조립 과정이 수월해야 하잖아요."

"그렇죠. 기술은 단순한 게 좋으니까요."

"아 참, 강 사장님, 저희가 이번에 세탁기를 출시할 예정인데 공기방울 세탁기거든요."

"공기방울이요? 그게 뭐예요?"

"말하자면 세탁기 속에서 공기방울이 만들어지는 거죠. 빨래하다 보면 세제가 다 풀리지 않을 때도 있고 불편하잖아요. 그런데 공기방울로 계속 거품을 내주면 세제 절약도 되고 세탁 기능도 아주 좋아지는 거예요."

"와…… 그건 정말 획기적이네요."

"근데요, 공기방울을 만드는 부품을 강 사장님이 한번 만들어보시면 어때요?"

"버블펌프라…… 사실 공기가 계속 발생하게 하는 기술은 그렇게 어렵지 않거든요. 우리가 만들어볼게요. 할 수 있을 것 같습니다."

그렇게 시작된 개발 작업은 과거에 냉장고 자석패킹을 개발할 때처럼 진지하고 열의에 넘쳤다. 버블펌프의 원리는 단순하다. 수족관에 설치된 수중펌프와 비슷한 원리로 물속에서 공기를 압축시키면서 공기방울을 만든다. 바이어에게 공기방울 세탁기 이야기를 듣는 순간 버블펌프의 설계부터 공정 과정까지가 쭉 그려졌다.

당장 공장으로 돌아가 버블펌프 제작에 돌입했다. 기존에 보유한 기술력과 상상, 그간의 경험과 이론이 합해져 버블펌프가 탄생했다. 부품을 들고 바이어를 다시 찾았을 때 그는 놀랍다는 반응을 보였다. 더 이상 펌프를 수입하려고 하지 않아도 되겠다며 추켜세워주었다.

동국전자에서 개발·생산되는 부품은 그 이후로도 계속 늘어났다. 경쟁 업체가 많아지면서 가격 경쟁이 치열해지는 분위기 속에 우리가 찾은 길은 '제품의 다양화'였다. 때론 원가절감을 통해, 때론 니즈에 따른 개발을 통해, 때론 보유 상품의 다양화를 통해 우리만의 살길을 찾아가는 여정은 치열했고 또 의미 있었다.

통찰력은 어느 날 갑자기 하늘에서 뚝 떨어지지 않는다. 하지만 준비된 자에게 통찰은 쉽고 가볍게 다가온다. 준비라는 것은 주어진 자리에서 할 수 있는 일을 잘 해내는 것이다. 경영하는 사람은 경영을 공부하는 과정 속에서, 엔지니어는 이론과 실전을 겸한 작업을 통해서 부지런히 최선을 다할 때 경험이 쌓여 나타난다. 다시 말해 가용지식이 쌓여 있을 때 그 지식이 재조합되며 새로운 결과를 낳는 것이다.

패러다임을 바꿔라

패러다임이란 '틀'을 의미한다. 경영에도 오랜 역사가 쌓이면서 언제부터인가 경영 패러다임이 생겨나는 등 어떤 분야든지 패러다임을 기반으로 흘러간다. 예전에 천동설을 주장했던 과학자들은 당연히 지구가 우주의 중심이므로 지구를 중심으로 태양이 자전한다는 패러다임으로 사고했으나, 코페르니쿠스, 갈릴레이와 같은 과학자들이 우주의 패러다임을 바꾸는 지동설을 주장했다. 사람들의 사고방식을 완전히 뒤엎는 패러다임이었기에 한동안 지동설을 주장하던 이들은 거의 사회와 격리된 삶을 살아야 했다.

패러다임은 사회 통념이나 기업의 경영 방식, 과학적 사고 등 거의 모든 분야에 적용되는 사고의 틀이다. 그래서 패러다임을 바꾸는 일은 충돌과 갈등을 불러일으키기도 한다. 하지만 시대가 변함에 따라 기업 경영에서 역시 패러다임의 변화는 절실히 요구되는 부분이다.

'자동차의 왕' 하면 떠오르는 사람 헨리 포드는 일찍부터 경영 패러다임을 변화시킨 주인공이다. 자동차가 발명되면서 사람들은 그 필요성을 조금씩 절감했지만 수요에 비해 공급이 유효하지 못했다. 그때 헨리 포드가 생산 패러다임을 바꿔버렸다. 한꺼번에 대량으로 자동차를 만들어내는 시스템을 마련한 것이다. 헨리 포드를 통해 미국은 1940년대 자동차 생산량이 소비량을 초과하게 되었다. 미국의 이러한 시도는 유럽 전역으로 퍼져갔고, 자동차는 대중적으로 탈것의 대명사가 되었다. 애플사의 스티브 잡스 또한 기존의 전략경영, 혁신경영의 패러다임을 뒤집는 발상을 했다. 그는 창의적인 발상이 더 중요하다는 창조경영 패러다임을 제시해 새로운 제품과 시장, 새로운 고객과 플랫폼을 만들며 명실상부 세계 1위의 기업이 되었다. 재밌지 않으면, 새롭지 않으면, 창조적인 발상이 아니면 경쟁할 수 없는 패러다임의 새 장을 열었다. 말하자면 그림을 보고 음악을 듣는 패러다임의 시대가 열린 것이다.[3] 그러고 보면 패러다임을 바꾸는 일은 스스로의 껍질을 깨고 나오는 중요한 전략이란 생각이 든다.

동국전자라는 기업을 경영하면서 나 역시 패러다임에 대한 고민이 많았다. 동국전자가 업계 상위권에 진입하기까지는 재창업 후 10여 년의 시간이 걸렸다. 워낙 바닥에서 시작했으니 올라갈 일만 남은 셈이었지만 그 가운데에도 우여곡절이 있었다. 다행히 원천 기술이 있었던 터라 비교적 정직한 제조업에서 살아남을 수 있었다.

---

3) 조동성, 최세영, 《4FACT》(안그라픽스, 2017).

국내 시장은 갈수록 더욱 발전했고 호황을 누렸다. 1990년대 호황기를 지나 2000년대에 들어서면서 우리 회사는 부품 다양화를 비롯해 기술력이 뒷받침된 제품을 선보이며 업계 선두 주자로 올라설 수 있었다. 냉장고뿐 아니라 세탁기, 정수기, 비데 등 다양한 가전제품의 부품을 생산하면서 특허개발과 실용신안 등 재산권도 늘어났고 시장점유율도 부품에 따라 50~70퍼센트를 유지하게 되었다.

물론 그렇다고 자만할 틈은 없었다. 이미 성공과 실패는 종이 한 장 차이임을 경험한 터라 사업이 잘된다고 교만하거나 사업이 잘 안 된다고 낙담하는 일에서 자유로워지려고 노력했다.

1990년대에 들어서면서 전략경영이란 패러다임이 떠올랐을 때는 기업을 잘 이끌어가기 위한 전략이 필요했다. 2000년대에 들어서면서는 전략경영이 혁신경영으로 변화되었다. 한마디로 뛰어난 전략에서 그치는 것이 아니라 그 전략을 뒤집는, 혁신적인 경영법을 생각해내야 한다는 위기의식의 반영이기도 했다.

소규모 인원으로 시작한 우리 회사 역시 1990년대를 지나면서 점차 인력이 늘었고 어느 정도 국내 시장에서 우위를 선점하면서 해외 수출뿐 아니라 해외시장 개척도 모색하게 되었다. 그러다 보니 패러다임에 대한 생각은 더욱 커졌다. 과거 경영을 잘 몰라 어려움을 겪었던 때를 떠올리며 조직 관리와 경영에 대한 고민을 이어갔다.

먼저 동국전자라는 회사의 정체성을 점검했다. 이 회사는 대기업과 공생해나갈 제조업체로, 새로운 제품 개발과 함께 기존의 생산품을 정확히 만들어 제공할 의무가 있었다. 물론 동종 업계는 기하급수적으로 늘어가고 있고 그들과 가격이나 품질 면에서 무한 경쟁을 펼쳐야 한다. 이런 상황에서 정체성을 잘 유지하려면 무엇이 필요할지 점검했다.

우선 우리 회사가 큰 회사와 다른 점은 적은 인원이 모여 비교적 집중적인 분야의 일을 할 수 있다는 것이었다. 이 장점을 강화하려면 '신속성'을 최우선해야 한다는 생각에 이르렀다. 주문을 받고 납품하기까지 걸리는 시간을 최소화하는 것이 무엇보다 중요하다는 결론을 내리고 패러다임에 세 가지 변화를 주었다.

'저스트 인 타임', '무창고주의', '자동화와 신기술 개발 투자'가 그것이다. just in time, 즉 주문량만큼 자재를 구입하고 먼저 만들어놓지 않으며 시간을 맞추어 생산하는 것을 원칙으로 삼았다. 컴플레인을 우려해 몇 차례 검품하던 시간을 과감히 줄이고 공정이 신속하게 진행되도록 라인에 변화를 주는 등 생산 패러다임을 바꾸었다.

또 우리와 같은 제조업체는 물건을 많이 만들어 쌓아놓으므로 물류창고나 남는 물건 처리가 골칫거리였다. 언제 갑자기 주문이 들어올지 모르기도 하고 예상 물량과 A/S를 감안해 미리 만들어두는 것인데, 그러다 보니 오히려 낭비가 더 컸다. 여기에서 오는 돈 낭비, 재료 낭비, 공간 낭비는 경영에 적지 않은 타격을 주었다. 그래서 우리는 주문량을 예측하고 가능한 통계를 내어 주문과 동시에 생산에 들어가고 그 양만큼만 생산하는 시스템으로 바꾸었다.

처음엔 우려의 시선도 있었다. 너무 촉박하게 일하는 거 아니냐, 물건 쌓아놓는 게 당연한데 왜 우리만 그렇게 하느냐 등등 여러 소리가 들렸지만 나는 거래처와 직원들에게 설명하고 토론하고 설득했다.

"중소기업이 지닌 최고의 강점은 신속함이 되어야 합니다. 우리 동국전자는 이미 수십 년 역사를 지닌 기업입니다. 그만큼 기술 노하우가 쌓여 있고 생산능력도 갖춘 회사라 이런 결정을 내릴 수 있는 겁니다. 한번 바꿔봅시다. 어떤 결과가 나올지 지켜봅시다."

마지막으로 경영 측면에서도 패러다임의 변화를 추구했다. 날마다 발전하려는 의지와 노력이 없는 기업은 오래갈 수 없다. 애초에 이 회사를 시작할 때부터 기업 최고의 가치로 여긴 것이 부품 개발을 통한 기술 보국인 만큼 연구 개발(R&D)에 대한 의지가 있었다. 그런데 회사가 정상화되기까지 기술 개발을 위한 투자는 사실상 어려웠다. 회사의 대표로 기본적인 수익 구조를 갖추어야 했고 특히 인건비를 책임져야 했기에 연구 개발 비용을 투자하는 일이 쉽지는 않았다.

그러나 어느 정도 시간이 지나고 회사가 안정되면서 자동화와 신기술 개발에 과감히 투자한다는 패러다임을 고수했다. 2년 동안 들어갈 인건비와 대체되는 설비투자를 기본 원칙으로 삼았다.

처음엔 직원들도 동요했지만 공장에서 직원들과 함께 지내며 그들을 진정시키고 설득해가다 보니 과연 변화의 성과가 보이기 시작했다. '저스트 인 타임'의 원칙을 지켜나가면서 거래처에는 약속을 지키는 기업, 무조건 기한을 맞춰주는 회사로 인정과 신뢰를 받게 되었다. 또한 무창고주의를 고수하면서 여기저기 새던 재정이 모였고 처치 불가능한 천덕꾸러기로 제품 가치가 하락하는 일도 없어졌다. 동시에 바이어나 거래처에서 요구하는 부품 개발에 집중적으로 투자해 제품의 다양화도 꾀할 수 있었다.

이러한 선순환 구조가 이루어지자 회사는 성장하기 시작했다. 구조적 변화가 성과를 내자 나는 해외시장 개척에도 자신감을 얻게 되었다. 1983년 동국전자를 창업한 후 1990년대 국내 공장 네 곳을 짓고 2000년대 해외 네 곳에 해외 공장을 지어 회사를 경영해오는 동안 이 패러다임은 유효했고, 지금까지도 이어지고 있다. 물론 언젠가 이 패러다임에도 변화를 주어야 할 시기가 올 것이다. 어쩌면 그 시기가 아주 가까울지도 모르겠다. 중요한 것은 언제든 변화할 준비가 되어 있느냐는 것이다.

기회는 균등하게,
과정은 공평하게, 도전은 창의적으로, 결과는 정의롭게

회사를 오랫동안 경영하다 보니 오래된 기업에 대한 관심이 커진다. 우리나라는 기업 수명이 짧은 나라로도 유명한데, 몇 백 개 기업이 해마다 생겨나고 있지만 30년 이상 유지되는 기업은 전체 기업의 5퍼센트도 되지 않는다는 통계를 보면 개탄스럽다. 100년 이상 된 기업은 7개뿐이라고 하는데 가까운 나라 일본이나 미국의 기업 문화를 보면 확실히 우리보다 기업 유지율이 높다. 우리가 잘 알고 있는 일본 기업 중 100년이 넘도록 유지되고 있는 기업은 2만 6,000곳, 200년은 4,000곳 있으며 지금까지 그 명성이 이어지고 있다. 과연 그렇게 오랜 기업 유지 비결이 무엇인지 궁금하기도 하다. 아마 이런 이유로 100년 전통을 넘어서는 기업 오너들의 경영 철학이 시대와 장르를 불문하고 배움이 되고 있는 것 아닌가 싶다.

1983년 동국전자를 재창업한 뒤 부품 업계는 완전경쟁시장으로 바꿰었다. 사생결단의 심정으로, 마지막 기회라는 절실함으로 시작한 회사라 나는 무엇이든 받아들이겠다는 자세로 기술력을 길렀는데, 경영면에서는 어떻게 보완을 해야 할지 고민이 되었다. 경영이 공부를 통해 배워야 하는 것만은 아니다. 그렇다고 해서 그저 기술만 갖추고 있다고 저절로 운영되지도 않는다. CEO 스스로 고민하고 생각하고 변화하는 노력이 절실히 요구된다.

지난번 사업의 패착은 인사였다. 아니 인사관리라고 표현하는 게 더 정확할 것이다. 기술력은 갖춘 상태였고 시장을 거의 독점하고 있었지만 회사 경영에 대한 이해는 부족했다. 그러다 보니 내 취약점이라고 여긴 재정 관리는 그에 걸맞은 인재를 스카우트해 전적으로 맡겼다. 물론 다른 기업에서도 얼마든지 하는 일인데, 나의 경우 그것을 체크하거나 관리하지 못했고, 결국 믿는 도끼에 발등을 찍힌 꼴이 되었다.

'어떻게 조직을 관리해야 하나?'

엔지니어로서 기술을 연구하고 제품을 생산하는 일에 몰입하는 한편 이 조직이 커질 경우의 대비책을 고민했다. 고민 끝에 얻은 결론은 분리였다. 큰 그림의 경영이 버겁다면 잘게 쪼개서 운영하고 관리하면 쉬울 것 같았다. 그래서 동국전자를 설립한 다음 해에 주식회사 가나안전자정밀을 설립하고, 몇 년 뒤 주식회사 성신하이텍을 설립했다. 또 거래처별로 구분해 취급하는 품목도 세분화·전문화했다. 예를 들어 가나안전자정밀의 경우 보온밥통의 TRS 등과 같은 정밀한 전자부품을 취급했고, 전기용품 제조업 허가를 받아 히터나 센서 등을 생산하고 취급하는 업계로 분리했으며 LG와 협력 관계를 유지했다. 성신하이텍은 삼성전자의 협력 회사로, 동국전자는 대우전자의 협력 회사로 조직을 갖추었다.

조직도 최소화했다. 그때까지만 해도 기업의 조직은 피라미드 구조가 대부분이었다. 아무리 작은 기업이라도 사원이 뭔가 일을 추진하면 그 위 직급으로 결재가 올라가 최종 컨펌을 받는 시스템이었다. 그나마 한 번에 오케이가 되면 모르겠지만, 알다시피 중간에서 몇 차례 제동이 걸리면 수정하고 보완하는 시간에 실수하기 일쑤였다.

대기업과 거래하다 보니 그들에게서 들려오는 현장의 소리가 조직 관리의 그림을 그리는 데 많은 도움이 되었다. 우리는 수직적 제도를 이어가서는 안 될 것 같았다. 대신 수평적 조직 관리가 필요했다. 부장, 과장 등의 직책이 없어지는 게 아니라 직책은 유지하되 최소한의 인력으로 움직일 수 있는 팀으로 묶어 팀에서 나오는 의견이나 방향은 회사와 직접적으로 소통할 수 있도록 한 것이다.

처음에는 직원이 몇 명 되지 않아 이 같은 구조적 변화가 얼마나 성과를 거두는지 알 수 없었는데, 10년 정도가 지나고 국내 공장들이 지어지면서 회사 규모가 커지니 슬림화된 조직이 회사에 기민성을 더해주었다.

"사장님, 이번에 센서 개발에 들어갑니다."

"그래, 어떤 센서지?"

"플로트float 센서입니다."

"알았네. 어느 정도 진척이 되면 내가 들어가 보겠네."

이런 식으로 업무가 진행되었다. 앞서 말했듯 내가 생각하는 중소기업의 생명력은 신속, 정확, 협동이다. 신속하게 계획하고 그것이 결정되면 신속하게 실행에 옮겨야 결과 역시 신속히 얻어낼 수 있다. 그다음이 정확성이다. 신속을 추구하다 보면 정확도가 떨어질 수도 있지만, 정확도를 기하느라 기회를 놓치는 것보다 정확도가 좀 떨어지더라도 신속한 게 나았다. 정확도는 몇 번의 수정·보완으로 고쳐갈 수 있기 때문이다.

이렇게 팀을 나누어 관리하면서 최대한 독립성을 주었다. 처음에는 사장이 거의 모든 일을 관리하고 알아야 하지만 어느 정도 시간이 흐르고 안정 궤도에 오르면 조직은 저절로 흘러가야 한다고 생각했다. 그래서 팀별로 자율적으로 업무를 하게끔 했다. 팀 스스로 프로젝트를 진행하든, 정해진 업무를 나누거나 바꾸든 사장에게 컨펌도 받지 않도록 했다. 단, 적자만 내지 말라고 주문했다. 직원들은 어리둥절한 듯했지만 나는 자율성이 필요하다고 생각했다. 그래야 결과적으로 더 큰 열매를 가져오리란 확신도 있었다.

조직을 유연하게 움직이는 시도를 하다 보니 결과가 좋을 때도 있었지만 그렇지 못할 때도 있었다. 하지만 그때는 그럴 만한 이유가 있었고 실패를 통해 새로운 방법을 찾으면 됐다. 방법을 찾을 방법으로 무엇이 좋을까 고민한 끝에 '평가제'를 도입했다. 이른바 '팀별 경영 실적 평가'로, 평가 양식을 만들어 직원 스스로 채점하게 한 것이다. 어느 조직에서나 평가는 싫어한다. 게다가 스스로에게 주는 점수라니, 다들 난색을 표했다. 하지만 나는 계속 설득했다. 점수 따위로 개개인을 평가하려는 것이 아니라 스스로를 더 발전된 모습으로 바꿔나가자는 의

미임을 피력했다. 마침내 팀별 평가제는 잘 정착되어 매월 월례회의 때마다 직원들의 이야기를 들을 수 있다.

재밌는 일들도 많다. 개중엔 '내 탓이오' 하는 사람도 있고 은근슬쩍 조직에 책임을 떠넘기는 사람도 있다. 어느 조직에나 존재하는 일들이다. 어쨌든 이 평가제는 시간이 지날수록 긍정적인 효과를 드러냈다. 내내 적자에 시달리던 팀이 적자 폭을 줄여갔고, 흑자를 내지 못하던 팀이 어느 순간 좋은 성과를 내기 시작했다. 그 자리에서 내가 하는 일은 거의 없다. 칭찬과 고개 끄덕임, 가끔 조언을 해주는 정도지만 과연 조직은 칭찬을 먹고 자란다더니 우리 조직이 그랬다. 조직을 최소화하고 팀별로 운영해나가는 방식은 지금도 계속되고 있는데, 가능한 한 팀의 인원은 줄이는 것을 지향한다. 인력 낭비를 줄이는 차원에서도 필요한 일이라고 생각한다.

조직을 세분화하니 오히려 회사를 책임지는 사람으로서 관리가 더 편해졌다. 불필요한 시간이 줄었고 궁금한 것은 그 자리에서 직접 해결하고 의견을 나눌 수 있게 되어 소통 과정도 편해졌다. 여러모로 좋은 성과라고 생각한다.

일본에 '교세라'라는 전자기기 업체가 있다. 1959년 창업한 탄탄한 회사로, 전자기기, 프린터, 태양전지, 세라믹 제품 등을 생산하고 있다. 이 회사의 창업주 이나모리 가즈오 회장은 일본 내에서 존경받는 경영인으로 알려져 있는데, 그가 회사를 일으키고 성장시킨 경영 기법이 있다. 이른바 '아메바 경영'이다. 아메바? 의아하게 생각할 수 있을 텐데, 아메바는 중학교 과학 공부를 한 사람이면 한 번쯤 들어봤을 단세포생

물의 대표다. 이나모리 회장은 자신의 기업을 성장시켜나갈 비법으로 아메바 경영법을 택했다.

아메바 경영이란 조직을 가장 최소의 단위로 나누되, 단위별 성과를 수치로 계산해 흑자와 적자를 구별해내는 것이다. 작은 조직 하나하나가 흑자를 이루어낼 때 전체 조직이 흑자가 될 수 있다는 경영 방침이다. 그 결과 교세라는 2017년 직원 수 7만 명에 연 매출액 1조 4,000억 엔, 한화로 약 14조를 넘어섰다. 이나모리 회장은 경영의 신으로 불리며 회사의 전설이 되었는데, 창립 이후 단 한 번도 적자를 낸 적이 없었다고 한다.

신화 같은 지속 성장을 이뤄낸 그의 비법은 조직을 최소화해 아주 작은 하부 조직부터 관리하는 것이었다. 우리 회사가 교세라 같은 대기업은 아니지만 경영인으로서 비슷한 길을 가고 있다는 데에 자부심을 느낀다.

동국전자를 창립하고 35년이란 시간이 흘러가면서 우리 회사를 거쳐 간 사람도 있고 머물러 있는 이들도 있다. 머물러 있는 사람들은 말할 것도 없지만 거쳐 간 사람들도 동국전자에서 일했던 시절을 아름답게 추억하곤 한다. 회사가 정직했고 공평했기 때문이란다.

'과연 공평하게 회사를 경영했나?'

그런 이야기가 들려올 때면 양심에 손을 얹고 생각하고, 기도로 묻기도 한다. 나는 그렇게 한다고 생각했지만 진심을 오해받을 때가 얼마나 많은가. 나아가 곡해하는 경우도 얼마나 많은가. 나 역시 사람을 너무 믿어서 뒤통수도 맞아봤고 정말로 아끼던 후배에게 배신을 당하기도 했다. 그러다 보면 사람을 순수하게 바라보지 못할 때도 종종 있었다. 인간의 죄라는 본성이 그대로 드러나기 때문이다.

그럼에도 회사에 대한 좋은 피드백을 들을 때면 마음을 다지곤 한다. 어디에나 예외는 있고 또한 인간의 본성을 잘 알고 있기에 더욱 신념을 지키려고 한다. 한창 어렵게 공장을 열었을 때 몇 명 되지 않는 직원들을 모아놓고 이런 이야기를 했다.

"우리 회사는 후발 주자가 되었습니다. 경쟁 업체와 피 터지는 경쟁을 해야 할지도 모릅니다. 경영이 더 어려워질 수도 있습니다. 하지만 기업은 무조건 수익을 내야 합니다. 수익을 내지 않는 기업은 기업 본연의 의무를 저버린 것이지요. 그래서 저는 이 회사의 대표로서 수익을 내는 기업이 되기 위해 책임을 다할 겁니다. 솔선수범할 것이고 최대한 여러분을 지원하여 회사가 잘 운영되도록 하겠습니다. 월급은 많이 못 줄지언정 제때 줄 것이고 여자라고 남자라고 업무에 차별도 두지 않겠습니다. 도전하고 싶을 때 도전할 수 있도록 귀를 열겠습니다. 또 그에 따른 결과는 함께 나누겠습니다."

우리 회사에 입사한 이상 누구에게나 기회는 열려 있고, 과정은 공평하며, 도전은 창의적일 수 있도록 또한 결과는 정의롭게 나누겠다는 경영 철학은 지금까지도 이어오고 있다.

흙수저도 금수저가 될 수 있다

견제와 균형의 원칙

"인생은 수학 문제를 푸는 것 같다고 생각할 때가 많습니다. 나는 원리를 중요하게 생각하기 때문에 지금도 직원들과 만날 때면 원리에 대한 이야기를 많이 합니다. 간혹 원리를 뒤로한 채 새로움만 추구할 때가 있는데 그럴 땐 왜 이렇게 되어야 하는지 말합니다. 원리보다 결과만 나오면 되는 것 아니냐는 의문을 가질 수도 있겠으나 기본 원리가 빠져 있는 기술은 좋은 결과를 가져올 수 없습니다. 그래서 원리에 대해서는 함께 이야기를 나누려고 합니다."

한 매체에서 인터뷰를 요청하면서 '리더로서 무엇을 중요하게 여기고 직원들에게 강조하는지'를 물었을 때 했던 대답이다. 원리. 나는 공학도라 그런지 원리에 집착한다. 너무 이론에 집착한다거나 너무 틀에 박힌 사고만 하는 건 아닌지 우려할 수도 있지만, 지금껏 해왔던 시도와 결과 등을 비교해보면 원리에 충실할 때 더 성과가 좋았던 것 같다.

원리를 탐구하는 자세는 창업 이후부터 지금껏 계속되고 있다. 연중목표나 중장기적 비전 등을 수치화하여 특별한 목표치를 두지는 않았지만, 원리에 대한 깊은 연구와 그 연구를 기반으로 한 개발은 우리 회사가 지향하는 궁극적인 목표였다.

이런 까닭에 직원들이 곤혹을 치를 때도 많았다. 가령 보온밥통 센서를 개발한다고 할 때, 국내 기술로 생산해낸다지만 수입된 부품을 샘플로 뜯어보고 분석하며 우리 기술력으로 비슷하게 만들어가는 과정은 사실 굉장히 어렵다. 겉모습은 비슷하게 만든 것 같은데 부품으로서 기능을 제대로 하지 못하면 바로 폐기장으로 보내졌다. 시행착오는 당연히 있는 일이지만 횟수가 너무 잦거나 기간이 길어지면 시간 낭비, 돈 낭비, 기운 낭비다. 낭비를 최소한으로 줄이기 위해서는 원리를 이해해야 한다.

"자, 이건 온도를 일정하게 유지해줘야 하는 온도센서예요. 온도를 감지하는 센서의 원리는 사람으로 치면 감각기관이에요. 우리가 눈으로 뭔가를 보는 것에 해당하는 게 광센서, 촉각으로 온도를 감지하는 게 온도센서예요. 사람은 감각기관이 기능을 못하면 제대로 활동을 할 수가 없잖아요. 센서도 마찬가집니다. 보온밥통의 생명은 밥을 따뜻하게 유지하는 거잖아요. 온도를 감지하는 센서가 일정 온도를 유지하도록 하는 겁니다."

여기까지는 개론적인 부분이다. 누구나 알 것 같은 이야기지만 의외로 기계적으로 일하는 경우가 많다. 그러나 원리와 기능을 한 번이라도 생각하면 개발 과정에 임하는 자세가 달라진다.

"냉장고나 에어컨, 보온밥통 모두 온도센서가 매우 중요한 역할을 하고 있어요. 에어컨에 달린 온도센서는 실제 대기온도를 계측한 뒤 설정한 온도를 유지하기 위해 에어컨 운전을 강하게 할지 약하게 할지 결정합니다. 보온밥통의 센서도 마찬가집니다. 실제 온도를 계측한 뒤 밥이 보온되는 온도를 유지하도록 솥의 온도를 조절하는 겁니다. 시중에서 판매되는 보온밥통의 경우 금속 재질이라 금속의 열전도에 따라 온도 변화가 어느 정도 영향을 받는지 연구해봐야 할 겁니다."

이런 식의 원리를 공유하고 그 속에서 기술을 개발하는 단계를 밟아나가니 확실히 창의적인 도전들이 나왔다. 원리만 충족한다면 방법은 여러 가지가 있을 수 있다. 정해진 프로세스를 따를 필요도 없다. 보온센서라면 보온만 철저히 해주면 그 기능을 완성한 것이므로 생산과정을 파격적으로 줄인 제품을 만들 수도 있고 대체품을 사용할 수도 있다. 당연히 A를 통해 A만 만들어내는 것이 아니라 그 과정에서 A-1, A-2를 만들어내는 재미있는 과정들이 파생될 수 있었다.

상황이 이렇다 보니 아무래도 이 분야에서 잔뼈가 굵은 내가 개입할 때가 많았다. 공학을 전공한 덕분에 원리와 이론을 이해하는 폭도 빨랐고 무엇보다 회사를 대표하는 경영인이자 엔지니어이니 잘 알고 있지 않으면 안 되었다. 물론 연구 개발 과정에서 직원들이 스트레스를 받았을 수도 있다. 원리에 대한 난상토론을 좋아하는 대표와 토론에서 이겨야(?) 실제 개발 과정으로 넘어갈 수 있었기 때문이다. 그 마음을 백분 이해하지만 나로서는 뒤로 물러설 수 없는 부분이었다.

시간이 지나면서 우리 엔지니어들과 오히려 기술적인 부분에 대해 자유롭게 의견을 나누고 견해차를 좁혀나갈 수 있었다. 그로 인해 우리 회사에서 개발하는 부품이 압출품을 비롯한 히터와 센서, 전자회로 제품 등 100여 종류로 늘어날 수 있었고, 이 부품들은 냉장고, 에어컨을 비롯해 비데, 공기청정기 등 거의 모든 가전제품에 사용되고 있다.

제품 다양화와 다변화는 엔지니어 CEO로서 직원들에게 강력하게 요구하는 원칙이다. 관리적인 면에서는 가능한 견제와 균형의 원리를 적용하려고 노력하고 있다.

견제와 균형은 기업에서도 충분히 활용할 수 있다. CEO는 끊임없이 조직을 관리하고 체크해야 한다. 생산과정에 문제는 없는지, 경영상 허점은 없는지 체크하며 견제하는 마음으로 조직을 바라볼 줄 알아야 한다. 그 한편으로 일과 근무 여건 등이 균형을 이루고 있는지 잘 살펴볼 수 있어야 한다.

기업을 이끌어가면서 나는 조직을 한눈에 바라볼 수 있으면서 자유롭게 일하게 하는 방법에 대해 많은 생각을 했다. 특히 창업 10년 차를 지나 1990년대 중반으로 들어서자 성장에 가속도가 붙기 시작했고 국내 여러 곳에 공장을 지어야 했다. 1988년 인천공장을 지은 것을 시작으로 1993년엔 광주와 창원에 공장을 열었다. 그러다가 2년 뒤 인천공장을 남동 1, 2공장으로 건축해 통합하면서 생산 라인이 급성장하게 되었다. 우리 제품이 국내 업체뿐만 아니라 해외 업체에도 들어가면서 수출의 길이 열렸고 그 뒤로 빠른 성장세로 돌아선 것이다.

정말 감사한 일이었고 꿈같은 일이었다. 다만 곳곳에 공장을 세우고 가동하다 보니 그 모든 곳을 관리해야 한다는 부담감이 컸다. 몸은 하나인데 전국에 세워진 공장을 돌아보며 일일이 체크하는 일이 불가능하다는 판단이 들었고 그때 견제와 균형의 원리를 떠올렸다.

'사장이 매일 여기저기 다니며 확인한다고 생산량이 늘지 않는다. 조직이 크면 클수록 한눈에 조직을 바라볼 수 있는 시스템이 필요하다.'

그때부터 나는 폼Form 만들기에 돌입했다. 어디에나 폼은 존재한다. 제품을 계약하다 보면 쓸데없이 복잡하고 난해한 폼을 볼 때가 있다. 그때마다 답답한 생각이 들곤 했기에, 나는 우리 회사의 폼은 무엇이든지 간편하게 만들기로 했다. 특히 무창고주의를 추구하는 회사로서 다품종 소량생산을 효율적으로 진행하면서 모든 공장의 자료를 전산화하여 매일매일 체크할 수 있도록 했다. 매일 얼마나 주문이 들어오고 얼마나 나가는지, 재고는 발생하지 않는지, 재무적으로 문제는 발생하지 않는지 체크했다. 본사는 컨트롤타워로서 전산으로만 공장을 체크하도록 했다. 행정에 시간이 걸리지 않도록 신속하게 진행하게끔 한 것이다.

각 공장마다 경영 실적을 판단할 수 있는 폼을 간단하게 만든 것도 주효했다. 기업 전체의 재무회계는 전문 관리자가 하면 되는 것이고 공장은 복잡한 세무가 아니 관리회계만 잘하면 된다. 이 말인즉슨 한 달 업무가 끝나면 최소한 5일 이내에 경영 실적을 판단해야 다음 달 계획을 수정해 반영할 수 있는 것이다.

이런 까닭에 공장 관리자들에게 쉬운 관리회계 폼을 작성하여 스스로 판단할 수 있도록 했다. 큰 수치 세 가지, 즉 매출, 매입, 인건비만으로 어느 정도 수치를 짐작하면 지난달에 비해 더 좋아졌는지 아닌지 판가름할 수 있다. 회계를 공부하지 않아도 쓸 수 있을 폼을 만들어 스스로 계산 가능한 시스템을 만들었더니 경영 실적이 몰라보게 좋아졌다. 과연 신속함이 정확성을 이길 수 없었다.

흩어져 있는 공장 직원들에게 책임 권한도 주었다. 모든 공장의 공장장과 본부장을 선정해 그들에게 모든 권한을 주고 자율적으로 운영하게 했다. 적자를 내지 말란 단서가 붙어서 무서울 수도 있을 텐데 오히려 자율적인 운영과 책임 권한을 주었더니 지금껏 국내외 10개 공장에서 흑자 경영을 이어가고 있다.

요즘엔 SNS 발달로 신속한 연락망을 구축하여 항상 소통이 가능하도록 의견 교류의 창도 열어놓는 등 다각도로 회사를 살핀다. 이 과정에서 아무래도 문제가 있다고 판단될 때는 직접 현장을 찾는 식으로 일하면서 안정된 구조가 정착되었다.

인재에 대해서도 견제와 균형의 원리를 적용했다. 회사를 재창업하면서 사실 가장 신중을 기했던 부분이 재무관리였다. 한 번 뼈아픈 고초를 겪었던 터라 누구에게 재무관리를 맡기는 게 좋을지 숙고의 시간을 가졌다. 어떤 이들은 차라리 직접 관리하라는 말을 하기도 했지만 그건 반대였다. 재정은 기업에 아주 중요하고 근간이 되는 것이지만 다른 업무에 비해 상당히 전문적이고 독립적이다. 회사의 대표가 재정까지 맡는다면 다른 업무에 독립적인 입장을 취할 수 있을지 의문이었기에, 꼼꼼하고 숫자에 민감한 여성 인재를 채용했다.

엔지니어가 대부분인 곳에 여성 인재를 채용한 것은 어떤 면에서 파격이었으나, 신기하게도 그렇게 여성을 채용하기 시작하면서 회사 내 업무 중 여성이 맡는 업무가 많아졌다. 인재에 있어서도 견제와 균형의 원리를 적용한 셈이 되었는지, 지금까지 우리 회사는 남녀 고른 인재가 서로의 고유한 분야를 인정해주며 안정적으로 일해나가고 있다.

견제와 균형, 이 원리는 정치에만 해당되는 것이 아니다. 과유불급이라 하여 일상생활에서도 자주 이 고사성어를 사용하며 과하게 넘치는 삶을 지양하고 있다. 동서양을 막론하고 힘이 한곳으로 쏠리는 것을 견제하고, 골고루 동반 성장할 수 있는 균형이 필요하다고 느끼는 것이다.

살아보니 기업 현장에서도 그렇다. 힘이 편중되는 것을 견제하되 균형 있는 발전을 추구하지만 그렇다고 N분의 1의 균형이 아닌 각 분야의 고유성을 인정한 균형을 살피는 것이 정말로 경영인이 해야 할 일이란 생각이 든다.

은칠노삼 경영 정신

지금까지도 경영의 신으로 알려져 있는 마쓰시다전기의 창업주 고 마쓰시다 고노스케 회장. 94세의 나이로 장수한 그는 죽음을 앞두고 자신의 생을 돌아보며 세 가지 행운에 대해 이런 이야기를 남겼다.

"제 인생을 돌아보면 세 가지 행운을 얻었던 것 같습니다. 첫 번째는 조실부모한 사실입니다. 초등학교 4학년 때 부모님이 모두 돌아가시면서 저는 남들보다 훨씬 더 일찍 철이 들었습니다. 두 번째 행운은 몸이 약하다는 것입니다. 몸이 약해 평생 건강을 돌보며 살아야 했는데 덕분에 94세까지 살 수 있었습니다. 마지막 세 번째 행운은 제 학력이 초등학교 4학년 공부가 전부라는 사실입니다. 배움이 워낙 짧았던 터라 어떤 사람에게라도 배움을 청하는 데 거리낄 게 없었습니다. 덕분에 모든 이들이 스승이었습니다."

과연 경영의 신다운 발언이라고 생각한다. 누구보다 겸손했던 경영인의 삶은 세대를 초월해 귀감이 되고 있다. 경영에 대한 특별한 노하우를 넘어선 삶을 대하는 자세는 정말 배워야 할 점이라고 생각한다.

나 역시 작은 기업이지만 기업을 수십 년간 이어가면서 나름 한 분야에서 잔뼈가 굵어선지 경영이 무엇이냐는 질문을 받곤 한다. 그때마다 자신 있게 답해주는 비결이 하나 있다. 세상에서는 흔히 운칠기삼이라 하여 사람의 운이 70퍼센트, 기술이 30퍼센트라고 한다. 그런데 나는 표현을 조금 달리한다. 은칠노삼! 사람의 노력이 30퍼센트, 운명적인 하나님의 은혜 70퍼센트를 조합해 은칠노삼이다.

내가 마쓰시다 회장은 아니지만 인생을 살면서 만난 행운을 꼽으라고 하면 첫 번째가 하나님을 알고 하나님을 믿고 하나님의 사람으로 살아갈 수 있게 되었다는 것이다. 하나님을 믿게 됨으로 그간의 성공 기준은 완전히 바뀌었다. 기업이 곧 돈이라는 생각으로 뛰었을 땐 돈을 많이 버는 것이 성공이고 그 성공을 좇았다면, 하나님을 알게 된 후엔 모든 것이 하나님의 뜻 아래에 있음을 인정하게 되었고 돈을 많이 버는 것이 아닌 좋아하는 일을 할 수 있음에 감사할 수 있었다. 그러다 보니 자연히 풍부함도 따라왔다.

두 번째는 한 번 크게 실패한 것이다. 실패 가운데 하나님을 만났고, 그때 내가 만난 하나님으로 인해 다시 일어설 힘을 얻었고, 그 힘에 의지하며 기업을 이끌어갈 수 있었다. 다시 일어설 때 내가 가지고 있던 것은 아무것도 없었다. 사람도 없었다. 그런데도 재기할 수 있었던 건 약간의 기술력과 전적인 하나님의 은혜.

1983년 재창업을 한 뒤 35년간 은칠노삼의 경영 기법 덕분에 편안하게 기업을 이끌어올 수 있었다. 평소 특별히 좋아하는 고사성어가 있는데 바로 '진인사대천명'이다. 이 말 역시 만사가 하늘에 달렸다는 뜻으로, 운칠기삼을 구체적으로 풀어주는 말이기도 하다. 땅에서 우리가 할 수 있는 한 최선을 다하고 그 뒤의 일은 하늘에 맡기는 것, 이런 자세가 매우 쉬울 것 같지만 쉽지 않다. 사람이 노력할 일이 끝이 없기도 하고 기대 또한 한이 없기에 하늘에 담대히 맡기는 일이 생각보다 어렵다. 왠지 책임 회피라는 생각도 들고 사람의 방법으로 해보면 될 것 같기에 자꾸만 미련을 갖고 뒤돌아보게 된다.

나 역시 그동안 사업을 이어가면서 수많은 결단을 내려야 했다. 날마다 책임과 판단이 뒤따르는 입장이라 이게 맞는지 틀리는지 헷갈리기도 하고 괴롭기도 했다. 그런데 하나님을 만나고 예배하는 사업장이 되면서는 모든 일을 기도하며 결정해나갔다. 사람이 할 수 있는 최선을 다하되 나머지는 하나님께 맡긴다는 심정으로 기도하다 보니 마음에 평강이 임했다. 여기서 주목해야 할 것은 기술력, 즉 사람의 노력과 기술이 반드시 전제되어야 한다는 것이다. 성경을 통한 하나님의 응답은 어느 날 하늘에서 뚝 떨어지지 않는다. 언제나 그 응답을 받을 준비를 하게 하시고 사람으로 최선을 다하게 하셔서 준비된 그릇이 되었을 때 응답해주신다.

변화에 적응하지 못하는 기업은 도태된다. 한 우물을 판다는 것과 변화에 적응하는 것은 반대의 의미가 아니다. 한 우물을 파도 변화에 적응하면 살아남을 수 있다. 그런데 변화하는 시대 상황을 반영하지 않고 하나의 방법을 고집하면 문제가 생긴다.

코닥필름이 대표적인 사례다. 코닥은 한때 필름 시장을 좌지우지했던 탄탄한 기업이었다. 그런데 산업이 빠르게 디지털화되면서 아날로그 필름이 필요 없는 디지털 카메라의 시대가 순식간에 다가왔다. 코닥은 이러한 변화에 신속하게 대응하지 못했고 안타깝게도 창업한지 100년이 넘는 기업이 결국 무너지고 말았다. 마이크로소프트를 창업하여 세계 최고의 기업으로 키워 낸 빌게이츠는 '우리는 2년 후에 도산할지도 모른다' 라는 생각을 항상 하면서 일한다고 한다.

이처럼 기업은 늘 변화에 촉각을 곤두세울 수밖에 없다. 우리 회사역시 변해가는 기술계의 동향을 살펴야 하고 새로운 기술을 받아들이며 그에 맞는 개발을 위한 결단을 내려야 했다. 결단의 기준은 사실 분명치 않다. 그러다 보니 어떤 프로젝트를 추진할 때 10퍼센트의 가능성을 가지고 시도할 것인지, 20퍼센트 가능성이 보일 때 시도할지 정해야한다. 이때도 우리가 할 수 있는 최선의 생각과 노력을 하되 결과는 하나님께 맡긴다. 물론 성공할 때도 있고 실패할 때도 있지만 어떤 결과든 유익하다. 성공한다면 하나님이 기뻐하시는 일이니 열심히 하면 되고 실패했다면 다른 방향으로 터닝하면 되기 때문이다.

부품 업체로 어느 정도 안정된 궤도에 진입할 즈음, 나는 기업의 미래를 두고 많은 생각을 하게 되었다. 과거에 비해 인력시장에도 변화가많았고 특히 제조업의 미래에 대한 희망이 희석되면서 그렇다면 어떤방향을 설정해야 하는지 CEO로서 고민의 기로에 섰던 것이다. 물론 우리 회사의 기반이 되는 제조업은 당연히 이어가야 했고 나름대로의 방향성을 잡아가겠으나, 큰 그림에서 40년을 넘어 100년으로 가는 기업이 되려면 지속 가능한 성장 동력이 더 필요했기에 숙고의 시간이 길어졌다.

그때 나는 레저 쪽으로 눈을 돌렸다. 상황이 신기할 정도로 레저 산업을 추진하도록 조성된 것이다. 물론 겁도 많이 났다. 제조업으로 40년 가까이 잔뼈가 굵었던 사람이 말랑말랑한 레저산업에 뛰어들어 잘할 수 있을까 심히 우려가 되었다. 하지만 기도하며 어려움 속에서도 레저 산업에 매진했고 수년 뒤 놀라운 반전이 쓰였다.

'하나님, 제게 주신 기회라고 생각해서 사람이 할 수 있는 최선을 다했습니다. 부족함도 많고 꼴찌 주자로 사업을 시작했지만 결과는 당신의 뜻에 맡깁니다. 시작하게 하신 것도 하나님이시니 이루시는 것도 하나님이신 줄 믿습니다.'

이런 기도를 참 많이 했다. 마침내 이 선택은 하나님이 기뻐하시는 뜻이었음을 알 수 있었다. 하나님이 아름다운 결과를 맺어가도록 하셨기 때문이다.

이렇게 은칠노삼의 경영 철학으로 기업을 끌어가면서 한 가지 변화가 생겼다. 기업은 인맥경영이라는 말이 있듯이 인맥으로 움직일 때가 많다. 그런데 하나님께 기도하고 지혜를 구하며 그분의 뜻에 맡기다 보니 사람에 의지할 일이 사라졌다. 그렇다고 인맥을 끊었다는 의미가 아니라, 부탁을 해야 한다거나 부탁을 넘어 청탁을 할 일이 없어져서 인맥이 정직하고 깨끗해졌다. 사람을 의지하는 대신 하나님께 의지할 때 하늘로부터 임하는 도우심이 있다.

하나님의 능력은 우리가 생각으로 제한할 수 없다. 강원도 탄광촌에서 자란 나 같은 사람이 기업의 한복판에 서서 중소기업을 경영하고, 크리스천 기업인으로서 대통령을 모시고 조찬기도회를 열게 된 것 모두 하나님이 하신 일이다. 그분의 능력은 제한이 없고 제약이 없다.

그러므로 은칠노삼, 사람이 할 수 있는 최선의 노력을 하되 그분의 능력에 의지하고 맡겨야 한다.

또 너희 중에 누가 염려함으로 그 키를 한자라도 더할 수 있느냐. 그런즉 가장 작은 일도 하지 못하면서 어찌 다른 일들을 염려하느냐.

누가복음 12장 25절 말씀은 은칠노삼, 하나님께 결과를 맡겨야 함을 명확히 하고 있다. 우리는 하나님 앞에 피조물에 지나지 않으므로 조바심을 낼 필요가 없다. 그저 주어진 일에서 끝까지 노력하면 된다. 그 노력의 자세를 하나님은 지혜를 통해 깨닫게 하셨다.

100년을 잇는 명문 기업의 꿈

과연 내가 정말로 노력을 다했는가. 이 질문에 100퍼센트 그렇다고 대답하는 사람이 몇이나 될까. 나 역시 이 질문에 용기 있게 대답하기까지 꽤 오랜 시간이 걸렸다. 지금도 완전하다고 할 수는 없지만, 하나님이 주신 지혜를 통해 노력을 평가할 수 있는 기준을 정했다. 그것은 '3최 정신'이다. '최초', '최고', '최장'의 정신. 영어로 치면 최상급 표현이라 기준이 너무 높다고 여길 수도 있으나 이 평가는 어디까지나 스스로 평가하는 상대적 평가다. 그러니 자신이 만든 기준에 도달하고 만족하면 된다.

1976년, 처음 전자부품 업체를 시작하면서 가졌던 정신은 '최초'였다. 아직까지 국내 가전 관련 업체에서 시도하지 않은 국산 부품을 만들어보자는 취지로 시작한 일은 노력 끝에 최초 국산 부품 생산이라는 타이틀을 안겨주었다. 처음부터 '최초'에 원대한 꿈을 품고 뛰어들었던 건 아니다. 그저 시대적인 필요, 그리고 국가와 기업이 함께 상생할 수 있는 길이라는 생각에 언제 성공할지 모를 일에 뛰어들었고 운 좋게도 1년 반 만에 성과를 거둘 수 있었다.

최초로 부품 국산화에 성공했다는 사실이 업계에 알려지자 그로 인한 수혜는 엄청 많았다. 사람들은 영세하게 시작한 부품 업체를 주목하기 시작했고 국산 부품 시장이 형성되면서 공급량이 점진적으로 늘어났다.

기업의 세계에서 최초가 지닌 의미는 더욱 크다. 경영 컨설팅 전문가가 쓴 〈로빈 가인지 칼럼〉 중에는 100명 이하의 조직이 대기업을 따라 해서는 안 되는 이유를 다룬 글이 있다. 그 칼럼을 보면 중소기업과 대기업은 기업 환경에 태생적 차이가 있기 때문에 중소기업이 대기업의 방식을 고수하면 난처한 일을 겪게 될 수도 있다는 점을 강조하면서 중소기업이 선택해야 할 방법 중 하나로 '차별화'를 꼽고 있다. 시장점유율을 높이는 데 힘을 쏟을 게 아니라 나만의 시장을 키우라고 조언하고 있는 것이다.[4] 대기업과 달리 중소기업은 시장점유율을 생각할 시기가 아니다. 오히려 어떤 시장을 점령할 수 있을지, 나만의 시장을 만들어내려는 연구를 하고 시도해야 한다.

같은 기업용 노트북을 유통하는 회사라 해도 매출이 성장하는 회사는 그들만의 시장이 있다. 다른 회사와는 달리 정해진 기기를 유통하지

---

4) 김경민(BH성과관리센터 센터장), 〈로빈의 가인지 칼럼: UNDER-100 조직이 대기업을 따라 해서는 안 되는 다섯 가지 이유〉(2016.1.11.)

만 어떤 회사는 노트북에 프로그램을 세팅해주면서 기업용 보안 프로그램을 무료로 추가 설치하는 전략을 써서 재구매율을 90퍼센트 이상 끌어올린다.

나만의 시장을 만드는 방법 중 하나가 '최초'라고 생각한다. 최초가 되는 건 무척 어렵다. 용기도, 자본도, 환경도 필요한 일이다. 그럼에도 제조업을 시작하고 40년이 훨씬 넘는 시간을 업계에 종사하면서 늘 최초로 뭔가에 도전했던 것 같다. 거창하게 국내 최초와 같은 타이틀이 붙지 않더라도 말이다. 물론 시대가 지날수록 최초로 도전할 수 있는 분야가 줄어든다고 생각할 수도 있다. 이제는 국산 부품에 대한 메리트가 거의 없고 가격 경쟁 시대로 접어들어 더 이상 최초 국산화라는 타이틀에 매여 있을 필요도 없다.

그보다는 또 다른 최초를 고민해야 한다. 현재 제조업의 전망이 그리 밝지 않다 해도 뭔가 시도하는 것이다. 처음 시도하는 것, 처음으로 기술을 다른 분야와 접목하는 것 모두 최초가 지닌 힘이라고 생각한다. 그리고 그 도전은 언젠가 우리만의 시장을 형성해주리라 믿는다.

3최 중 다른 하나는 '최고'이다. 이 최고라는 기준은 모호하긴 하지만 어차피 동종 업체와 경쟁을 해야 한다면 부품 업체 중에 가장 인정받을 필요가 있다는 생각이 들었다. 1980년대 들어서면서 기술력이 급성장함에 따라 부품 국산화 기술은 원천 기술의 개념도 모호해졌다. 인력 이동도 잦아지면서 엔지니어들의 기술력 또한 비등해졌다. 그렇다면 회사 차원의 시스템 변화가 필요하다고 판단했다.

'그래도 우리 회사가 최고라고 자부할 수 있는 부분이 필요하다.'

그때 생각해낸 것이 신속함이었다. 전 세계적으로 가장 핫한 기업인 페이스북의 창업자 마크 주커버그의 기업 철학은 '완벽보다 실행이 낫다Done is better than perfect'라고 한다. 그런 까닭에 그는 직원들로 하여금 완벽을 추구하느라 시간이 지연되는 것을 지양하고, 무조건 실행해보고 그 속에서 방향을 찾게끔 한다고 한다. 이런 자유와 실행이 오늘의 페이스북을 이끌어냈다는 평가를 받고 있다.

우리가 생각해낸 신속함이란 프로세스의 신속함이었다. 주문을 받은 시점부터 납품할 때까지 기간을 최소화하여 남들보다 빠르게 출고할 수 있다는 점을 강화하기로 한 것이다. 그러기 위해서는 우선 생산 라인을 축소하고 간편화 시스템을 구축해야 했다. 생산 개발 과정과 밀접한 부분이기 때문이다.

일례로 세 단계를 거치는 공정을 2단계 또는 2.5단계로 단축하면 절대적으로 시간을 줄일 수 있다. 또 수주에서 출고에 이르기까지 행정 과정을 최대한 축소하는 일도 신속함을 추구하는 방법이 될 수 있다. 따라서 회사의 행정 업무 폼을 간단명료하게 만들이 통일했고 행정상 지연을 최대한 막았다. 이러한 노력이 합해져 우리 기업은 업계에서 신속함으로 인정받을 수 있었고, 지금도 신속함으로는 최고를 유지하기 위한 노력을 계속 기울이고 있다.

3최 중 마지막은 '최장'이다. 재벌닷컴의 통계에 따르면 현재 우리나라 기업 중 100년 역사를 넘긴 기업은 7개 기업뿐이다. 반면 도쿄 상공회의소에서 나온 자료에 의하면 일본에는 창업 100년이 넘는 회사가 전국 1만 5,207개, 개인 자영업자까지 포함하면 5만 개가 넘는다고 한다. 그에 비해 우리나라는 기업의 역사가 짧은 셈이다. 여러 가지 이유가 있었지만 어쨌든 기업이 장수할 풍토가 덜 조성되었다고 볼 수 있겠다.

특히 우리나라 중소기업은 더욱 어렵다. 한국중소기업의 70퍼센트는 대기업과 관련이 있는데 고용의 98퍼센트를 중소기업이 감당하고 있는 실정이다. 왜 그럴까. 한 대기업에 수백 개의 중소기업이 협력관계를 맺고 있으며 한 중소기업에 수십 개의 소기업이, 그 소기업에 수개의 자영업, 영세기업이 연계되어 있어서 대기업에 문제가 생기면 관련 기업들이 줄줄이 낭패를 보는 구조다. 그러니 고용 문제도 하부구조인 중소기업에서 떠안고 있는 것이다.

중소기업의 독자적 생존이 어려운 이유는 정보력과 마케팅 능력이 떨어지는 데 있다. 우리나라는 인구가 적어 내수시장이 작기 때문에 수출에 의존할 수밖에 없는데, 수출을 하려면 해외 마케팅 능력이 필요하다. 인재도 인재지만 비용도 상당히 들어서 중소기업에서 감당하기가 어렵다. 개발 정보력도 부족해서 어떤 물건을 언제 얼마에 개발할지, 거래가 성립될 수 있을지 가늠하기가 힘들다. 그러니 이렇게 부족한 부분을 대기업이 감당하고 중소기업은 그 정보에 따라 물건을 만들고 대기업이 사주는 구조가 되는 것이다.

이런 상황에서는 대기업과 중소기업이 상생하며 협력하여 발전적으로 나아가야 한다. 이 부분에 대해 오랫동안 고민하고 현장에서 느꼈지만, 상생 외에는 길이 없어 보인다. 대기업이 구매 가격을 깎고 싶지 않아도 글로벌 경쟁 시대에 다른 나라에 선수를 빼앗기면 경쟁력 있는 가격을 수락할 수밖에 없다. 중소기업은 깎인 가격에 맞도록 더 싸게 만드는 방법을 찾아 수익을 창출할 수밖에 없다. 이제껏 그렇게 생존해 왔다.

앞으로는 FTA로 인해 전 세계 제품값이 거의 동일하고 재료비나 기술력도 동일해져 가장 싸고 좋은 물건, 유일한 물건이 아니면 승산이 없다. 다른 비용은 거의 같아 인건비 차이로만 수익 창출이 가능해지는 상황이다. 이러한 배경에는 기업이 100년을 넘기는 일은 요원해 보인다.

하지만 못할 것도 없다. 기업이 장수한다는 것은 전통과 역사를 지닌다는 상징적인 의미만 있는 것이 아니다. 100년이라는 세월, 한 세기를 이어오는 동안 기업은 나라의 역사와 함께하며 나라의 자존심으로 기능하기도 한다. 많은 세파와 변화를 견뎌내며 견고해졌기에 나름의 노하우와 경영 철학이 채워져 지속 가능한 기업으로 나아갈 가능성이 높다.

동국전자를 창업할 때 나는 100년 앞을 내다보며 경영하고 싶었다. 다행히 40여 년을 이어가며 여러 차례 위기를 잘 넘겼지만 고비가 있을 때마다 한 기업을 오랫동안 유지하는 일이 결코 쉽지 않다는 사실을 절감했다. 시대는 너무도 자주 바뀌고 사람도 변한다. 무엇보다 제4차 산업혁명 시대가 시작되면서 그 변화에 적응하는 일이 결코 수월치 않다.

그럼에도 나는 오래도록 기업의 힘을 유지하고 싶다. 제조업이 아무리 하향세로 돌아섰다고 해도 제조업은 모든 산업의 근간이다. 그 근본을 견고하게 지키기 위해서라도 우리 기업이 최장 정신을 지킬 수 있도록 최선을 다한다.

변해가는 시대와 산업 환경에 반보 앞선 기민함으로 대응해 인력을 운용하고 기술 연결을 시도함으로써 어떻게든 살아남아 장수하는, 역사와 전통을 갖춘 기업이 되길 희망한다.

금수저가 된 흙수저

"자, 이번 달 팀별 평가를 시작하겠습니다."

매달 열리는 월례회의 때마다 진행되는 일이다. 앞서 밝혔듯이 우리 회사는 가능한 조직을 잘게 쪼개어 팀별로 프로젝트를 진행하고 평가하는 시스템을 갖추고 있다. 평가 형식은 가장 간단하게 스스로 점수를 매길 수 있도록 하는데, 평가라고 해서 현장 분위기가 살벌하지는 않다.

우리나라는 점수에 너무 경직된 자세를 보인다. 꼭 성적을 매겨야 하는지 반문할 수도 있겠으나 우리가 원하는 것은 스스로가 느끼는 상대적 점수이므로 숫자 자체는 중요하지 않다. 오히려 평가회의에 대한 피드백에서 본인이 받는 느낌을 중요하게 생각한다.

평가가 시작되면 아무래도 나는 대표자의 입장에서 피드백을 주게 되는데, 이때 상과 벌 또는 당근과 채찍의 방법을 사용하지는 않는다.

스스로 괜찮은 평가를 내린 팀들에게 긍정적 피드백만 보낸다.

상의 긍정적 효과는 역사 속 사건에서 승리의 결정적 요인이 되었던 때가 많다. 일례로 중국 위나라가 농민들을 위협하는 진나라를 공격하려고 할 때였다. 병력이 절대적으로 부족해 고민이었는데, 그때 태수로 있던 오기가 포고령을 내렸다. 북문 밖에 세워둔 수레 한 대를 옮기는 자에게 좋은 땅을 주겠다는 공문이었다. 얼마 뒤 그것을 진짜 옮긴 자가 있었고 오기는 약속대로 상을 내렸다. 또 얼마 뒤 오기는 팥 한 자루를 옮기는 자에게 상을 내리겠다는 포고령을 내렸다. 이번엔 많은 자들이 나섰다. 그제야 오기는 이런 명령을 내렸다. '내일 진나라를 공격할 것이다. 그곳을 먼저 점령하는 자에게는 좋은 땅을 주고 나라의 대부로 임명하겠다'는 내용이었다. 사람들은 앞다투어 명령에 따랐고 위나라는 진나라를 공격한 지 한나절 만에 성을 함락시켰다.

상이 주는 효과가 이토록 크기 때문에 우리는 평가제를 통해 상의 긍정적 효과만 활용한다. 저조한 실적을 냈다고 풀이 죽어 있는 이들에겐 그 시간 자체가 벌이 된다는 것을 알기에 어깨만 두드려준다. 좋은 평가를 받았다고 특별한 보상이 있는 건 아니지만 스스로 만족하는 것, 스스로 개선책을 찾아가려고 노력하는 것, 그러한 자극을 통해 함께 성장하자는 취지에 다들 공감하는 편이다.

비교적 상의 순기능을 활용한 덕분인지 35년째 기업을 이어오면서 내게 주어진 상복도 꽤 있었던 것 같다. 태백에서 코끝에 시커멓게 재를 묻히고 다니던 학창 시절에도 상은 꽤 받았지만 학교에서 받았던 상과 사회에서 받는 상은 분명 차이가 있다. 기업을 경영하면서 상을 받으려고 노력하는 사람은 거의 없다. 그런 데까지 신경 쓸 겨를이 없기 때문이다.

직장 생활을 그만두고 국산 부품을 만들겠다는 일념 하나로 공장을 시작했을 때 하루하루 근근이 살아갔었다. 나는 무보수로 일한다 해도 함께 일하는 직원들의 월급은 챙겨야 했으므로 한 달 한 달 급여일이 돌아오는 게 그토록 괴로웠다. 그런데 신기한 것은 그렇게 자금줄이 말라 힘들면서도 회사의 오너로서 수고한 사람들에게 월급을 주는 입장이란 사실이 왠지 모르게 뿌듯했다는 것이다.

다행히 그 이후 소위 대박을 터트려 500~600명 직원을 데리고 회사를 경영하면서 그 많은 인원의 월급을 주게 된 것은 엄청난 보람이었다. 왠지 모르게 우리 회사에서 열심히 일한 직원들이 그에 상응하는 대가를 받아 각자의 삶을 일궈나가는 데 일조했다는 뿌듯함이 있었다. 이런 마음을 세상도 알아주었는지 다시 재기해 회사를 키워가는 과정을 인정해주었다.

2000년대 들어서면서 우리 회사는 본격적으로 해외시장에 부품 수출을 하는 동시에 해외 공장을 세웠다. 이미 그 시기에는 국내 가전제품 시장의 파이가 더 이상 늘지 않기에 해외로 눈을 돌려야 했다.

"사장님, 중국 시장이 워낙 크니 그쪽으로 진출해보시지요."

그 말에 공감한 나는 2002년 중국 법인을 설립한 뒤 중국 시장을 개척해나가기 시작했다. 중국 역시 전자제품뿐 아니라 통신제품 시장이 커질 대로 커졌고 그로 인한 부품 수요도 상당했던 터라 그들을 상대로 해외시장을 세워나갔다.

중국 진출이 어느 정도 안정을 거두자 우리는 멕시코로 눈을 돌렸다. 멕시코는 미국과 국경을 마주하고 있지만 미국과는 생활 수준이 달랐다. 후진국일수록 우리와 같은 부품 업체는 발전하지 못하기 때문에 두 번째로 멕시코 시장을 겨냥했다. 해외시장을 개척할 때는 최종적으론 그 나라의 토종 기업을 찾아 거래하는 것이 관건이다. 토종 기업일수록 우리가 어떻게 부품을 국산화했는지 그 스토리텔링에 의미를 두어 제품을 신뢰해준다. 중국, 멕시코, 베트남에 진출했을 때도 토종 기업들과의 거래를 통해 큰 성과를 거두었다.

이렇게 해외시장을 넓혀가다 보니 해외로 수출하는 양이 늘어나기 시작했다. 해외시장의 문을 두드리고 몇 년이 지난 2010년엔 가나안전자정밀을 통해 1,000만 불 수출탑을 받았고, 2014년엔 동국전자와 성신하이텍를 합병하여 주식회사 동국성신으로 새롭게 출발하며 조직을 재정비한 후 1,000만 불 수출탑을 수상했다. 뿐만 아니라 그해 동국성신에서 주력 생산한 '성에 제거용 히터'와 '비데용 보온시트', '냉장고 도어 개스킷'의 국내시장 점유율이 50퍼센트에 이르는 성과도 거둘 수 있었다. 해외에서의 성과도 계속 이어져 현재 동국성신의 전체 매출의 37퍼센트가 중국, 멕시코, 베트남 등의 해외에서 이루어지고 있다.

국산 부품 개발과 함께 해외시장 개척이라는 두 마리 토끼를 잡은 사실을 각계에서 좋게 봐주었던지 우리 회사는 튼튼한 중소기업으로 확실히 눈도장을 찍게 되었다. 그 후 새롭게 지경을 넓혀나간 레저산업 분야로의 도전은 더욱 치열한 시장이었음에도 뚝심 있게 밀고 나간 덕에 녹색경영 우수기업으로 수차례 상을 타기도 했다. 그러면서 여기저기 영광스러운 자리에도 서게 되었다.

2015년, 생각지도 않은 대통령 훈장 수상 소식은 회사의 경사였다. 그동안 수출 성과를 인정받은 상은 꽤 되었지만 나라에서 주어지는 훈장은 좀 달랐다. 대통령에게서 받는 훈장은 선정 기준도 까다로울 뿐 아니라 상당히 명예로운 일이었기에 수상자로 선정되었을 때 무척 감격했던 기억이 난다.

35년, 아니 첫 번째 사업을 시작했을 때부터 세어보자면 40년 넘게 한 기업을 이끌어온 시절이 주마등처럼 지나갔다. 누구에게 인정을 받으려고 기업을 한 건 아니지만 그래도 기업 운영에 대한 소명을 가지고 달려온 보람을 국가에게 인정받았다는 기쁨은 무엇과도 비견할 수 없는 감동이었다.

귀하는 중소기업 육성을 통하여 국가 산업 발전에 이바지한 공로가 크므로 대한민국 헌법에 따라 다음 훈장을 수여합니다.

훈장의 글귀를 보며 뿌듯했고, 그 기쁨을 직원들과 함께 나눌 수 있음에 감사했다.

그 후로도 상복은 계속되었다. 이듬해에는 중소기업을 빛낸 얼굴 38명에 선정되어 중소기업회관 로비에 동판으로 제작된 흉상이 전시되기도 했고, 2016년에는 HDI인간경영대상 사회공헌부문 대상을 수상하기도 했다. 이어 2017년엔 자랑스러운 중소기업인에 선정되는 등 개인적인 영광을 누렸다.

생각지도 않은 상복으로 주변에서 인사를 많이 받곤 한다. 고희가 훌쩍 넘은 나이에도 현업에서 기업인으로 뛰는 데 대한 격려도 기쁘지만, 무엇보다 상을 주는 이유에 들어가는 내용이 가장 기쁘다. 부품 국산화를 이뤄냄으로 국가 산업 발전에 기여한 공이 크다는 것. 지금껏 이 기업을 이끌어온 목적과 소명을 잃지 않고 달려왔음을 반증하고 있는 것 같아 감사할 뿐이다.

그러고 보면 난 참 받은 복이 많다. 크게는 일복, 상복, 감투복이다. 일복이라 하면 77세가 된 지금까지 왕성하게 일하고 있으니 일복이 터졌다. 국내외 공장을 합쳐 10개 사업장을 두루 다니며 직접 지휘하고 있다. 다행히 실수 없이 또렷하게 일하고 있으니 일복 하나는 타고난 셈이다.

앞서 말한 대로 상복도 참 많았다. 대통령 훈장부터 연세대 공로상까지 크고 작은 상을 받았다. 가히 금빛 물결이 넘실거릴 정도다.

감투복도 많다. 개인적으로 가장 자랑스러워하는 한국기독실업인회 중앙회부회장을 비롯하여 대한민국 조찬기도회 부회장, 연세대학교 총동문회 상임부회장과 ROTC 총동문회 부회장, 멘토대학 명예학장 등 원해서 쓴 감투라기보다 쓰여진 감투가 많았지만, 한편으론 얻고 싶어도 얻지 못하는 감투를 쓰게 해주니 감사하자는 생각이다.

어디 이뿐인가. 일에 얽매여 살던 내가 주위로부터 지도자로 인정받고, 부인과 함께 골프 · 탁구 여행도 함께하며 지낼 수 있는 건강의 복도 받았고, 대가족과 어울려 살 수 있는 복을 받았으며 각종 언론과 학생, 실업인들에게 강연도 하는 삶을 살게 되었으니 이 정도면 금수저 인생인 게 확실하다.

사람이라면 누구나 이름이 있다. 그 이름이 지닌 무게와 가치는 생각보다 크다. 그래서 옛말에 '이름값' 하라는 말이 있지 않은가. 앞만 보고 걸어왔더니 예기치 않게 인정받을 기회를 많이 주신 것은 분명 이름값 하라는 하나님의 또 다른 사인임을 알고 있다. 그러므로 금수저 이름값을 하기 위해서라도 나는 더 열심히 뛰고 싶다.

✝

모든 것이 합력하여 선을 이룬다

"어떻게 이렇게 갑자기 망할 수 있지?"

한창 잘나가던 사업이 요즘말로 폭망(폭삭 망하다)했을 때 주변에서 나를 걱정하며 했던 말이다. 그도 그럴 것이 뭐 하나 문제될 것 없는 상황에서 직원 한 사람의 잘못 때문에 부도가 나버렸기 때문이다. 그러니 더 억울했고 분했고 받아들일 수가 없었다.

그런데 하나님을 만나고 재기를 위해 이리저리 뛰며 어렵게 다시 시작하는 과정 속에서 나를 붙든 건 고통 속에 은혜를 주시는 하나님이었다. 전능하신 하나님은 우리를 위해 못하실 게 없는 분이시다. 그런 까닭에 어려움에 처한 이들은 그 하나님을 바라보며 단칼에 어려움을 베어내시고 축복으로 인도하시길 기도한다.

그런데 그런 일은 드물다. 하나님은 사랑이 많으신 분이시라 당신이 창조하신 자녀들이 잘 성장하고 성숙하길 원하신다. 요행이나 기적에 의존하거나 고통 속에 있는 자녀들의 고통을 치워주기보다 그 고통을 잘 받아들이도록 하신다.

사업에 재기하는 과정은 참으로 힘들었다. 도움받을 사람이나 재정 등이 하나도 없었음에도 하나님은 만날 만한 사람을 만나게 하심으로 준비하신 재정을 확보하도록 하셨다. 경쟁 업체들이 난무한 시장 한가운데에 뛰어든 이후에도 때론 더 어렵게 하시고 때론 생각지도 않은 사람을 통해 도움받게 하시는 등의 섭리로 이끄셨다. 지나고 보니 어려웠던 순간은 훗날 자만하게 하지 않으려고 주신 시험이었고, 결핍했던 순간은 더 많이 나눠주는 기쁨을 알게 하시려는 계획이었다. 이 모든 것이 하나님의 선을 이루게 하시기 위한 부분이었음을 깨달을 때 감사가 나올 수밖에 없었다.

하나님은 하나님의 자녀들을 생명을 주실 만큼 사랑하신다. 그러므로 눈에 보이는 잠깐의 고통이나 시련, 시험은 더 나은 미래를 위한 통로에 불과하다. 이 모든 것들을 버무려 합력하여 선을 이루게 하시는 분이 우리 하나님이시다. 그래서 복음의 꽃이라고 불리는 로마서 8장 28절 말씀은 큰 위로가 된다.

우리가 알거니와 하나님을 사랑하는 자 곧 그의 뜻대로 부르심을 입은 자들에게는 모든 것이 합력하여 선을 이루느니라.

그러므로 선을 이루기 위해서는 하나님을 사랑해야 한다. 하나님을 사랑한다는 것은 곧 그의 뜻대로 부르심을 입은 사람이 되어야 한다는 것이다. 또한 하나님을 사랑하는 자로 부르심을 받았다고 믿는다면, 현재 당하고 있는 어려움과 고난, 절망적인 상황에 주저앉을 필요가 없다. 하나님은 모든 것을 합력하신 뒤 마침내 선을 이루게 하신다고 약속하셨기 때문이다. 그러니 지금 아픔이 있거나 어려움이 있다고 좌절하거나 실망할 필요가 없다. 어차피 하나님의 계획 속에서 그 과정조차 선을 이루어 합력된 결과를 주실 것이기 때문이다. 그 믿음만 있으면 된다.

PART

5

나눔

·

후회 없는 생활을

연금술의 진정한 목표는 원리를 이해하는 것이다.
삶을 연금하면서 이 땅에 머물게 하신 하늘의 뜻을 이해하고
그 뜻에 합당하게 살아가려고 노력하는 것.
또한 그 깨달음을 더 많은 이들과 나누는 과정을 통해
삶의 원리를 이해하는 농도는 더욱 짙어진다.

믿음으로 일구는 기업

나는 새벽형 인간이다. 새벽 5시가 넘으면 재까닥 깨는데 보통 그 시각이면 새벽기도회가 시작된다. 신앙생활을 시작하면서 새벽기도도 하게 되었는데, 신앙의 연수가 계속될수록 새벽예배가 주는 위력이 대단하다고 느낀다.

성경을 보면 새벽기도가 많이 나온다. 믿음의 사람들이 새벽 미명에 일어나 하나님 앞에 기도하고 그 기도에 응답받는 일이 많다. 하루를 시작하는 새벽 미명, 하루의 시작을 하나님께 맡기고 가장 정결한 마음으로 예배를 드릴 수 있기에 그 시간 드림을 하나님도 기뻐하시는 것이다.

믿음의 조상이라고 불리던 아브라함은 아침 일찍 일어나 기도하는 사람이었다. 그의 믿음을 보시고자 하나님이 내리신 시험을 치르러 갈 때도 새벽에 일어나 기도한 뒤 길을 나섰다.

가장 인간의 본성과 닮아 있는 야곱 역시 자신의 속임 때문에 화가 난 형을 만나러 갈 때 두려운 마음에 새벽기도를 드렸다. 천사와 씨름할 정도로 기도한 결과 이스라엘의 조상이 되는 축복을 얻었다.

새벽기도의 가장 본이 되시는 예수님도 있다. 하나님의 아들 예수님은 이 땅에서 사역을 하시면서 새벽기도를 드렸다. 일꾼을 택하실 때도 밤새워 기도했고 열두 제자를 선택할 때도 기도하셨다. 예수님의 기도는 간절했고 치열했다.

그래서 나 역시 새벽기도를 좋아한다. 현실적으로 기업을 하다 보면 일반 예배 시간을 맞추는 일이 쉽지 않다. 사업상 여러 스케줄이 생기기 때문인데, 새벽예배는 그럴 일이 거의 없다. 그래서 하루 중 온전히 예배를 드릴 수 있는 새벽을 좋아한다. 온 만물이 잠들어 있는 고요한 시간에 조용히 깨어 예배하다 보면 주님과 아주 가까워진 친밀감을 느끼곤 한다.

특히 말씀을 묵상하다가 깨달은 지혜가 삶의 아이디어가 될 때가 참 많다. 그래서 사업을 하면서 만나게 된 사람들, 모임을 통해 알게 된 이들에게 새벽기도를 권한다. 다행히 신앙생활을 하고 있는 분들은 기꺼이 그 제안을 받아들이지만 그렇지 않은 분들은 불편해하기도 한다. 그래도 권하는 이유는 그분이 원하시는 일이기 때문이다.

동국전자는 하나님의 은혜로 다시 세워진 기업이기에 나는 창업 이후 하나님께 약속을 드렸었다. 친구가 빌려준 돈으로 마련했던 작고 허름하고 창문도 없는 창고 공장을 벗어나 기적적으로 땅을 확보하고 은행 지원을 받아 번듯한 공장을 마련하게 하시던 날, 출석하는 교회의 목사님을 모시고 창립 예배를 드리면서 고백했다.

'주님, 이 회사는 주님이 이루신 회사입니다. 주님이 주인이십니다.'

여기까지 인도하신 은혜의 시간들이 주마등처럼 지나갔다. 얼마나 감사할 일뿐인지 감격에 겨워 회사를 모두 하나님께 맡겼다.

'주님, 이 회사를 주님께 맡겼습니다. 매일은 못해도 월에 한 번은 예배를 드리겠습니다.'

이렇게 해서 생겨난 것이 '월 정기예배'다. 이 회사의 근간이 하나님 말씀이고 믿음으로 경영하고 있으니 예배를 통해 하나님께 영광을 돌리기를 원한다는 뜻을 직원들에게 전했을 때 고맙게도 다들 동의해 주었다. 이후 매월 초가 되면 임직원이 모여 예배로 한 달을 열었다.

"오늘날 우리 회사가 있게 된 것은 모두 하나님의 은혜입니다. 그 은혜에 감사하는 고백을 늘 하시는 여러분이 되시기 바랍니다."

특별한 예배 형식은 없다. 그저 찬양을 나누고 직원들이 기도를 하고 성경 말씀을 나누고 목사님 설교를 듣는다. 능수능란하게 예배하는 것은 아니지만 진심을 다해 시간을 드리고 예배의 주인이 하나님임을 인정하는 과정에서 직원들도 자연스럽게 동화되어갔다.

"사장님, 저는 원래 회사에 입사했을 때 무신론자였습니다. 그래서 직원 예배에 무척 거부감이 있었어요. 심각하게 퇴사도 고민했었다니까요. 그런데 언제부턴가 거부감이 조금씩 사라지고 있어요."

이런 피드백이 들려오기 시작했다. 물론 강제적으로 신앙을 강요하는 건 아니다. 모든 건 자발적으로 하지만 직원 스스로 근무시간을 내어드리는 예배에 참석하고 변화를 느껴가고 있다는 건 분명 주님이 우리 회사와 함께하고 계시다는 증거이기도 했다.

예배의 증거는 삶을 통해 나타나기도 했다. 기업은 경제 상황과 늘 맞물려 가기에 촉각이 곤두서 있는데 알다시피 우리나라 경제가 몇 차례 휘청했던 적이 있다. IMF 사태가 그랬고 글로벌 경제 위기가 그렇다. 실제 이러한 경제 위기에 대기업도 휘청거리면서 관련 업체들이 와르르 무너졌다. 부품 업체만 해도 이런 바람이 한 번 불 때마다 소리 없이 사라지는 회사가 상당수다.

그런데 우리 회사는 경제 위기에 단 한 번도 휘청거리지 않았다. 늘 일거리가 많아 인원을 감축하거나 월급을 삭감하는 일은 없었다. 전반적으로 경제 불황이 이어지는 지금도 다른 기업의 일이 30퍼센트, 20퍼센트 줄어드는 반면 우리 회사는 바쁘게 돌아가고 있다. 사람의 힘으로는 도무지 이룰 수 없는 일이기에 삶으로 증명되는 하나님의 은혜에 다들 감사한다. 그런 까닭에 더욱 기도하며 예배를 준비했고, 국내 모든 공장과 사업장들(인천·광주·창원·제주)은 가까운 교회의 목회자들을 모셔 말씀을 듣도록 하였다.

과연 말씀을 통해 믿지 않는 직원들의 마음이 열리자 하나님이 어떤 분인지 알리고 싶었다. 회사가 잘되는 것도 중요했지만 사람의 변화가 더 기뻤고 행복했다.

30년 넘게 예배를 이어오다 보니 가끔씩 힘든데 뭘 그리 꼬박꼬박 예배를 챙기느냐는 이야기가 들리기도 한다. 그렇지만 나는 크리스천 기업가라는 타이틀다운 삶을 살고 싶다. 크리스천은 구원을 받은 사람들이다. 감사하게도 예수를 구주로 먼저 받아들인 사람이다. 먼저 복음을 얻게 된 데에는 특별한 이유가 없다. 유달리 스펙이 좋거나 뭔가 대단해서 선택받은 게 아닌, 그냥 선택받은 것이다. 그 선택에 감사하며 살아가면 된다. 또한 조건 없이 받은 은혜를 나눠야 할 의무가 있다. 그것이 하나님이 우리에게 바라는 일이다.

크리스천 기업가로 세워진 이상 나도 나눠야 한다. 기업을 통해 얻은 부와 재물, 그 외의 것을 나누기도 하지만 구원받은 은혜를 먼저 나눠야 한다고 생각한다. 예배는 바로 그 나눔의 시작이다.

"사장님, 전 이 회사에 와서 제일 큰 것을 얻었습니다. 눈에 보이는 이익이나 지위, 뭐 그런 게 아니라 영원한 생명을 알게 됐거든요. 회사가 그것을 나눠주셔서 감사합니다."

무신론자에서 예배자로 변한 직원의 고백은 정말이지 지금도 내 가슴을 뛰게 하는 원동력이다. 그렇기에 이 나눔의 행보는 천국 가는 그날까지 멈출 수 없다.

제주도에 심은 꿈

2000년에 접어들면서 나는 한 가지 결정을 내렸다. 제조업이란 한 우물만 파왔던 우리 회사의 이미지와는 잘 맞지 않는 결정이었다. 바로 제주도에 양식장을 시작한 것이다. 새로운 밀레니엄 시대가 열리면서 기업가로서 변신을 해야 하는 시점이었기에 고민 중에 결정한 일이었다.

그때가 내 나이 60세, 은퇴를 앞둔 시기라(그때만 해도 60세가 되면 은퇴를 해야 한다고 생각했다) 은퇴 후에는 살기 좋은 곳으로 가서 살자는 마음을 먹고 있었다. 그러던 어느 날 CBMC 모임에서 활동하던 김수웅 장로가 제주도에 양식장을 개장했다며 나를 초청했다. 그길로 제주 양식장을 견학하게 되었는데 그곳의 아름다운 자연과 해변, 바다의 오름과 맑은 공기 등이 마음을 사로잡았다. 덕분에 은퇴 후 제주에서 살겠다고 결심하고 준비를 시작하게 되었고 그러다 보니 아무래도 사업거리를 찾게 되었다. 제조업을 그만하는 것은 아니었다. 제조업은 우리 기업의 기반이고 장수하는 기업으로 가는 토대가 될 것은 분명한 일이지만, 사업의 다각화를 꾀하는 차원에서 바닷가 먹거리에 집중한 것이다.

'과거에 먹을 게 없어 먹거리에 관심을 가졌던 때와는 다르다. 이젠 먹을거리가 넘쳐나는 시대다. 다만 어떤 것을 먹느냐, 그 질과 차별성에 치중해야 한다.'

2003년 제주도에 광어 양식장을 짓기로 하고 위미 바닷가 옆에 있는 파인애플 농장 부지 약 5,000평을 매입했다. 양식장에 필요한 면적은 대략 3,000평이었는데, 한 회사가 1,500평을 넘을 수 없다는 법 규정에 따라 가나안수산과 (주)동국수산으로 회사를 분할해 매입했다. 제조업과는 완전히 다른 분야였고 거리상으로 멀리 떨어져 있는 터라 자주 가볼 순 없었지만 제주도라는 환경을 워낙 좋아했고 청정한 지역이라는 메리트로 시작할 수 있었다.

그런데 신기한 건 수산업을 시작하면서 벌어진 일이다. 주류 사업이 아니라 마음 편하게 시작하려던 일이었건만 그곳 주민들의 무리한 요구로 처음 시작할 때 다소 갈등이 있었으나 곧 서로를 이해하고 친숙해지면서 생각지도 않은 제안을 받게 된 것이다.

설명한 대로 처음 제주도에 양식장을 시작하려고 땅을 마련한 곳은 위미마을로 기온도 따뜻하고 농토도 좋아 농사가 잘되는 곳의 파인애플 농장 부지였다. 아담하게 시작할 수 있겠단 생각으로 양식장 공사를 위해 중장비를 들고 첫 삽을 뜨려고 할 때였다. 양식장 부지에 도착해 보니 생각지도 않은 현수막이 걸려 있었다.

'양식장 결사반대.'

이미 베어진 파인애플 농장 위에 걸려 있는 현수막을 바라보며 기분이 어찌나 상했는지 모른다. 불법을 저지른 것도 아닌데 주민들이 반대를 하고 나서는가 싶어 서운한 마음도 들었다. 어쨌든 지역 주민들은 잘되던 파인애플 농장을 갈아엎고 양식장을 한다는 것이 마을의 발전에 좋지 않은 일이라고 여겼던 것 같다.

당황스러운 상황이었지만 한편으로는 아주 이해를 못할 일도 아니었다. 공동체 의식이 강할수록 타 주민에 대해, 다른 사업에 대해 배타적인 감정을 갖게 되는 게 인지상정이기 때문이다. 이런 때일수록 대화가 더 필요했다. 그때부터 마을 주민들과 만나 접촉하며 대화를 시도했다. 다행히 위미마을 분들은 제주도가 발전하는 일에 아주 포용적이어서 그러한 관점에서 이야기를 나누었다. 특히 마을 발전을 위해 기금을 내놓는 등 친화적인 접근을 시도하자 어느새 그들의 마음도 풀렸다. 그리고 법적으로도 이미 양식장 건설 허가가 났기 때문에 동국수산이 시작되었다.

처음부터 좋은 양식장을 만들기 위해 운영을 잘 하고 있는 모범 양식장 7~8곳을 견학하며 비능률적인 부분은 보완하고 기본 설계부터 바꾸어나갔다. 그런데 양식장은 생각만큼 잘되지 않았다. 보통 양식장에선 광어를 기르는데, 2~3센티미터 치어를 매입하여 1년을 기르면 평균 1킬로그램을 판매할 수 있는 사이즈가 된다. 양식장의 구조는 꽤 과학적이었다. 해안에서 300미터 떨어진 깊은 바다에 직경 500밀리미터 PE관 3라인을 연결하고 펌프로 양수하여 고가高架수조에 바닷물을 끌어 올린다. 그 물이 80개로 나뉜 수조에 자연 낙하하도록 공급하면 물이 회전하며 바다로 빠져나간다. 먹이도 신경 썼고 무엇보다 고기를 잘 길러줄 책임자 선정이 중요하단 생각에 수산대학원까지 수료한 실력자를 선임하여 관리를 맡겼다. 하지만 기대와는 달리 이웃 양식장보다 못한 성적이 나오고 있었다.

원인은 생각보다 쉽게 찾을 수 있었다. 모든 생명체는 실력보다 정성으로 길러야 하는데 실력만 있으면 된다고 믿었던 관리소장은 자기 일에 소홀했고 게으른 데다가 정성도 부족했다. 물고기는 무척 민감해서 물의 온도나 탁한 정도 등에 예민하게 반응하기 때문에 자주 확인하고 신속한 조치가 이루어져야 한다. 물고기는 동이 트기 전에 먹이도 주어야 하고 건강상태도 확인해야 하는데 그는 그러지 못했다.

하지만 십수년이 지난 지금, 어려운 시기를 보낸 양식장은 비교적 잘 운영되고 있다. 잘못된 방식을 바로잡고 관리에 정성을 쏟아 체계적인 시스템을 도입한 결과이다.

그런데 양식장을 개장한 지 3년쯤 지날 무렵 생각지도 못한 제안이 들어왔다. 제주 마을 사람 몇몇이 내게 면담을 요청해 온 것이다.

"회장님, 저희가 마을 차원에서 부탁드릴 일이 있어서요. 회장님은 서울서 사업도 크게 하시고 인맥도 넓으실 테니 부탁드리는 겁니다. 저희 마을에 골프장을 하나 만들어주세요."

"네? 골프장이요? 갑자기 웬 골프장을……"

평소 여러 운동을 좋아했고 골프 역시 즐기던 운동이라 골프장은 내게도 익숙한 공간이었지만 회원으로서 이용했을 뿐이라 골프장을 만들어달라는 청을 받아들이기 힘들었다.

그런데 마을 이장의 설명이 내 마음을 움직였다. 그가 마을에 골프장 건설을 추진하는 건 순전히 마을의 발전을 위해서였다. 지역이 균등하게 발전해야 하는데 위미마을의 개발은 타 지역에 비해 상당 부분 늦어지고 있다는 것이었다. 사실 위미마을은 지금처럼 제주가 개발되기 이전 가장 발전하고 비옥했던 땅이었다고 한다. 실제로 이곳은 봄처럼 따뜻한 계곡을 이루고 있는데 1,950미터의 한라산이 제주의 북서계절풍을 막아주어 눈과 바람이 가장 적고 포근한 기후였다. 다른 지역에 비해 일조량도 많아 제주 특산품인 감귤의 당도가 높고 맛있기로 유명하다. 이런 특징 때문에 다른 지역에서 감귤 농사를 짓는 사람들이 이곳에 와서 포장만 한 뒤 '위미감귤'로 판매하기까지 한다니 과연 명성이 높았다.

"이렇게 위미마을이 부자 마을이었는데요, 이제 감귤은 중국에서도 많이 나오고 사양산업이 될 것 같습니다. 또 비농기에는 동네 일손들이 다른 마을 골프장에 가서 일을 합니다. 정작 우리 마을은 농사가 잘되니 개발에서 뒤처지고요. 저희로선 억울한 면이 많죠. 그러니 회장님께서 우리 마을에 골프장을 지어주시면 일손이 다른 마을로 빠져나가는 일도 없고 감귤 사업을 대체할 사업이 되지 않을까 싶은 마음에 부탁드립니다."

이장을 비롯해 청년회장, 새마을 지도자들은 어떻게든 마을을 살려보겠단 마음이 엿보이는 순간이었다. 마을의 지도자들이 젊은 세대로 세대 교체되었기에 가능한 일이란 생각에 나도 수긍은 했지만, 막상 골프장을 짓자니 엄두가 나지 않았다. 하지만 마을 주민들은 이미 많은 것을 준비해놓고 있었다. 그들이 30년 간 임대해주겠다 제시한 목장 부지는 30만 평으로 그 정도면 골프장을 시작하는 데 큰 무리가 없어 보였다. 취지도 좋고 부지 확보도 염려가 없으니 내가 도움을 줄 수 있겠다는 판단이 들었다.

"그럼 됐습니다. 다만 제가 직접 골프장을 짓긴 힘듭니다. 원래 골프장이란 대기업처럼 자금력이 튼튼한 곳에서 하는 사업이잖습니까. 그러니 제가 골프장을 건설할 기업을 찾아보겠습니다."

그때까지만 해도 우리가 지을 거란 생각은 꿈에도 하지 못했다. 서울에 올라가 골프장을 지을 만한 기업을 알아보는데 아뿔싸 웬만한 기업은 이미 골프장 사업으로 제주도에 내려가 있는 상태였다. 순간 괜한 약속을 했다는 후회가 밀려왔지만 이미 엎질러진 물이었다.

얼마 뒤 다시 제주도로 내려가 그들과 마주앉아 상황을 설명했다. 아무리 알아봐도 골프장을 지을 만한 회사는 이미 지었고 더 이상 골프장을 지을 만한 회사를 찾지 못해서 이 일은 안 되겠다고 설명하니 그쪽에서 펄쩍 뛰었다.

"회장님, 안 됩니다. 지금 제주도에 골프장 승인이 30개까지만 가능한데 딱 한 필지만 남아 있습니다. 우리 동네에서 그걸 승인받지 못하면 다른 마을에서 가져갑니다. 그럼 우리는 뭐가 됩니까. 도와주세요."

진퇴양난이 바로 이런 경우였다. 나는 중간에서 소개만 할 생각이었는데 예상대로 되지 않자 모든 책임이 내게로 돌아오고 있었다.

'하나님, 이제 어쩝니까. 이대로 못하겠다고 손들면 이 사람들의 좋은 뜻을 무시하는 것이 되고, 그렇다고 우리 같은 중소기업이 그 많은 재정 부담을 안고 어떻게 이 사업을 합니까.'

기도밖에 나오지 않았다. 그런데 기도하는 중에도 괜히 나 때문에 골프장 승인권이 다른 마을로 가면 어쩌나 가슴이 덜컥 내려앉았다. 어떻게든 도와야 한다는 생각이 강하게 들었다. 갑작스러운 결정이었지만 일단 급하게 골프장 도면을 그려서 설계도를 제출한 뒤 가까스로 승인 신청을 했다. 정말 아슬아슬하게도 우리 뒤로는 아예 신청조차 하지 못했다.

"회장님, 지금은 가승인을 받은 겁니다. 3개월 내에 본승인을 받으셔야 정식 승인이 납니다. 아시죠? 본승인은 구체적인 계획이 있어야 합니다."

본승인이 나야 한다는 것은 골프장 설계 업체가 정해지고 자금 계획서와 공사 계획서를 승인받아야 한다는 뜻이다. 그날 가승인 신청을 하고 돌아서면서 나는 '가지 않아야 하는 길'을 가는 것이 아닌가 하는 생각도 들었다. 골프장 건설이라는 것을 단 한 번도 생각조차 해보지 않았던 내 인생에 골프장이란 단어가 깊이 새겨지는 순간이었다.

'하나님, 이러다가 제가 이 일을 하게 되는 되는 것은 아닙니까. 이게 정말 하나님의 뜻입니까?'

수도 없이 묻고 또 물었다. 상식적으로 생각할 때 3개월 안에 골프장 건설을 추진하고 실행할 기업을 찾는 일은 불가능했다. 어쩔 수 없이 이 일을 시작한 내가 감당해야 할 몫인데 그때는 어쩌나 막막했던지 이런저런 생각에 마음이 심란했다.

"회장님, 저희는 회장님이 이 일을 맡아주셨으면 좋겠습니다. 저희도 최선을 다해 돕겠습니다."

마을 사람들의 위로와 격려가 오히려 부담으로 다가왔다. 골프장이라니, 그 많은 자본과 건설 과정, 회원 모집 등 온갖 상념이 뒤섞인 가운데 고민이 시작되었다. 어쩌자고 이 일을 떠맡았을까 싶다가도 마을 사람들의 진심 어린 눈빛이 떠올랐다. 또한 제주도와 인연을 맺게 된 과정을 떠올리며 그곳까지 인도하신 일과 하필 그 지역에 양식장을 하게 하신 과정, 주민들과의 갈등과 봉합 속에 신뢰를 쌓을 수 있게 한 모든 과정이 이 일을 위한 준비 단계였다는 믿음이 들었다.

그제야 내가 정말로 해야 할 일이 무엇인지 알게 되었다. 바로 나누라는 것이었다. 골프장 건설이라는 난제 밑에 깔려 있는 진정한 의미를 깨닫게 되었을 때 나는 이 일에 열심히 도전해보기로 마음먹었다. 물론 쉽지 않은 시작일 거란 생각은 들었지만 분명 기도하며 나아가면 합력해서 선을 이루시리라 믿으니 마음이 편안해졌다.

인생을 살면서 간혹 가지 않은 길로 인도될 때가 있다. 정말 꿈에도 생각하지 못했던 길을 가게 되었을 때 그것을 사람의 생각과 의지로 판단해선 안 된다. 그에 앞서 그 길로 인도된 과정을 돌아보고 어떤 의미와 뜻이 있는지 생각해봐야 한다. 하나님을 믿는다면 당연히 그분께 기도하며 뜻을 물어야 한다. 그러면 연결 고리를 발견할 수 있고, 내 쪽에서 먼저 손을 내밀거나 나눠야 하는 일도 많다. 그때 주저함 없이 가진 것을 나누길 바란다. 내 경험에 의하면 그 나눔이 결코 헛되지 않기 때문이다.

중소기업이 건설한 골프장

'스프링데일 골프&리조트'라는 골프장 이름은 '사계절 내내 봄 같이 따스하고 아름다운 날이 지속되는 계곡'이라는 의미로 지은 것이다. 그런데 2012년 반가운 소식이 전해졌다. 제주특별자치도가 3년에 한 번씩 도내 골프장을 대상으로 실시하는 녹색경영 우수기업선정에 우리 골프장이 '친환경 녹색경영 최우수 골프장'으로 선정되었다는 소식이었다. 3년에 한 번 열리는 시상인 데다 제주도 내 쟁쟁한 29개 골프장과 경쟁하는 것이다 보니 별반 기대도 하지 않았는데 영광스러운 일이 생긴 것이다.

제주도에는 30개의 골프장이 있다. 저마다 푸른 자연을 배경으로 골프장을 운영하고 있어 지역 경제 활성뿐 아니라 일자리 창출에도 적지 않은 영향을 주고 있는데, 다른 곳을 제치고 친환경 우수기업으로 선정되었다는 건 그야말로 쾌거였다. 게다가 2011년 개장한 뒤 1년 만에 이룬 성과였기에 그저 감사할 뿐이었다. 과연 녹색경영, 즉 환경 친화적인 공간을 고집했던 것이 주효했다.

그런데 이것은 시작에 불과했다. 골프장이 개장한 후부터 지금에 이르기까지 우리 골프장의 수상 기록이 화려하다. 녹색경영, 친환경골프장, 고객만족대상 등 우리 골프장에 쏟아지는 칭찬과 인정이 수상으로 이어지면서 전국 540개 골프장 중 가장 많은 상을 받은 골프장이 되었다.

이 찬란한 혼적을 남기기까지 남들이 가지 않는 길을 가야 하는 용기가 필요했고, 가지 않은 길을 개척해야 하는 의지가 요구되었다. 그 과정은 치열했지만 의미 있었다.

"아니 회장님, 다 늦게 골프장이 웬 말입니까? 지금 충분히 회사도 잘 돌아가고 있는데요. 게다가 지금 제주도에 골프장 지어봤자 막차라면서요."

골프장 건설이 기정사실화되면서 이런 이야기를 참 많이 들었다. 안정세를 보이는 기업으로도 충분할 텐데 그 골칫덩어리를 왜 맡느냐는 애정 섞인 걱정이었을 것이다. 하지만 이미 돕기로 마음먹은 상태라 주변의 염려엔 귀를 닫고 어떻게 일을 진행해야 할지 방법에만 촉각을 곤두세웠다.

떠안듯 골프장 건설 가승인을 받아놓은 후라 본승인까지 3개월 안에 부지를 확보해 제대로 된 도면을 제출하고 건설에 들어가야 했다. 일단 골프장 건설을 하려면 18번 홀까지 돌 수 있는 충분한 코스와 자연을 느낄 수 있는 부지부터 확보해야 했다. 이미 마을 측에서 목장 부지를 임대받기로 했던 터라 그들이 제시한 부지에 가보았다.

30만 평이나 되는 큰 땅이라 잔뜩 기대를 했는데 웬걸, 직접 가서 보니 중간에 서성로라는 큰 도로가 끼어 있는 게 아닌가. 도로를 중심으로 위쪽에 15만 평이, 아래쪽에 15만 평이 있었다. 골프 코스를 도로를 사이에 끼고 만들지 않는 건 상식이었다. 처음부터 쉽지 않았다.

생각 끝에 내린 결론은 두 가지 버전을 진행하는 것이었다. 어차피 두 부분으로 나뉜 만큼 15만 평 부지의 한쪽은 9홀을 퍼블릭 코스public course로 하고, 도로 위쪽 15만 평 부지 외에 15만 평을 더 사서 약 30만 평을 만들어 정규 홀을 조성하기로 했다.

전체적인 그림이 그려지자 이제는 재정과의 싸움이었다. 그때까지만 해도 목장 부지를 담보로 돈을 빌리면 건설 대금으로 사용할 수 있고, 그렇게 재정이 마련되면 마땅한 건설 업체를 입찰하면 된다고 판단했다. 그런데 아니었다. 대출부터 막힌 것이다.

"부지를 보니까 주인이 200명이나 돼요. 마을에서 임대로 제시한 조합 땅이다 보니 주인도 많은 거죠. 주인이 200명이나 되는 부동산을 담보로 돈을 빌려드릴 순 없습니다."

은행 측의 설명으로는 여러 명이 주인으로 되어 있는 땅을 담보로 돈을 빌려줄 수 없다는 것이었다. 할 수 없이 15만 평을 구입한 땅에 덧붙여 15만 평을 더 구입하고 30만 평 부지에 골프장을 만들게 되었다. 내가 돈을 쌓아두고 있는 사람도 아니고, 한두 푼 들어가는 건설 대금도 아닌데 참으로 난감했다. 자꾸만 잘 알아보고 달려들었어야 했다는 후회감이 밀려왔다.

'하나님 어쩝니까. 믿지 않는 사람도 골프장을 만들어서 잘하고 있는데 저는 믿음으로 만들려고 하는데도 왜 이렇게 어렵습니까.'

지금껏 기업을 운영하면서 돈줄이 막혀 심각하게 고민한 적이 별로 없었는데, 그때 가장 힘들게 매달렸던 것 같다. 모든 것이 막힌 기분이었다. 제주도 내 30개 골프장 중 마지막 주자인 데다 재정이 있는 것도 아니고 특별한 노하우가 있는 것도 아니었다. 이전까지만 해도 은행에서 골프장 건설에는 돈을 잘 빌려주었건만 우리가 시작하려고 하니 금융권의 돈줄이 꽉 막혀 있었다. 회원권 분양으로 재정을 마련하려고도 해봤지만 그 역시 쉽지 않았다.

결국 중대한 결정을 내렸다.

'직접 건설 회사를 만들어서 건설부터 달려들자.'

그때까지만 해도 직접적인 건설은 전문 업체에 맡겨볼 생각에서 공사 견적을 받는다고 하자 여러 업체에서 건설에 참여하겠다는 입찰 의사를 보였다. 하지만 공사할 재정이 부족하다 보니 그 일도 무산되고 말았다. 하는 수 없이 우리가 처음부터 끝까지 맡아서 할 수밖에 없었다.

주식회사 동국개발은 그렇게 시작되었다. 마침 경영 수업을 받고 있던 아들을 대표이사로 세우고 (주)동국건설을 운영하도록 한 뒤 내가 총괄을 했다. 가나안전자, 동국전자, 성신하이텍과 같은 회사의 신용이 있었기 때문에 이를 이용해 돈을 빌려 동국개발에 투자하는 방식으로 재정을 모았다. 감사하게도 그 시기 금리가 싸서 이자 부담에서 자유로울 수 있다는 점이 은혜였다.

이런 과정을 거쳐 2008년 드디어 스프링데일 골프&리조트 착공에 들어갔다. 동국개발 주도로 개발에 들어가면서 가장 염두에 두었던 것은 '자연 그대로'였다. 기존의 골프장 시설을 보면 깎아놓은 듯 정돈된 자연을 조성하지만, 그러면 비용 면에서 부담이 되는 동시에 오히려 자연을 덜 느끼게 될 수 있다는 생각이 들었다.

일반적 건설을 다른 업체에 맡길 경우 도면대로 마운드를 만들고, 그 위에 잔디를 심고 조경용 나무를 심는 방식으로 진행된다. 하지만 우리는 그렇게 하지 않고 자연 그대로 조성된 숲을 살리면서 가능한 나무들을 베어내지 않는 방법을 택했다. 코스 부분만 나무를 베어내는 방향으로 가다 보니 속도는 느렸지만 사다 심은 나무는 한 그루도 없었다.

길도 그랬다. 인위적으로 길을 만들기보다 있는 그대로를 살리고, 좋은 돌, 좋은 나무가 있을 땐 피해서 길을 만들었다. 결과적으로 자연 훼손을 막은 셈이다.

골프장 설계와 공사 총감독을 맡은 전문가들의 도움도 절대적이었다. 그들이 나의 의도를 잘 이해했고 공감해주어 합력해서 좋은 결과를 낼 수 있었다. 미국 최고 설계자라고 불리는 게리Garry R. Baird와 일본 최고의 조형기술자인 다카하시가 코스 조형과 공사 총감독을 맡았다. 공사가 진행되는 내내 우리는 많은 고민을 했다.

"제가 여러 골프장을 다녀보니 대부분 원가와 비용 문제로 어려움을 겪는 경우가 많더군요. 골프장 운영에서 가장 많은 비용을 차지하는 잔디를 관리하는 데 필요한 물과 비료, 냉난방과 급탕給湯에 필요한 에너지 비용을 줄이는 게 관건이란 생각이 듭니다. 그것을 한번 고민해봅시다."

애초에 공사를 시작할 때 '자연 그대로'를 표방해서인지 비용 절감에 대한 지혜도 자연에서 찾아낼 수 있었다. 창조 섭리에 맞도록 자연 그대로의 느낌을 살렸으니 물과 자연에너지를 이용해보자는 결론이 나온 것이다.

제일 먼저 골프장을 운영할 때 가장 부담스러운 비용 중 하나인 잔디에 물을 공급하는 비용을 줄이는 방법을 빗물에서 찾았다. 18개의 홀 가운데 11곳에 연못을 만들어 그곳에 빗물을 저장했다가 재사용하는 방식을 쓴 것이다. 이 방법은 주효했다. 물이 귀한 제주에서는 골프장 하나에 물 비용으로 매달 억 단위의 돈이 들어갔는데, 우리 골프장의 경우 한 달 물 비용이 1,000만 원도 안 되었기 때문이다.

또 하나는 잔디 관리 비용 줄이기였다. 보통의 골프장에선 낮엔 냄새가 나지 않는 화학비료를 쓴다. 화학비료라는 것이 비용도 비용이지만 환경적인 면에서 좋은 영향을 미치지 못한다. 따라서 우리는 야간 시간에 가축 분뇨로 만든 액상비료를 뿌린 뒤 밤새 스프레이로 연못물을 뿌리는 방법을 시도했다. 냄새 문제는 그것으로 해결이 되었기 때문이다. 덕분에 우리는 친환경 비료 사용에도 성공할 수 있었다.

"회장님, 골프장에 물 비용 다음으로 많이 들어가는 비용이 냉난방입니다."

"그렇죠. 요즘 태양열 등이 많이 개발되고 있는데 그쪽으로 방향을 잡아볼 순 없을까요."

골프장 냉난방시설에도 친환경 시스템이 도입되었다. 우리 골프장은 전국 골프장 중에서 겨울까지 사계절 모두 운영할 수 있는 4군데 중하나였다. 그만큼 일조량이 많은 따뜻한 곳인 만큼 태양열을 주 에너지원으로 쓸 수 있다는 장점이 있었다. 그래서 골프장 난방시설에 태양열을 주 에너지원으로 쓰되 부족분은 공기열 히트펌프와 수열원 히트펌프 등으로 충당하여 냉난방시설을 운영했다. 그 결과 냉난방시설 비용 삭감은 물론 친환경 에너지를 사용하는 녹색기업의 역할을 충실히 해낼 수 있었다.

우리가 건설까지 맡아 하다 보니 내 집을 꾸미는 기분으로, 내 가족이 지낸다는 생각으로 하나하나 신경 써서 만들게 되었다. 비록 시간은 좀 더 오래 걸렸을지언정 돌 하나, 풀 하나, 나무 하나에 의미를 두고 자연을 보존하는 경관을 만들었더니 우리 골프장 안엔 30년 이상 된 편백나무 숲이 살아 있고, 자연 그대로의 모습이 인테리어가 되어 이용객의 마음을 사로잡았다.

2011년, 5년간의 준비 작업과 2년간의 공사를 마치고 스프링데일 골프&리조트가 오픈했다. 골프&리조트라는 이름에 맞춰 이 공간이 단순히 골프장으로서의 역할만 하는 것이 아니라 복합레저단지가 되도록 시설을 갖추었다. 제주 천연석이나 편백나무, 황토 등으로 시공된 삼림욕이 가능한 숙박 시설을 비롯해 컨벤션 센터, 다양한 스포츠 시설과 놀이·편의 시설, 먹거리와 즐길거리, 쉴거리 등을 지속적으로 개발할 수 있도록 가능성을 열어두었다.

오픈을 앞두고 이런저런 걱정과 염려가 되기도 했지만 이 모든 것을 주님이 주신 지혜로 이룬 만큼 믿고 주님께 맡기기로 했다. 결과는 놀라웠다. 많은 사람들이 우리 골프장을 찾았고, 무엇보다 친환경 시설로 계속 수상하고 업계에 이름이 오르내리면서 입소문이 나 사람들이 몰려오기 시작했다. 제주도 내 다른 골프장이 전부 적자 행진을 하고 있는 가운데 우리 골프장은 개장 4년 만에 흑자로 전환되었다. 아마 전국 500여 개 골프장 중 친환경 녹색경영대상을 5년 연속 수상한 곳은 우리밖에 없을 것이다.

신기하게도 회원권 분양율이 저조했던 것 역시 결과적으로 은혜였다. 처음 공사 과정에서 회원권 분양이 지극히 부진해 걱정스러웠는데 오히려 회원권 분양이 잘되지 않았던 것이 도움이 되었다. 골프장을 건설할 때 세금 혜택이 없는 멤버스로 시작했으나 결국은 세금 혜택을 보게 된 것이다.

퍼블릭과 멤버스의 경우 재산세가 10배 이상 차이 난다. 그래서 가능하면 퍼블릭으로 전환하여 세금을 줄일 필요가 있었다. 하지만 멤버스 분양이 잘 되어 지불해야 금액이 컸다면 결코 퍼블릭 전환은 쉽지 않았을 것이다. 멤버스 골프장의 경우 회원권 분양이 잘 된 곳은 수백에서 천 억원 대의 돈이 들어오지만 골프장 건설과 조경 등 초기 투자에 대한 자금을 지출하고 나면 나중에 회원들에게 되돌려 줄 자금이 부족하기 마련이다. 그런데 하나님은 나중에 이렇게 될 사실까지 계산하시고 우리가 지불할 수 있을 정도의 60~70억 정도의 회원권이 분양되게 하셨다. 얼마나 은혜롭고 감사한 일인지 모르겠다.

결과적으로 가장 마지막으로 골프장을 건설한 막내 주자가 제주도에선 제일 처음으로 퍼블릭으로 전환하면서 세금 문제도 거의 10분의 1 수준으로 낮추다 보니 흑자 전환은 더 쉬울 수밖에 없었다. 꼴찌로 시작한 후발 주자의 이러한 반전을 모두가 놀라워했다.

나는 지금도 1년에 수차례 제주도를 오간다. 골프장 시설을 둘러보며 관리하고, 아름다운 제주의 자연 속에서 힐링하는 시간도 갖는다. 그런데 골프장을 찾을 때마다 기가 막힌 은혜의 손길에 감사하게 된다. 돌이켜 생각해 보면 처음에 마을 사람들이 찾아와 골프장 건설을 부탁했을 때 매정하게 거절했다면 지금의 모습은 없었을 것이고, 나눔의 기쁨과 풍성한 은혜도 결코 경험하지 못했을 것이기에 참으로 감사함을 느낀다.

또 하나 경사스러운 일은 스프링데일 골프장이 2012년 미스코리아들의 훈련장이 되었던 것이다. 미스코리아 준비위원들과 각 시·도 해외 지역에 선발된 40명의 미인들이 청정 환경 속 스프링데일을 찾아 본선무대 진출을 위해 2주간 합숙 훈련을 했다. 우리 골프장에서 그들이 훈련하는 모습을 지켜보니 화장부터 헤어, 워킹에 이르기까지 아름다움을 알리기 위한 노력도 참 크다는 것을 알 수 있었다. 세상에 노력 없이 얻어지는 건 없다는 사실을 새삼 깨닫게 되었다. 아름다운 미인들이 2주간의 훈련을 마친 후 경희대학교 국제홀에서 본선이 개최되었다. 영광스럽게도 내가 심사위원으로 선정되었다. 진·선·미 미스코리아가 각각 1명, 2명, 3명씩 뽑히고 미인 3명 중 한 사람에게 미스스프링데일상을 시상했는데, 내가 시상자로 나섰다. 생애 처음으로 미인에게 드리는 상을, 그것도 스프링데일이란 자랑스러운 이름으로 상을 줄 수 있음에 감사했던 기억이 난다.

골프장 건설은 내게 있어 일생일대 도전이었다. 그간 해왔던 본업과 방향성이 맞지 않았지만 가진 것을 나눈다는 마음에서 접근했고 사익보다는 공익 차원에서 바라보는 가운데 지혜가 임해 좋은 결과를 얻을 수 있었다.

그리고 보면 안전과 도전 사이에서 우리는 늘 고민한다. 안전한 길을 선택할 것이냐 아니면 리스크가 있더라도 도전할 것이냐. 이때 중요한 기준은 안전한 기반을 갖춘 발판이다. 그 기반이 있을 때 도전은 해볼 만하다. 또한 그 도전이 유익을 주는 것일 때 성취감도 커질 수 있다.

천대에 이르러
복이 흐르는 비결

주변에서 나를 보고 이젠 그만하고 쉬라는 말을 자주 한다. 77세가 될 때까지 전국으로, 해외로 뛰어다니고 있으니 그에 대한 위로라고 생각한다. 이런 말을 듣고 생각해보면 지금껏 기업을 경영한 목적이 나를 위해서만은 아닌 것 같다. 분주한 시간 때문에 보통 사람들이 먹는 세끼 식사도 찾아먹지 못할 때가 많고 가족과 함께하는 시간은 평범한 이들보다 훨씬 적다. 그러니 내가 잘 먹고 잘 살기 위해 기업을 하는 건 아니다.

그렇다면 기업이 살기 위해 일하는 것이다. 기업가를 믿고 열심히 일하는 직원들과 그 가족들의 생계를 책임지려면 기업이 살아야 하기에 그렇게 아등바등 일하는 것이다. 기업이 살려면 끊임없이 움직여야 한다. 라이프 사이클이 빨라지면서 더욱 그렇게 되었다. 현재와 과거의 제품으로 계속 영업을 한다는 것은 자살행위와 같다. 빠르게 변화하는 제품들의 정보를 파악해야 하고 또 다른 미래의 먹거리를 준비해야만 템포를 맞출 수 있다. 잘나가던 세계적인 기업이 어느 순간 경쟁과 변화에 밀려 자취를 감추어버린 사례를 우린 참 많이 보아왔다.

나는 우리나라에서 기업의 평균수명이 15년이 못 되는 중소기업을 오랫동안 살아남게 하기 위해 처절하리만큼 노력했다. 바이어를 왕이라 생각하고 바이어와 가까운 지역에 공장을 세워 공급과 소통이 편리하도록 했으며, 국내에는 LG전자가 있는 창원, 삼성전자와 대우전자가 있는 광주, 해외 수출과 기타 거래처를 위해 인천에 본사와 공장을 두고 효율적으로 운영했다. 제주에 양식장과 골프장을 만들어 미래를 위한 준비도 했다.

국제화를 위한 준비도 이어갔다. 멕시코 두 지역(케레타로, 몬테레이)과 중국(웨이하이)에는 15년 전에, 베트남(호치민)과 폴란드(포즈난)에는 1년 전에 공장을 세워 가동 중이다. 베트남은 5,000평을 매입하여 3,000평 공장을 건축했지만, 폴란드는 건축된 공장을 임차했는데 인력이 부족하여(폴란드는 실업률 2퍼센트 미만으로 완전 고용에 가까운 나라다) 이웃 나라인 우크라이나인들을 채용하는 등 현지 분위기도 체크하며 일을 독려하고 있다.

이렇듯 국내외로 뛰어다니며 기업을 살리기 위해 일하다 보니 하루 24시간이 너무 짧다. 1시간만 더 있었으면 정말 좋겠다는 간절한 생각을 한두 번 한 게 아니다. 열심히 뛰어다니는 만큼 힘에 부칠 때도 있지만 결과가 좋으면 모든 게 위로가 된다. 지나간 고통이 환희가 될 때의 짜릿함, 결국 이 고통이 또다시 기업이 살아갈 자양분이 되어 탄탄해지고 있다는 사실을 느끼며 하루하루 버티는 것 같다. 이 시간이 곧 그토록 바라는 장수 기업으로 가는 통로가 됨을 믿기에 오늘도 힘을 낸다.

나는 우리나라 기업 중에 100년 넘는 역사와 전통을 지닌 기업들이 많아지길 희망하는 사람 중 하나다. 누구나 그러길 바랄 거라 생각하지만 의외로 기업을 수익으로만 보고, 하나의 수단으로만 보는 경우도 있다. 그럴 때면 가슴이 덜컥 내려앉기도 한다.

내가 생각하는 기업은 유기체다. 물론 기업이 존재하는 목적은 수익을 창출해내는 것이지만 존재 자체가 갖는 정체성과 의미가 없을 때 역할과 위력은 사라진다. 기업을 하나의 유기체로 보고 생각과 철학, 스토리텔링이 존재하는 곳으로 의미를 부여할 때 역사와 전통은 자연히 채워진다고 생각한다.

처음 동국전자를 다시 시작할 마음을 먹었을 때 나는 하나님 앞에 서원했었다. 당장 공장을 시작할 돈도 없었는데 그저 은혜에 감격해 먼저 하나님께 마음을 드리고 싶었던 것이다.

'하나님, 아시다시피 제가 가진 게 없습니다. 그렇지만 제게 돈이 생기면 교회 짓는 일을 제일 먼저 하겠습니다. 그다음에 회사, 그다음 집을 지을 수 있게 해주십시오.'

항상 이런 식의 기도를 드렸다. 가난한 자의 신음에 응답하시고 간절한 자의 부름에 대답해주시는 하나님은 나의 기도를 기쁘게 받으셨다. 신기하게도 아무것도 가진 것이 없을 때 과거 은혜를 입은 사람과 만나게 하셔서 재정을 공급받게 하셨고, 그것을 먼저 하나님을 위해 바쳤을 때 이미 준비하고 계셨던 회사를 주셨다.

지난 40년 내내 거의 이런 과정의 연속이었다. 그 은혜를 경험했기

흙수저도 금수저가 될 수 있다

에 나는 기업가로서 어떻게 살아가야 하는지, 기업에 어떤 정신을 흐르게 해야 할지 우선순위를 정할 수 있게 되었다. 그 우선순위란 기업의 이익을 무엇보다 먼저 하나님의 영광을 위해 사용하는 것이다. 그러고 난 뒤 연구 개발을 위한 투자 순으로 진행했다. 그러자 위기 상황에서 하나님은 오히려 우리 기업을 풍요 가운데 지켜주셨다. 경제 위기가 다가올 때마다 동종 업체는 일거리가 없어져서, 재정이 부족해서 허덕거리거나 문을 닫는데 우리는 그런 일 없이 지낼 수 있었다. 지금까지도 동국성신을 비롯해 제주 골프장에 이르기까지 하나님이 흑자 행진으로 돕고 계시다.

또한 예배 우선이다. 월 한 차례 진행되는 예배는 우리 회사 고유의 전통이기도 하다. 예배가 변화무쌍한 회사 스케줄과 겹치면 그땐 예배가 먼저다. 그 원칙을 고수한 덕분에 지금껏 우리 기업의 월례정기예배가 빠짐없이 드려질 수 있었다.

기독교 정신은 바로 나눔이다. 그리스도인이 지켜야 할 율법을 축소해놓은 것이 십계명인데, 그 십계명도 예수님은 두 가지로 축약하셨다.

마음을 다하고 목숨을 다하고 뜻을 다하여 주 너의 하나님을 사랑하라 이것이 첫째 되는 계명이요 둘째는 그와 같으니 네 이웃을 내 몸같이 사랑하라.

그러므로 우리가 지켜야 할 계명은 하나님을 사랑하는 것, 이웃을 내 몸같이 사랑하는 것이다. 특히 이웃을 내 몸같이 사랑하는 것이 나

높이다. 이웃을 사랑하는 마음이 있으면 뭐든 나눠주고 싶고 돕고 싶은 게 인지상정이다. 나누고자 하는 마음은 사랑에서 비롯되기 때문이다.

기업의 정신도 마찬가지라고 생각한다. 기업에 주신 계명도 이웃을 사랑하고 사랑을 나누는 것이다.

우리가 그 어려운 상황 속에서도 골프장을 시작한 것 역시 그들의 간곡한 부탁이 계기가 되었지만, 그들과 어려움을 나누고 조금이나마 보탬을 주고자 하는 마음이 있어서였다. 결과적으로 좋은 열매를 맺어 서로에게 이익이 되었으니 우선순위를 잘 지킨 덕분이라고 생각한다.

우리 기업은 이러한 나눔을 실천하기 위해 노력 중이다. 국가와 사회에 기여할 수 있는 일이 있으면 무엇이든 하고 싶다. 그런 생각에 가장 가까운 동족인 북한 주민들을 위한 민간 차원의 활동도 힘닿는 한 하고 있다. 북한 어린이에게 분유 1컨테이너 보내기 등 민간 기업에서 할 수 있는 일을 하기도 하고, 저 멀리 아프리카 마다가스카르 초등학교에 우물을 파서 기증하기도 했다. 또한 국가에 크고 작은 재해나 재난이 있을 때는 여력이 되는 한 직원들과 돕기도 하고 안 되면 재정적으로 후원을 하는 등 크리스천 기업인으로서 빛을 발해야 한다는 마음에 참여하고 있다. 신기하게도 이런 나눔 활동은 하면 할수록 힘이 나고 더 하고 싶다는 특징이 있다. 나눔이란 게 결국은 상대방을 유익하게 하는 것인 동시에 자기 자신에게 더 큰 선물로 부메랑이 되어 돌아온다.

마지막으로 생각하고 있는 우선순위는 수익보다 유익이다.

"강 회장님, 내시경 호스를 만들어보실 수 있을까요?"

어느날 국내 굴지 기업의 간부에게 이런 제안을 받았다.

"내시경 호스요? 아, 그게 전부 수입품이죠?"

"네, 맞아요. 우리나라가 의료 강국이라고도 하고 앞으로 의료산업도 제4차 산업혁명 시대를 맞아 판도가 많이 바뀔 거라서 저희가 그 기기를 연구 개발 중이거든요. 그런데 부속품이 꽤 들어가는 터라 개발하고 생산할 업체를 찾고 있어요."

순간 내시경, 의료 기기, 부속품 세 단어가 머릿속을 탁 쳤다. 의료 기기야말로 인류에 얼마나 큰 도움을 주는 것인가. 생명과 관련된 분야인 만큼 기기의 국산화도 필요한 부분이었다. 또 한 번의 기회란 확신이 왔다.

"우리가 만들 수 있을 것 같습니다. 다만 내시경 호스는 인체에 들어가니 재질이 중요하겠네요. 우리가 한번 개발해보겠습니다."

"좋습니다. 컨소시엄을 구성해서 한번 만들어보시지요."

이렇게 내시경 호스를 비롯한 의료 기기 부품의 국산화라는 비전을 품게 되었다. 현재 우리나라에서 사용되는 내시경 기기는 전량 수입되고 있다. 세계적으로 세 군데에서만 만들고 있다고 하는데, 외국에서 수입하는 가격이 매우 비싼 편이다. 그러다 보니 환자의 몸속에 들어갔던 호스를 다시 소독하여 몇 번씩 재사용한다. 주사기도 1회용으로 사용하고 버리는데 인체를 훑고 지나간 기기를 소독해서 쓴다는 건 어불성설이다.

이에 국내 기업에서 미래 산업 분야로 내시경 기기 개발 프로젝트를 시작했다. 그들이 모두 다 할 수 없으니 우리는 부품 개발로 참여해 약간의 연구 개발비를 지원받아 1년 가까이 노력한 끝에 마침내 시제품까지 완성시켰다.

괄목할 만한 성과 앞에서 모두가 고무되었는데, 안타깝게도 이 프로젝트를 진행하던 대기업의 팀이 해체되어 버렸다. 여러 가지 사정이 있었겠지만 결과적으로 우리만 붕 뜬 상태가 되었다. 다행히 그 업체와 개발 계약을 맺을 때 2년까지 주문이 없으면 2년 뒤엔 다른 곳에 판매할 수 있게 하겠다고 해서 계약에서는 자유로웠다.

그런 까닭에 지금은 다양한 대학병원과 접촉하며 우리가 개발한 내시경 호스가 사용될 수 있는 날을 고대하고 있다. 이를 토대로 국내 의료 기기 부품 중 내시경 호스 국산화를 이뤄낼 수 있기를 기도한다. 수익과 유익을 동시에 얻을 수 있는 기회이자 선물이라고 생각한다.

개인적으로 성경말씀 중 아주 좋아하는 구절이 있는데 기업하는 사람으로서 오랫동안 기업을 이어가길 바라는 마음을 담은 구절이다. 출애굽기 20장 6절 말씀이다.

나를 사랑하고 내 계명을 지키는 자에게는 천대까지 은혜를 베푸느니라.

하나님이 약속하시는 축복은 천대, 즉 영원토록 이어지는 축복이다. 물론 그 앞에 붙은 사랑과 계명을 지키는 조건을 만족해야 한다. 이 어마어마한 축복의 말씀 앞에 나는 우리 기업이 드려지길 기도한다. 그분이 가장 기뻐하시고 그분이 원하시는 계명을 지켜 천대까지 이르는 기업을 꿈꾼다.

가화만사성

家 和 萬 事 成

"너희들 복 받고 싶냐? 내가 복 받는 비결을 알려주마. 이렇게만 하면 너희들 다 복 받을 거야."

"어떻게 하면 되는데요?"

"너희 부모를 공경하면 복을 받는다고 성경에 나와 있어. 네 부모를 공경하면 이 땅에서 잘되고 생명이 길겠다고 하셨거든. 그러니까 부모를 공경해서 복을 받든지 말든지 그건 너희들 몫이다."

지금은 어엿한 회사의 중역으로 나를 도와 일하고 있는 두 자녀에게 늘 했던 말이다. 자녀를 신앙 안에서 잘 양육하는 것은 의무이자 책임이기도 했기에 말씀을 가르치며 키우도록 애썼다. 덕분에 아들딸 모두 회사의 주요한 직무를 맡아 각자 자리에서 젊은 일꾼으로서 열심히 일하고 있다. 이들은 대학 시절부터 회사에서 아르바이트를 했고, 시간이 흘러 자연스럽게 회사원이 되었다. 둘 다 비교적 괜찮은 인성과 자질을 갖추고 있어 모나지 않게 담당하는 조직을 이끌어가며 신뢰감을 쌓아가고 있다.

가화만사성. 내가 가장 중요하게 생각하는 말 중 하나다. 가정이 편해야 만사가 편하다는 말을 옛 선현들은 왜 그렇게 강조했을까. 예전엔 그 부분이 궁금하기도 했다. 그런데 막상 가정을 이루어 살다 보니 가정이 편안하다는 것이 얼마나 중요한 의미인지 알 수 있다.

강원도 태백에서 살던 어린 시절, 우리 집은 늘 복닥거렸다. 사람 좋으신 아버지는 싫은 소리 한번 내지 않는 성실한 분이었고 어머니는 성품도 말투도 강한 분이었다. 우리 형제들을 향한 어머니의 심부름이 정점(?)을 찍었을 때 어머니는 왜 부드럽고 온유한 어머니들과 다를까 생각했던 적도 있다. 사춘기가 좀 심하게 왔을 때는 팥쥐 엄마 아닌가 하고 생각했던 기억이 난다.

그러다가 서울로 대학을 오면서 어머니와는 자주 만나지 못했다. 사실상 독립이나 마찬가지였던 터라 훗날 결혼하고 가정을 꾸리게 된 이후에야 진지하게 만날 기회가 생겼다. 어머니, 아버지의 성품은 여전하셨다. 물론 예전에 비해 연세가 드셔서 기세가 많이 꺾이셨지만 윗사람으로서의 위엄과 원칙은 고수하셨으므로 가정의 위엄이랄까 그런 게 갖춰져 있었다. 어머니에 대한 아버지의 신뢰가 있었기에 가능한 일이었을 것이다.

어머니는 자식들을 결혼시키면서 특별한 조건 같은 것을 붙이지 않으셨다. 마음 맞는 사람들끼리 만나 서로 아껴주고 잘 살면 된다는 주의셨는데, 딱 하나 원하셨던 것이 있었다. 자식들이 출가할 때 부모님과 함께 살 시간을 갖는 것이다.

"너희들 힘들게 하려고 하는 말이 아니다. 며느리는 우리 집 분위기를 잘 모르니까 함께 살면서 식구 되는 시간을 갖자는 거다."

형제들 모두 부모님의 바람을 따르자는 데 의견을 모았다. 기간은 2년, 아들 일곱 형제가 2년씩 함께 살기로 내규를 정해놓고 연애에 들어갔다.

둘째였던 나는 그 내규를 잘 지켜야 한다는 책임감이 컸다. 그래서 아내를 소개받아 연애를 할 때부터 이러한 집안 분위기를 계속 인지시켰던 것 같다. 사실 아내와 만나 연애라는 걸 하면서도 나는 그리 분위기 있는 남자가 아니었다. 아니 그건 고사하고 데이트 시간에 늦기 일쑤였고 식사하고 난 뒤엔 다시 공장으로 뛰어가기에 바빴다. 그럼에도 아내는 재미없는 남편을 기다려주었다. 그게 참 고마웠다. 여기에 웬 배짱인지 결혼하려면 2년씩 부모님과 함께 살아야 한다는 조건까지 내걸었다. 쉬운 것 같으면서도 어려운 일일 수 있었다. 가풍도 모르고 남편에 대해서도 속 깊이 모르는 상태니 말이다.

그런데도 아내는 선뜻 그 조건을 수용해주었다. 그때만 해도 부모님 모시는 일이 당연하다는 분위기가 조성되어 있었고 2년이란 시간적 제한이 있었으니 받아들였던 것 같다. 그렇게 아내가 우리 집안 사람이 되면서 재밌는 일들도 많았다.

새사람을 집안에 들이는 과정에서 가족을 소개하는 일은 행사와도 같았다. 아홉 형제와 그의 짝, 자녀들에 이르기까지 대가족이 모인 가운데 이름 맞히기가 시작된다. 그나마 우리 집사람의 경우 내가 둘째라

동생들이 결혼을 하지 않았으니 배우자까지는 없었지만, 동생들의 경우는 그 많은 가족의 이름을 다 외우는 고통을 겪기도 했다.

"자, 문제 들어갑니다. 이 사람의 이름은 무엇일까요?"

"음, 원……창 도련님?"

"땡! 아닙니다. 윤창입니다."

"죄송해요. 셋째랑 넷째랑 너무 헷갈려서요. 대신 아가씨들 이름은 알아요."

우리 형제들의 이름은 이른바 칠창이숙이다. 남자 형제들은 '창' 자 돌림, 여자 형제들은 '숙' 자 돌림이라서 칠창이숙이라 부르며 새 가족이 들어올 때마다 이렇게 모여 와자지껄 대사를 치르곤 했다.

아내와 결혼한 뒤 우리도 부모님과 2년을 함께 살았다. 사내대장부 같은 어머니의 지휘 아래 시집살이를 하느라 아내도 고생 좀 했지만 어머니는 상당히 상식 선에서 모든 일을 처리하셨고 오히려 맺고 끊음이 분명했기에 함께 살 때 불편함이 없었다. 생활비 면에서도 철저하셨고 자녀들에게 다시 베푸실 때도 지혜롭게 하셨다.

특히 우리 가정은 부모님과의 애틋한 정이 더욱 깊다. 사업이 부도 나서 회사와 집 모두 압류당했을 때 하루아침에 갈 곳을 잃은 우리 가족이 의탁한 곳도 부모님 댁이었다. 당시 두 분이 대림동 개발 예정지 주택에 살고 계셨는데, 삶의 터전이 없어진 둘째 아들네 가족을 품으셨다. 방 두 칸짜리 주택에서 한 칸은 두 분이 지내시고, 한 칸은 아내에게, 거실은 손자 손녀에게 내어주셨다. 도망자 신세가 된 아들이 잠깐 들를 때에도 따뜻한 밥을 챙겨주시며 등을 두드려주셨다.

무엇보다 신앙인으로 거듭나 재기할 때도 아들의 이야기에 끝까지 귀 기울여주셨다. 부모님은 예전부터 절에 다니며 불공을 드리시곤 하셨는데, 회심한 아들이 교회에 나가자는 말씀을 드리자 단 한 번에 승낙하셨다. 그렇게 부모님은 나의 전도 대상 1호가 되어주셨다.

우리가 영글어갈수록 부모님은 노쇠해가셨다. 역시 세월은 건강을 잡지 못하는지 건강의 적신호는 자주 켜졌고 그때마다 우리 형제들은 서로서로 도와가며 부모님을 간병했다.

누가 정한 것도 아닌데 형제들 사이에 부모를 공경하는 마음이 기본적으로 세워져 있었고 그것을 지키려고 다 같이 노력했다. 참 고마운 일이다. 누구 한 사람 모난 구석도 없고 불평하는 사람도 없이 모두 동등하게 공평하게 부모 모시기에서부터 신앙인이 되는 일까지 하나로 이어졌던 것 같다. 자유로운 분위기였지만 위계질서는 확실했다. 어렸을 때도 큰형님부터 막내에 이르기까지 위계가 확실한 가족이었기에 어떤 일을 결정할 때 많은 도움이 되었던 것 같다.

어머니와 아버지는 이렇게 가족 간의 우애를 남겨주고 천국에 가셨다. 두 분이 해로하시면서 우리에게 보여준 것은 가정의 평화였다. 늘 어머니 편에 서서 인정과 자비를 베푸셨던 아버지의 따뜻함과 리더십은 부모를 공경하는 자세를 갖도록 하셨다. 또한 결정적인 순간에 자식을 믿어주셨던 어머니의 강인함은 가정을 조화롭게 이끌어가는 본을 보이신 동시에 남은 자식들에게 좋은 가문을 유지하려는 결속력을 키워주셨다고 생각한다.

바쁘게 살다 보면 가족끼리 북적거리며 만날 기회가 굉장히 줄어든다. 노력하지 않으면 소원해지는 게 당연하다. 가족도 자주 만나 이야기를 나누고 감정을 나누어야 한다. 어머니가 자식들을 당신의 집으로 데려와 2년씩 함께 살고자 하셨던 것 역시 그런 의미였을 것이다.

우리 가족이 모이면 60여 명이 되었다. 1년에 4번은 정기적인 가족 미팅을 갖자는 나의 제안에 모든 형제들이 호응을 해주었다. 추석과 설날, 부모님 살아생전엔 생신에 모였고 돌아가신 후엔 추도일에 모이고 있다. 대부분 1박 2일로 진행되는 가족 행사에 웬만하면 모두 참석하지만 평균적으로 30~40명이 모인다. 의무감으로 오는 게 아니다.

만나면 소소한 대화가 오가는 가족 모임은 언제나 화기애애하다. 형제들이 나이가 들면서, 그의 자녀 세대가 성장하면서 모임은 더욱 풍성해지고 있다. 종사하는 분야도 각각 달라 여러 분야의 이야기를 들을 수 있고, 다양한 인맥을 통해 서로서로 연결되니 일석이조이기도 하다. 하지만 무엇보다 좋은 것은 함께하는 기쁨이다.

해마다 설날이 되면 형제들이 돌아가며 그해 모임 장소부터 스케줄까지 모두 책임진다. 모임 주관자가 되었을 때 약간의 긴장감도 좋고, 더 유익한 것을 마련하려는 선의의 마음도 좋다. 감사하게도 모두 가족 모임의 취지에 공감하고 있으니 마음을 다해 준비하는 것이다.

대가족 모임을 통해 우리 가족은 부모님이 남겨주신 가훈을 되새긴다. "서로 사랑하라." 부모님이 평생을 살면서 본을 보이셨고 자녀들에게 한결같이 강조하셨던 말씀이다.

특히 가족 모임을 이어오면서 내가 신경 쓴 부분은 신앙의 가정이 되는 것이었다. 오래전 부모님을 신앙으로 인도하며 전도의 열정을 태웠던 나는 형제들에게도 말씀을 전했다. 나 자신이 예수를 믿고 변화된 삶을 살아가고 있기에 그들도 별다른 거부감 없이 받아들였다. 신앙생활을 통해 기쁨을 누리고 사업에 복을 받는 모습 그 자체가 간증이 되었던 것이다.

그로 인해 가족이 모두 하나님의 자녀가 되는 은혜가 임했다. 덕분에 가족들이 모일 때, 특히 부모님 추도식 때는 우리 가족만의 찬송가를 따로 편집한 '가족찬송가'를 들고 만난다. 가족들이 좋아하는 찬송가가 담겨 있어 예배드릴 때면 찬송을 통해 하나님과 하늘의 부모님께 감사하고, 서로를 위해 축복하며 기도하는 시간을 갖는다. 가족 중에 장로가 3명, 권사가 4명 있는데, 이때 나는 설교 말씀을 주로 전한다. 가족이 모여 지나간 추억을 이야기하고 우애를 나누는 것도 좋지만, 무엇보다 영생을 얻었음을 기뻐하고 본향을 향한 소망을 갖고 예배하는 시간이 그 무엇보다 축복이라 생각한다.

이 축복 속에 우리 가족의 우애와 사랑은 더욱 깊어진다. 그래도 둘째인지라 가족이 모이면 내가 한마디씩 하곤 하는데 최이승 회장이 쓴 《주께 하듯 하라》라는 책을 읽고 가족들과 느낀 점을 나눈 적이 있다. 모든 일을 주님께 하듯 하면 갈등이 있을 수 없다. 주님께 뭔가를 할 때 거짓이나 분노, 사기꾼의 마음으로 할 수 없다. 진심을 다해, 진정과 신령으로 하지 않겠는가. 그러니 가족이나 이웃 모두에게 그런 마음으로 대하기로 작정했다. 이러한 다짐과 함께 부탁을 했을 때 형제 모두 깊이 공감했던 기억이 난다. 그 마음을 공감해주는 형제들이 그렇게 고마울 수가 없었다.

우리도 어차피 나이가 들어가고 이제 앞서거니 뒤서거니 할 때이다 보니 일찌감치 가족묘를 제안하기도 했다. 가족묘를 하는 데에는 우리 가족의 모임을 후대까지 이어가자는 의미도 있다. 물론 우리는 천국이라는 본향을 한 소망이 있기에 이 땅에서 묻힐 자리엔 크게 연연하지 않는다. 다만 가족이, 형제가 함께 동거하고 연합함을 원하셨던 주님의 뜻대로, 이 가족묘로 인해 후손들이 한 번 더 만날 수 있고 함께 모일 수 있는 계기가 되면 가정의 소중함을 알 수 있지 않을까 지혜를 주신 덕분이다. 형제들이 다 함께 안치될 곳엔 형제자매 납골묘란 이름을 붙여놓고 돌판엔 '너희는 서로 사랑하라'란 부모님이 지어주신 가훈을 새겨놓았다.

"야, 우리 형제는 이제 이 땅에서 할 일은 다 했다. 나중에 묻힐 자리까지 소박하게나마 마련해놨으니 이제 이곳에서 허락하신 시간을 잘 보내다가 천국 가서 만나자."

이런 이야기를 가족과 함께 나눌 수 있음에 감사할 뿐이다. 다른 집 안과는 확실히 다른 분위기 덕분인지 자녀들이 가족 간의 만남, 가족 관계의 소중함을 알고 있다. 이젠 다들 성장해 가정을 이룬 경우도 많아 대화도 깊어져서, 취준생들의 고민부터 자녀 교육, 나아가 신앙생활과 사회생활의 구분과 융합, 좀 더 철학적인 접근으로 '어떻게 살 것인가', '무엇을 위해 살 것인가' 등에 대한 이야기도 나눌 수 있다.

젊은 세대에게서 얻어지는 신선한 자극도 좋고 연륜이 쌓인 세대가 전하는 조언에 귀 기울이다 보면 가족만이 줄 수 있는 귀한 선물에 감사하게 된다. 결국 그 선물들이 모아져 각자 흩어진 곳에서 삶의 지혜를 꽃피우는 것 아니겠는가.

살아보니 정말 옛 선현들의 말이 옳다. 수신제가치국평천하修身齊家
治國平天下, 몸과 마음을 다스리고 집안을 안정시킨 뒤에 나라를 다스리
고 천하를 평정하라는 말이 괜히 나온 것이 아니다. 그만큼 자기 자신
을 다스리는 일과 집안을 다스리는 일이 모든 일의 기본이다.

살아온 날보다 살아갈 날이 적어지면서 자녀들에게 특히 가정에 대
한 이야기를 자주 하게 된다. 그들에게 부모님 세대가 완전할 순 없겠
지만 그래도 가족의 소중함을 평생 강조하며 본을 보였기에 자신 있게
말할 수 있다.

"가족애, 형제애가 중요하다. 재벌들 봐라. 형제 간의 우애가 갈라
지는 걸 보면 모두 돈 때문인데, 깊이 들여다보면 그 속에 가족을 소중
하게 생각하는 정서가 없었기 때문이다. 가족은 하나님이 맺어주신 특
별한 동역자이기에 서로 화목하고 힘을 합쳐야 한다. 아버지는 너희에
게 재산을 나눠주진 않을 거다. 다만 관리할 권리를 줄 테니 함께 힘을
합쳐서 관리하되 힘들어 굶게 되면 함께 굶는 마음으로 살았으면 좋겠
다. 무엇보다 우애 있게 지내는 게 먼저다. 그 마음으로 각자의 가정을
지켰으면 한다."

요즘도 나는 회사에 출근하기 전 조금이라도 가족 간에 불편한 일
이 있거나 마음 상하는 일이 있을 경우 그 일을 먼저 해결한다. 모든 일
을 주께 하듯 하라는 조언대로, 주님께 하듯 문제를 대하면 가족 간의
벽은 눈 녹듯 허물어진다. 그러면 그날은 그 어느 때보다 편안한 마음
으로 일을 처리할 수 있다. 가화만사성에서 얻은 지혜다.

2018년 새해를 앞두고 나는 한 가지 제안을 했다. 어느덧 우리 가족은 아버지 형제를 기준으로 모두 모이면 100명이 훨씬 넘는다. 숫자가 많으니 다 같이 만나는 시간이 상대적으로 적어 소홀해지기 쉬웠다. 나는 정기적으로 만나는 시간을 갖자고 했다.

"제가 제안 하나 하겠습니다. 얼마 전 제가 김승규 전 장관님 가족 모임에 초대되어 갔을 때 축사를 맡은 적이 있었어요. 그 가정도 8남매인데 얼마나 다복하고 우애가 깊은지 보기가 좋더라고요. 거기도 워낙 인원이 많다 보니 정기적으로 신년하례 모임을 갖던데, 저희도 벤치마킹해서 아버지 형제 자손들까지 모여봅시다."

다행히 모든 가족이 흔쾌히 응해주었고 2018년 1월 1일 100여 명이 '팜스팜스' 뷔페 특실에 모여 신년하례 행사를 했다.

가정은 공동체의 기본이다. 사회는 그 공동체들이 모여 조성되고 나아가 세계를 구성한다. 나의 본모습을 잘 알고 있으면서 언제나 내 편이 되어줄 수도, 따끔한 충언을 해줄 수도 있는 가정을 잘 다스릴 때 좋은 기운이 나에게 유입된다. 그것이 곧 앞으로 나아갈 추진력이 되고 역사를 바꿀 원동력도 된다. 이러한 마음을 자녀들에게도 흘러가게 해주고 싶어 새로운 가훈을 지어주고 지켜나가도록 권하고 있다.

모든 일에 정성을, 주어진 일에 최선을, 목적 있는 행동을, 후회 없는 생활을.

이 가훈을 가족 모두가 마음에 새기고 자신의 삶을 돌아보면서 혹시 그동안 미루고 살았던 것이 생각나면 이 말을 되새기며 마음을 다지고, 후회되는 일이 있다면 바로 해결하자고 다짐하며 알찬 시간을 보내길 기대한다.

어떻게 즐겁게 일할 것인가

최근 재밌게 읽은 책이 있다. 《나는 죽을 때까지 재미있게 살고 싶다》라는 책으로 이근후 정신과 박사가 지은 책이다. 이화여대 교수이자 정신과 전문의로 50년간 환자를 돌보다가 은퇴 후 학생이 되어 배움의 길로 들어서서 공부를 시작해 주목받은 이근후 박사는 수십 년간 의료봉사는 물론 아내와 함께 가족아카데미아를 설립해 상담과 교육에 헌신 중이다. 여든이 넘은 나이에도 걸어 다니는 종합병원이라는 별명이 무색할 정도로 건재하며 재미난 인생을 살고 있는 그분은 온통 어떻게 하면 인생을 재미있게 살아갈 수 있을지를 고민하며 책을 썼다고 한다.

그 결과 《나는 죽을 때까지 재미있게 살고 싶다》라는 책이 나왔고 많은 이들에게 힐링을 주었다. 특히 진짜 인생을 즐기는 사람은 재미있는 일을 선택한 사람이 아니라 어려운 상황에 처해 있더라도 재미있게 해낼 것이라고 생각하는 사람이라는 견해에 전적으로 공감했다. 그가 재미있게 사는 방법들은 사소하다. 며느리에게 거절하는 법을 가르치고 당당하게 아파하며 늦게 공부하는 재미를 찾고 자신에게 너그럽되 아내를 웃게 만들라는 등의 조언은 밑줄을 그어가며 읽은 부분이다.

맞는 말이다. 우리는 즐겁게 살아야 한다. 우리에게 주어진 삶은 거저 얻은 삶이 아니다. 온 우주의 기운과 사랑이 합해져 주어진 삶이기에 그 기회를 최대한 활용하면서 살아야 한다. 가능한 즐거운 일을 찾아 하는 것이 좋지만, 잘해서 재미를 느낄 수도 있다. 금상첨화다. 하지만 좋아하지 않는데 능숙해져서 평생 그 일을 하는 건 소모적인 일이라고 생각한다.

다행히 나는 전자였다. 솔직히 공대를 가게 된 것은 순전히 장학금 때문이었다. 원래는 사범 계열을 생각했으나 장학금을 받기 유리한 곳은 공대였기에 공대생이 되었다. 그렇게 이쪽 계통으로 일을 하게 되었고 사업까지 하게 되었다. 그런데 열심히 하다 보니 하는 일에 재미가 붙고 도전 의식이 생겼다. 개발이란 분야에 매달리면서 재미가 커졌다. 창고 같은 공장 한구석에 스탠드 하나 켜놓고 좁은 공간에서 회로를 만지며 부품 개발을 할 때도 그 자체가 좋았다. 밥 한 끼 안 먹는다고 큰일 나는 게 아니기에 밥을 건너뛰며 밤새 연구해도 질리지가 않았다. 하다 보니 재미가 붙고 그러다 보니 실력이 쌓인 것이다. 아마 재미가 없었다면 도전 따위 하지도 않았을 것이다.

그런 까닭에 나는 일에 대한 의미 부여와 함께 재미를 강조하는 편이다. 재미를 느껴봐라, 재미를 느끼지 못한 까닭을 살펴봐라, 10년을 해도 재미가 없다면 흥미를 느낄 분야를 찾든지 접목시켜 봐라, 그것도 아니라면 재밌게 일할 수 있는 방법을 찾아봐라, 이런 이야기를 해준다.

재밌게 사는 방법이 꼭 일에만 있는 건 아니다. 다른 곳에서도 동력을 찾았는데, 바로 다양한 취미생활이다. 나는 운동광이기도 하다. 공으로 하는 운동을 좋아하는 편이라 탁구나 골프는 프로급은 아닐지라도 잘한다는 소리깨나 듣는다. 탁구 같은 경우는 젊었을 때부터 해와서 수십 년 구력을 지니고 있는 터라 지금도 탁구장에 가서 몸을 풀곤 한다. 골프 역시 꽤 오래 즐겨왔는데 한번 시작하면 끝을 보는 성격인 탓에 필드에서의 성적도 좋은 편이다. 이런 덕분에 제주도에 골프장을 건설할 때도 취미와 연결되는 영향력이 컸다.

운동을 하다 보니 모든 일에 활력이 넘친다. 어떤 사람은 '운동＝승부'라고 생각하여 즐기지 못하는 경우가 있다. 너무 경쟁의식에 빠져서 진정한 스포츠 정신을 깨닫지 못하는 것이다. 운동은 그 자체를 즐겨야 운동 본연의 역할을 잘해낼 수 있다. 물론 탁구는 두 사람에서 네 사람까지도 가능한 경기이므로 시합이 이루어지지만 점수에 연연하기보다 본인의 체력을 기르고 재미를 느끼는 데 집중하다 보면 운동 자체가 주는 에너지가 엄청나다.

나이가 들수록 재미있게 운동하는 것이 더 필요하다. 요즘도 나는 탁구장에 나가서 사람들과 만나 복식경기를 주로 한다. 주거나 받거니 경기가 시작되면 냉정한 승부의 세계가 펼쳐지지만 땀과 투지가 살아 있는 그 시간이 얼마나 소중한지 모른다. 승패에 상관없이 경기를 마치고 난 뒤 땀 흘린 사람들이 시원한 음료수를 나눠 마시며 인생을 나눈다. 스포츠를 통해 알게 되는 삶의 진리, 인생살이의 법칙 같은 것을 나누는 일은 본업에 돌아와서도 활력소가 된다.

얼마 전 조찬과 함께하는 기업가 강연에 강사로 초대된 적이 있다. 중소기업을 경영해온 기업인으로서 그간의 노력과 실패를 통해 무엇을 배웠는지 경험을 나누어달라는 부탁을 받고 강연을 준비했다. 전문적인 강사도 아니고 달변도 아닌 터라 상당히 신경도 쓰이고 긴장이 되었는데, 받아놓은 날짜는 금세 다가온다고 어느새 하루 전날이 되었다.

'그래, 내가 경험한 일들을 나누는 거다. 긴장하지 말자.'

그런데도 기업인들 앞에서 1시간 넘는 강연을 하려니 입이 바짝바짝 말랐다. 이대로는 안 되겠다 싶어 전날 운동을 하기로 했다. 아내는 몇 시간 뒤에 강연을 할 사람이 무슨 운동을 하느냐며 걱정스러워했으나 탁구장에 가서 1시간 넘게 탁구를 쳤다. 땀을 흠뻑 흘리는 것까지는 좋았는데 너무 열심히 쳤는지 탁구대 모서리에 허벅지 쪽을 찍는 바람에 멍이 들었다. 그런데도 기분은 많이 상쾌해졌다.

다음 날 새벽, 강연장으로 향하는데 탁구대에 부딪힌 골반 쪽 상처가 걸을 때마다 욱신거리면서도 마치 무슨 훈장을 얻은 것처럼 기분이 좋았다. 강연을 들으러 온 많은 사람들과 눈을 마주치는데 괜히 여유가 생겼고, 강연의 포문도 운동 이야기로 열었다. 긴장을 풀어보려고 너무 애쓰다 보니 운동을 통해 긴장은 풀렸는데 몸에 훈장이 생겼다고 하니 다들 웃으며 내게 응원을 보내주었다. 그렇게 시작된 강연은 무사히 끝났고 뿌듯함을 안겨주었다. 운동이라는 재미가 나를 즐겁게 일하게 만든 것이다.

다양한 취미를 즐기려는 생각에 선택한 또 다른 하나는 '배움'이다. 사람은 죽을 때까지 배운다는 말이 있듯이 나 역시 배우는 일에 지극히 개방적이다. 배워서 남 주는 건 없는 것 같다. 지금도 난 새벽에 일어나 전화로 하는 영어 회화 공부를 하고 있다. 직장 생활을 할 때 일본과 교류가 잦았던 터라 일본어를 공부했던 바탕이 있어서 일본어도 배운다. 몰랐던 것을 하나씩 배워가는 기쁨은 즐겁게 일하는 데 도움을 준다. 꼭 전공 분야가 아니라도 상관없다.

새벽에 전화로 원어민과 영어로 대화를 나누다 보면 말문이 턱 막힐 때도 있고 부끄러울 때도 있다. 그것을 부끄러워했다면 일찌감치 그만뒀을 테지만 모르면 알면 되고, 알면 뿌듯한 게 배움이 지닌 묘미인 만큼 그렇게 배워가며 현장에서 써먹는 재미도 커서 배움을 멈출 수가 없다.

또 하나 즐겁게 일할 수 있는 활력소는 '모임'이다. 기업인으로 오랫동안 일을 하다 보니 이래저래 알게 된 인맥이 넓은 편이다. 자연스럽게 동호회도 참석하게 되고, 동창회나 향우회, 경영인모임이나 기독실업인모임 등 참석하는 모임도 상당하다. 이러한 모임은 사람을 다양한 관점에서 보게 만드는 매개체가 된다. 물론 괜히 자리나 위치를 뽐내는 모임은 지양해야겠지만, 그런 것이 아닌 경우 만남을 통해 여러 이야기를 접하는 것도 좋은 방법이다.

한번은 ROTC 동기 모임에 가게 되었다. 그들은 분기에 한 번 모임을 갖는데, 그간 일이 바빠서 늦게 참석하거나 결석했던 터라 그날은 작정하고 모임에 나가 15분쯤 일찍 도착해 친구들을 맞기로 했다. 그런데 아무리 기다려도 한 사람도 오지 않는 것이다. 혹시 내가 약속 시간이나 약속 장소를 잘못 알고 있나 싶어 카운터에 확인했더니 이미 위층에서 30분 전에 모임을 시작했다는 것이다.

허둥지둥 모임 장소로 올라가니 동기들 목소리가 들려왔다. 다들 은퇴한 지 한참이 되어선지 일찌감치 나왔던 것이다. 급한 마음에 문을 벌컥 열고 들어가자 머리칼 허연 친구들이 반갑게 맞아주었다. 그들이 아직까지 현업에서 일하고 있는 동창생을 무척 부러워했던 기억이 난다.

"국창아. 너 참 대단하다. 네가 노인의 힘을 보여줘라."

이런 응원을 받으며 또다시 오늘을 재밌게 살아갈 힘을 얻었다.

누구에게나 자신의 삶을 좀 더 윤택하고 활력 있게 만드는 무언가가 존재한다. 그리고 가능한 그것을 다양한 채널로 지니고 있는 게 좋다고 생각한다. 지금 나는 하루하루가 즐겁고 재미있다. 좋아하는 일을 하고 있다는 기쁨과 즐겁게 일할 수 있는 활력소를 많이 가지고 있어서다.

현재 우리 사회는 '어떤 일을 해야 하는가'에 더 많은 고민을 하고 있다. 변화무쌍한 미래를 대비한 고민도 당연히 필요하지만, 자신이 하고 있는 일, 주어진 일을 어떻게 하면 즐겁게 할 수 있을까를 생각해봤으면 좋겠다. 지속 가능성, 미래는 지속 가능한 것을 고민하는 시대가 될 거라는 말이 있다. 어떻게 즐겁게 일할 것인가에 대한 고민 역시 지속 가능한 일을 찾는 또 하나의 열쇠가 아닐까 생각한다.

하늘에 소망을 두라

기업가들과 만나면 다들 성공률 높은 사업 아이템을 찾느라 여념이 없다. 어떤 사람은 단 10퍼센트 가능성만 보여도 과감하게 새로운 기술 개발에 도전하기도 하고 어떤 사람은 상당히 높은 성공 확률이 있어도 돌다리 두드리는 심정으로 주저하기도 한다.

그런데 결론은 아무도 모른다는 사실이다. 아무리 입을 모아 가능성을 점쳐도 잘되지 않는 일도 있다. 모두가 안 된다고 했을 때 성공을 거두어 업계를 놀라게 하기도 한다. 그러니 잡을 수 없는 성공을 좇는 일도, 잡힐 것 같은 신기루에 연연하는 일도 무모하다.

성경은 이런 우리들에게 가르침을 준다. '하늘에 소망을 두고 살라'는 것이다. 우리의 목숨은 유한하다. 인생은 어디로 왔다가 어디로 가는지 알 수 없다. 바람같이 왔다가 사라지는 안개 같은 인생이라고 표현하는 것도 그런 이유다. 그런데도 아등바등 영원할 것 같은 이 땅에서의 삶에 전전긍긍하면서 살아가는 이들이 너무 많다. 나이가 들어가면서 살아온 날보다 살아갈 날이 더 짧은 사람들과 만날 기회가 많다. 그런데도 가끔 이 땅에서의 삶이 너무 좋았는지, 어떻게든 살아남으려고 하는 모습을 볼 때면 안타깝고 짠하다.

하나님은 우리에게 이 인생을 나그네와 같은 삶이라고 규정 지으셨다. 대신 하나님을 믿는 자녀들에게 구원을 선물로 주셨고 구원으로 인해 영원한 생명을 허락하셨다. 그 영생은 하늘나라에서의 삶으로 이어진다.

믿는 자들에게 고향은 이 땅에서 태어난 곳이겠지만 본향은 하늘나라다. 그곳에서 부르심을 받아 나그네 같은 삶을 살다가 다시 본향으로 돌아가는 것이 우리의 인생인 것이다. 또한 영생을 누릴 하늘나라에서는 더 이상 슬픔도 아픔도 없고 기쁨과 평화만 넘쳐난다.

하나님을 믿기 전 나 역시 이런 말을 믿지 않았지만 진심으로 회심하고 난 뒤엔 하늘나라에 대한 소망이 생겼다. 우리가 돌아갈 곳 본향을 꿈꾸며 삶을 살다 보니 그다지 욕심을 부릴 것도, 탐욕을 부릴 일도 없다. 뭔가 잘 안 되어도 '이번엔 잘 안 되는 게 뜻이었나 보다', 일이 잘 풀리면 '정말 감사한 일이다. 영광을 돌려야겠다' 하는 식의 마인드 컨트롤이 되었다. 하늘에 소망을 두고 사는 삶은 현재의 삶을 여유롭게 이끈다.

내 영혼아 네가 어찌하여 낙심하며 어찌하여 내 속에서 불안해하는가 너는 하나님께 소망을 두라. 그가 나타나 도우심으로 말미암아 내

하나님을 여전히 찬송하리로다.

– 시 43:5

야곱의 하나님을 자기의 도움으로 삼으며 여호와 자기 하나님에게 자기의 소망을 두는 자는 복이 있도다.

– 시 146:5

성경은 이렇게 하늘에 소망을 둘 때 복이 있으며 또한 영원히 돌아갈 하늘나라 본향이 있기에 불안해하지 않을 수 있음을 말하고 있다. 그런 까닭에 기업을 40년 넘게 하면서 하늘에 소망을 두고 일했고 그 결과 역시 하나님의 뜻이라고 고백할 수 있었다.

일터에서 많은 이들이 불안해한다. 이것이 맞는 길인지 의심하고, 더 좋은 방법은 없었는지 번민하고 후회하기도 한다. 또한 기회를 놓쳐 실패했다고 낙담하기도 한다. 하지만 우리는 하나님의 자녀이고 하늘나라에 대한 소망이 철저하기 때문에 불안해하거나 낙심하지 않을 수 있다. 영원한 생명이 넘치는 돌아갈 곳이 있는데 무엇이 걱정일까.

하늘에 소망을 둔다는 것은 100퍼센트 확실하고 든든한 '빽'이다. 돌아갈 곳을 걱정할 게 아니라 언제든 부르실 때 감사하며 기쁨으로 갈 곳이 있음에 감사할 때 복된 인생을 누릴 수 있다.

흙수저도 금수저가 될 수 있다

흙수저 연금술 십일계명

1

주변에서 일어나는 사건에 주목하라

위대한 사람은 위대한 꿈을 꾸었다? 모두가 그런 건 아니다. 그동안 너무 많은 성공담을 통해 목표나 꿈을 강요당해온 것도 사실이다. 인류사에 족적을 남긴 사람들이 태어나자마자 뚜렷한 목표나 분명한 꿈을 정해놓고 무작정 달려간 경우는 그다지 많지 않다. 특히나 소위 스펙이라 불리는 배경 없이 자란 경우, 위대한 목표를 세울 환경이 조성되지 못할 때가 더 많다. 평범한 가정에서 태어나 그다지 내세울 것 없는 환경에서 살아온 사람들도 얼마든지 뭔가를 이루고 만족하며 살 수 있다.

목표를 영어로 표현하자면 'goal'이다. 농구나 축구 등 골대에 공을 많이 넣은 팀이 승리하는 구기 종목의 경우 작은 골대 안에 공을 넣기 위해 그 앞에서 수많은 시도와 도전이 일어난다. 경쟁도 치열하다. 그런데 생각을 바꿔보면 어떨까. 목표, 즉 goal을 굳이 정하지 않는 것이다. 정해진 골대가 없고 자신이 차는 방향이 골대가 된다면 소모적인 경쟁은 덜할 것 같다. 그렇다고 마냥 빈볼만 차선 안 된다. 내 주변에서 일어나는 사건에 주의와 관심을 기울일 필요가 있다.

강원도 태백 산골에서 시커먼 탄재를 뒤집어쓰며 살던 내가 서울로 유학을 온 것은 일생일대의 기회였다. 그런데 그 기회는 어느 날 누군가 나에게만 선물로 준 게 아니다. 기회는 누구에게나 열려 있었다. '도내 굴지의 기업가가 강원도 출신의 훌륭한 인재를 육성한다'는 취지로 장학금 제도를 제안했고, 그 제안은 당시 고등교육을 받고 있는 학생 모두에게 해당되었다.

다만 이때 제안을 받아들일지 말지 선택한 것은 나의 몫이었다. 내게 그 선택을 한 것은 사건이었다. 어린 나는 태백을 벗어날 방법을 스스로 찾을 순 없었다. 대신 좋은 기회가 열렸고 그 기회를 잡는 사건이 있었고 다행히 그 사건에 잘 휘말림으로 생각지도 못한 길을 열게 되었다.

대학 합격, 서울 상경.

이 여덟 글자가 나의 인생을 바꿔놓았다. 이 사건으로 나는 자신감을 얻었다. 아버지를 비롯해 큰형님, 아니 동네 성인 남자 대부분이 마치 운명처럼 광부의 삶을 받아들이던 시절, 주변에서 일어난 사건에 휘말리지 않았다면 나 또한 그 길을 갔을 것이다. 재차 말하지만 직업의 귀천을 말하는 것이 아니다. 광부는 내가 하고 싶은 일이 아니었다. 그런데도 그 일을 주어진 운명으로 받아들이고 선택했다면 얼마나 재미없고 의미 없는 인생을 살았을지 모르겠다.

그 이후에도 나를 중심으로 한 사건은 계속해서 일어났다. 그 사건들에 잘 반응했을 땐 좋은 기회가 왔고 잘 반응하지 못했을 땐 실기하기도 했다. 성공을 거둔 창업이 한순간 부도 처리되었을 때는 더 이상 기회가 없다고도 생각했다. 그런데 신앙의 힘으로 마음을 추스르자 주변에서 또다시 사건이 일어났다.

꿈에도 생각지 못했던 과거 일본 협력사 임원과 만나게 된 사건, 생각지도 않은 커미션을 지급받고 예전 공장의 새 주인에게 기계를 무료로 임대받은 사건, 은행 지점장을 만나 그를 통해 재정 지원의 기회가 열린 사건 등 이러한 사건들이 연속적으로 일어나면서 다시 사업가로 발돋움할 수 있었다.

나는 뚜렷한 목표를 가지고 사업을 시작한 게 아니다. 다만 사건을 통해 주어지는 기회를 주의 깊게 바라보고 그 기회를 활용해 무엇을 할 수 있을지 고민하다 보니 길이 열린 것이다.

2

가능한 일찍 실패하라

실패 없는 인생이 있을까. 단언컨대 없다. 미국의 홈런왕 베이비 루스는 714개의 홈런을 쳤지만 그 이면엔 1,330개의 삼진 아웃이 있었다. 세계가 인정하는 미국의 지도자 링컨 대통령은 무려 27번의 실패를 경험했다. 사업은 파산했고 약혼자가 사망하기도 했으며 수차례 선거에서 낙선하는 등 하도 실패만 하는 통에 주변에서는 그가 무슨 일을 저지를까 걱정할 정도였다. 그러나 하나님의 사람 링컨은 자신의 실패를 아름다운 도전으로 승화했다.

이처럼 어떤 성과를 거두기까지 그 이면엔 실패가 놓여 있다. 나 역시 30대에 시작한 사업이 탄탄대로를 걸으며 뻗어나갔을 때가 있었다. 최초로 부품 국산화에 성공한 케이스로 경쟁자도 없었다. 갑작스러운 성장은 사람을 붕 뜨게 만들었고, 때마침 젊은 기수가 등장했다며 주변에서 부추기는 바람에 정치 바람이 들면서 인생이 꼬이기 시작했다.

다른 곳에 정신이 쏠리고 본업에서 멀어지자 바로 적신호가 켜졌다. 실패하기까지의 시간이 너무 짧아서 마치 꿈을 꾸는 듯 모든 것이 무너졌다. 탄탄했던 회사는 하루아침에 부도가 났고 500명이 넘던 직원들도 뿔뿔이 흩어졌다. 가족은 갈 곳을 잃었고 난 도망자 신세가 되어 2년을 방황해야 했다.

실패 후 재기하기까지의 시간은 고통의 연속이었다. 당장 잠잘 곳과 먹을 것을 걱정해야 하는 신세가 되자 좌절감과 상실감, 배신감과 후회가 걷잡을 수 없이 사람을 부정적으로 지배했다. 다행히 하나님을 알게 되고 하나님을 체험함으로써 영적으로 회복되어 마음가짐을 철저히 바꾸었다.

예전에 나를 넘어뜨렸던 마음과 정신을 점검했고 가장 잘할 수 있는 일을 중심으로 사업에만 집중했다. 다시 사업을 일으키고 안정에 접어들기까지 10여 년의 세월이 필요했다. 한 번 실패하고 복귀하는 데 그러니까 십수 년의 시간이 필요했던 것이다.

인생은 어차피 한 번 사는 삶이다. 그 삶에 늘 꽃길만 있을 수는 없다. 하나님이 인생을 허락하실 때 희로애락의 다양한 길을 걷게 하셨으니 그저 주어진 삶을 열심히 살아내면 된다.

그런데 살아보니 실패는 가능한 젊은 나이에 해보는 게 좋다. 반드시 실패를 하라고 당부하는 것은 아니지만 실패 없고 어려움 없는 때는 없다. 다만 젊었을 때는 좀 더 도전적이고 과감할 여력이 있다. 경험을 많이 할수록 경우의 수를 따지고 앞뒤 재는 일이 많다. 이런 치밀한 면이 안전 면에서는 좋을 수도 있지만 때론 도전을 막기도 한다. 실패는 모든 것을 잃는 것으로만 끝나지 않는다. 실패를 통해 얻어지는 교훈이 분명히 있고 다른 결정적인 방법을 찾는 수단이 되기도 한다.

가능한 젊었을 때 실패해보라는 말은 젊었을 때 좀 더 과감하게 도전해보고 때론 무모한 시도라도 해보라는 말과 같은 맥락이다. 앞서 회복탄력성에 대해 언급했는데, 젊을수록 회복탄력성도 좋다. 탄성이 강하기 때문이다. 다시 일어설 탄성, 늘어졌다가 다시 튕겨 오를 탄성 말이다.

시간은 돈보다 중요하다. 시간을 줄이는 것이 얼마나 큰 경쟁력인지 모른다. 실패 경험은 시간을 줄이는 데에도 중요한 역할을 할 수 있다. 그러므로 가능한 젊을 때 여러 가능성을 시도해보고 도전해봤으면 한다.

'좀 더 기다려보자.'

'좀 더 적기가 올 거다.'

이런 식으로 적절한 시기를 운운하며 미루다 보면 평생 안전한 시기가 오지 않을 수도 있다. 조금 더 젊을 때 안정적인 안주를 택하지 말고 불안한 도전을 택했으면 좋겠다. 그것이 좋은 결과를 가져오면 좋은 것이고 실패하더라도 나중에 좋은 자양분이 될 수 있기 때문이다.

나는 지금껏 하나님께 감사하는 일 중 하나가 맨 처음 잘나가던 시절 사업에 실패하게 하신 것이다. 그때의 실패로 내 일의 가치와 의미, 소명을 확실히 알았고 실패를 딛고 일어설 때 무엇이 중요한지 알게 되었기 때문이다. 인생의 결말은 모른다. 지금 하는 일의 결론이 어떻게 맺어질지 모른다. 그러니 실패를 두려워하지 말아야 한다.

3

죽도록 배워라

앞서 언급했듯이 초졸 학력이 전부인 고노스케 회장은 자신의 흙수저 배경을 오히려 행운으로 승화했다. 조실부모한 것, 배우지 못한 것, 건강하지 못한 것, 이렇게 3대 흙수저 배경이 오히려 자신을 겸손한 경영인으로 만들었다고 이야기한 바 있다.

특히 가장 인상 깊은 것은 배움에 대한 이야기다. 초등학교 중퇴가 학력의 전부였던 그는 자신이 만나는 모든 이들에게 배움을 청했다고 한다. 세계적인 CEO가 이렇게 낮은 배움의 자세를 갖추기가 쉬운 일은 아닐 것이다. 물론 이런 면이 그분을 오늘날 경영의 신으로 이끌었겠지만 말이다.

배움은 누구에게나 공평하다. 학력이 좋고 나쁘고를 떠나, 배경이 좋고 나쁘고를 떠나, 가진 게 있고 없고를 떠나 배움의 기회는 누구에게나 주어지고 선택할 수 있다. 배움의 고통을 이겨내지 못하면 무지의 고통을 극복해야 한다.

내가 나고 자란 태백은 초·중·고등학교가 단 한 곳뿐이었다. 특히 고등학교는 학생들을 아예 광부로의 길로 안내하려는 듯 공업고등학교 광산과로 특화되어 있어서, 인문계고등학교에서 배울 법한 배움의 기회가 없었다. 이런 상황이다 보니 다들 그 조건을 운명처럼 받아들이며 살았다. 하지만 몇몇 학생들은 대학 공부를 할 기회를 얻고자 독학했고 결국 다른 길로 진로가 열렸다.

나 역시 우리 집 다락방을 공부방 삼아 찜통 같은 더위, 서릿발 같은 추위 속에서 공부했다. 가르쳐주는 사람이 있었던 것도 아니고 제대로 된 책이 있었던 것도 아니다. 그저 교과서와 참고서만 죽어라 파면서 입시를 치렀다.

사실 그땐 공부가 얼마나 힘들었는지 책은 꼴도 보기 싫을 정도였고 그런 까닭에 대학에 가서는 조금 놀기도 했지만 신기하게도 배움이 주는 공정한 결과만큼은 가슴속 깊이 박혔던 것 같다.

'배우면 된다. 배우는 게 남는 거다.'

한 번의 깊은 경험은 사회생활에서도 이어졌다. 공대생이라고는 해도 이론과 현실 사이의 괴리감은 컸다. 다시 처음부터 배우는 수밖에 없다는 각오로 선배들 따라다니며 배웠다. 그래도 사회 초년생이라는 이름표를 달고 있어 선배들에게 배움을 조를 수 있는 입장이었고 궁금한 것도 많았기에 참 많이 물어가며 공부했다. 회사에서 숙식을 했던 터라 선배나 동료 대신 거의 날마다 숙직을 대신 서주며 연구를 해보기도 하고 전공 서적을 뒤지며 이론을 파기도 했다. 결과적으로 그때의 공부가 훗날 창업 이후까지 많은 도움을 주었다. 무엇보다 공부에 시간을 투자하면 그만큼 결과로 보답받는다는 것을 깨닫고 있었기에 모르면 무조건 배운다는 자세로 일에 임했다. 과연 배움은 거짓말을 하지 않았다. 아는 만큼 보였고 배운 만큼 노력할 수 있었다.

이런 이유로 조금 피곤한 습관도 생겼는데, 생소하거나 새롭게 도전해야 할 분야가 있으면 무조건 배우려는 마음이 앞서는 것이다. CEO라면 적어도 자신이 종사하는 분야에 대해 완벽하지는 않아도 많이 알고 있어야 한다는 강박관념이 생긴 나머지 뭐든 배워야 직성이 풀리게 되었다.

2000년대 들어서면서 우연히 시작하게 된 양식장과 골프장도 그랬다. 공대생이 도전할 법한 일은 아니었지만 일단 도전하게 된 후에는 마음 한편이 불편했다. 대표라는 사람이 그 분야를 잘 몰라서야 되겠나 싶었기 때문이다. 그러다 보니 자연스레 공부가 시작되었고 수년 만에 수산업, 특히 물고기 양식에 대해 웬만큼 지식을 갖출 수 있었다. 물론 평생 수산업에 종사하는 분들만큼은 아니지만 그래도 경영할 정도의 지식은 갖추었다.

골프장 역시 그렇다. 골프는 즐겨하던 운동이었지만 막상 스프링데일 골프&리조트를 건설하고 나니 앞으로 복합문화단지로 확장하려면 문화 · 예술 환경에 대한 지식도 필요하다는 생각이 들어 관련 공부를 시작했다.

"그 나이에 뭐 그렇게 힘들게 사십니까? 맡기세요."

이런 이야기를 듣기도 하지만 맡기지 못해서 공부하는 게 아니다. 그저 배움이 익숙하고 좋기 때문이다. 일을 맡길 때도 아는 만큼 맡길 수 있다는 생각에 할 수 있는 만큼 배우려는 것이니 배움의 과정 자체를 즐길 수 있다.

사람은 죽을 때까지 배움의 연속이다. 꼭 학교나 배움의 장에 가지 않더라도 배워서 인생을 채워나가야 한다. 채움의 과정을 소홀히 해선 안 된다. 배움만큼 공평하고 평등한 것이 없다. 누구나 배울 수 있다. 마음만 먹으면 배울 수 있고 배움의 결과는 결코 거짓말을 하지 않는다. 언젠가는 반드시 인생의 자양분이 될 것이다.

흙수저도 금수저가 될 수 있다

4

형식주의를 타파하라

"회장님, 사무실이 참 소박합니다."

"네, 그렇죠? 의자가 좀 딱딱하더라도 이해해주십시오. 하하."

국내 4곳, 해외 5곳의 공장 사무실을 방문하는 사람들이 한결같이 하는 이야기다. 공장 한편에 마련된 사무실은 소박하다. 좀 더 적나라하게 말하자면 불편한 공간이다. 기다란 회의 탁자에 딱딱한 의자들만 주르륵 놓여 있어 손님에게 조금 미안한 마음이 들 때도 있지만 그렇다고 환경을 바꿀 생각도 없다.

과거 한때 화려함과 편안함을 추구했었다. 처음 창업이 성공으로 이어지면서 물건 좀 납품해달라며 거래처 사람들이 찾아와 부탁하는 기현상이 벌어졌고, 그때 기분이 붕 떠서 그들에게 보일 겉모습을 값비싸게 치장했다. '와' 하며 부러워하는 사람들의 모습에 취했던 것이다.

그러나 거듭 말했던 실패를 경험한 후 사업에 재가동을 걸면서 제일 먼저 든 생각은 '실속'이었다. 내 안의 찬란한 성공의 기억들을 지웠다. 분에 넘치게 보이는 것을 중요하게 생각했던 부분은 모두 쳐내기로 했다.

'그래, 기업은 이윤을 내고 그 이윤을 직원과 나누고 사회에 기여하는 것이다. 더 이상 남에게 보여주기 위한 일은 절대로 하지 않는다.'

나는 탈형식주의를 선언했다. 어느 정도 기업이 안정 궤도에 오르면 사장실부터 바꾸고 대리석을 깔기 마련이지만 그런 보여주기식 경영은 아예 차단했다.

"사장님, 사무실에 소파를 좀 가져다놓을까요?"

"아뇨. 우리는 사무를 보는 곳이 아니라 공장입니다. 제조 공장이고 사무실 업무는 사이드입니다. 그러니 편안하게 앉아 있을 생각 마시고 이합집산 시간을 줄이기 위한 동선을 짜고 사무실을 만듭시다."

이렇게 만들어간 사무실 분위기는 지금까지 이어지고 있다(물론 골프장엔 소파가 있다. 리조트는 휴식이라는 목적이 있기 때문이다). 중소기업에게 중요한 신속성을 기르기 위해 업무도 신속하게, 명확하게 분담하고 회의도 그렇게 진행하다 보니 사무실은 잠깐 모였다 흩어지는 장소에 불과했다. 다만 가끔 손님이 오거나 면담할 일이 생기면 미안한 마음도 든다. 그래도 상대에게 충분히 설명하고 이해를 구하다 보면 오히려 그들이 그 점을 높게 사기도 한다.

사업처에서 형식주의를 타파하고 나니 일상생활에서도 그렇게 된다. 실속과 실용성으로 점철된 삶이다. 물건을 구입할 때 '과연 실용적인가, 가성비가 좋은가' 같은 기준이 정해져서 상대적으로 감성적인 면이 떨어지기도 한다. 아내와 옷을 사러 갈 때도 그것을 사러 가기까지

흙수저도 금수저가 될 수 있다

의 과정과 사기 위해 생각하는 과정, 디자인을 감상하고 의견을 나누기보다 가능한 빠른 시간 안에 편안한 옷을 고르는 것을 중요하게 생각한다. 덕분에 아내에게 혼나는 게 일상이다.

탈형식주의가 생활에 밴 탓에 가끔 부작용도 낳지만 그래도 나는 탈형식주의를 지향한다. 한국 사회는 유독 보이는 것을 신경 쓰는 경향이 있다. '이 정도는 해줘야지', '이 정도는 보여줘야지' 하는 식의 이상한 기준과 잣대를 들이미는 경우가 많다.

이러한 형식주의를 벗어나야 한다. 정체성은 잊지 않되 겉모습이나 권위, 형식 같은 겉치레는 멀리해야 한다. 형식이라는 틀을 벗어날 때 오히려 새로운 형식이 만들어지고 개성과 실속이 돋아날 수 있다.

5

기본으로 돌아가라

과정이 중요한가, 결과가 중요한가를 두고 설전을 벌일 때가 있다. 기업인이라면 대부분 결과를 중요하게 생각할 것이다. 기업은 이윤이 남아야 지속될 수 있는데, 결과가 곧 수익으로 이어지기 때문이다. 그렇지만 나는 과정의 중요성도 결코 가볍지 않다고 생각한다. 과정이 정직해야 결과가 지속될 수 있기 때문이다.

"회장님, 와서 좀 봐주셔야겠는데요?"

직원들이 굉장히 멋쩍어하며 이런 이야기를 하면 나는 말없이 장갑을 끼고 현장으로 간다. 그 말인즉슨 뭔가 잘 안 되고 있다는 것을 의미하기 때문이다. 하루가 다르게 기술이 진화하는 상황에서 나 역시 그속도를 따라가기가 벅차다. 그렇지만 십시일반, 같은 일을 하고 있는 이들이 머리를 맞대면 해결하지 못할 게 없다고 생각한다. 내가 현장으로 가는 이유는 함께 고민하며 연구해보자는 액션이다. 그렇게 고민하는 자리에 가서는 빼놓지 않고 하는 말이 있다.

"이 제품이 만들어지는 기술적 원리를 알고 있나?"

수십 년간 해온 질문이었고 이제는 직원들도 나의 의도를 알고 있다. 아직도 원리에 대한 이해가 부족하다고 느껴지면 거듭 강조한다. 제품 개발에 성공하는 것도 중요하지만 기본 원리를 알고 적용하는 것이 더 먼저라고 말이다.

"우리 엔지니어들은 원리와 친해야 합니다. 원리를 잘 이해하고 있어야 합니다."

뭔가 일이 잘 풀리지 않을 때 Go to the basic, 기본으로 돌아가면 문제가 보이고 해결책이 보이는 경우가 많다.

40년도 훨씬 전, 국산 부품을 만들어보겠다고 창도 없는 함바 공장에 기계만 한 대 놓고 부품 개발에 열중하고 있을 때였다. 일본에서 생산된 완성 부품을 보면 그리 대단한 것 같아 보이지 않았는데 직접 해보려니 여간 까다로운 게 아니었다. '왜 안 될까, 뭐가 문제일까?' 의문에 의문이 꼬리를 물었다. 겉보기엔 비슷하게 만든 것 같은데 부품으로서의 역할을 확실히 못하고 있으니 답답할 노릇이었다. 우리나라가 애초에 부품은 몽땅 수입하고 껍데기만 그럴듯하게 만들어 팔다 보니 기술적인 원리에 너무 무심했었던 것이다.

'그래, 원리를 제대로 파악해보자.'

그때부터 나는 부품 하나하나의 성능과 그에 따른 원리를 공부해나갔다. 전자제품 부품들의 전기적 원리를 공부하고 실험하는 등 혼자만의 연구가 이어졌고, 그 결과 1년 반 만에 성과를 얻게 되었다.

신기하게도 원리를 깨닫고 나니 제품을 만드는 일은 상당히 간단했다. 원리만 이해하면 얼마든지 개발해낼 수 있겠다는 믿음이 생겼다. 실제로 그 이후 우리 회사가 개발한 부품의 종류만 해도 100여 가지가 넘는다. 입출품부터 센서, 히터류에 이르는 다양한 부품 개발이 냉장고를 비롯한 에어컨, 비데, 세탁기, 공기청정기 등 전자제품이라면 들어가지 않는 곳이 없을 정도로 다품종화되었다. 이렇게 많은 부품 개발에 성공할 수 있었던 것은 그 필요에 의한 것이기도 했지만 원리에 입각한 개발이었기에 가능했다고 생각한다.

지금도 여러 개발이 진행 중이다. 개발이 막힐 때면 기본 원리로 돌아가 생각하라고 주문한다. 특히 전문 이론이 없는 이들에게는 옴의 법칙을 비롯한 기본 이론을 설명하는 것은 물론, 용접을 할 때는 어떤 원리로 산소가 얼마나 필요한지, 용접봉은 어떤 게 좋은지, 왜 좋은지 원리를 설명했다. 또한 생산과정에서 불량이 날 경우, 원인도 파악하지 않은 채 빨리 문제부터 해결부터 하려는 경향이 많은데 이때도 왜 불량이 발생했는지 어떤 원리를 어겨서 이런 일이 발생했는지 근본적인 원인을 파악하고 분석하려고 했다. 그러자 불량률이 현저히 줄어들고 직원들의 기술에 대한 이해도도 상당히 깊어졌다.

직원을 채용할 때도 어설프게 알고 있다는 이유로 원리 원칙을 건너뛰려는 사람보다는 처음부터 기초와 기본에 충실할 수 있는 사람을 선발했다. 차근차근 원리를 설명하고 그에 맞게 일할 수 있도록 하여 실수를 줄이는 게 더 좋다고 생각했기 때문이다. 덕분에 우리 회사는 연구 개발에 있어 원리를 중요하게 여기는 문화가 형성되었다. 어쩌면 이런 분위기가 기업을 지속시키는 것인지도 모르겠다.

원리에 부합하지 않으면 문제가 생기고 결함이 생긴다. 원리는 그래서 중요하고 모든 일의 기본이 된다. 반대로 원리를 알지 못하면 무너지기 쉽다.

일에 있어서만 그럴까. 다른 일을 할 때도 기본에 충실한 태도가 중요하다. 이야기했듯 나는 운동을 즐기고 좋아한다. 운동을 하다 보면 동작 자체가 몸에 익어 자기도 모르게 몸이 알아서 움직인다고들 한다. 하지만 운동을 할 때도 생각이 필요하다. 요령을 몸으로만 익혀선 안 된다. 가령 탁구에서 스매싱을 연습할 때 기계적으로 익히는 게 아니라 스매싱의 원리를 알고 이해하면 그 동작이 훨씬 쉬워지고 응용 가능하다. 운동뿐만 아니라 모든 생활이 그렇다. 생각 없이 하다 보면 생각 없는 삶이 되지만 생각하며 사는 삶은 생각 있는 인생이 된다.

그렇기 때문에 모든 일에 원리를 중요하게 여기는 마음가짐이 있어야 한다. 우리말에 '기본만 해도 중간은 간다'는 말이 있지 않은가. 기본과 원리는 중심을 잡아주는 기준이 될 수 있다. 쉬운 길처럼 보여서 편법을 쓴다거나 원리를 무시하면 그 성은 반드시 무너진다. 그러므로 우리는 기본에 충실해야 한다.

6

멀티플레이어를 꿈꿔라

2002년 온 국민이 한마음 한뜻이 되었던 때를 기억한다. 나 역시 붉은악마 티셔츠를 입고 축구 국가대표팀을 온몸으로 응원했다. 2002년 월드컵이 남긴 여파는 참으로 컸다. 무엇보다 우리나라 축구에 희망이 생겼는데, 그 희망을 심어준 주인공이 바로 히딩크 감독이었다. 그가 남긴 말은 어록이 되어 국민에게 격한 공감과 감동을 주었고 나 역시 그의 경기 운영 철학에서 많은 도전을 받았다.

히딩크 감독이 선수들을 지도하면서 강조한 말이 '멀티플레이어'였다. 선수들 각자 포지션이 있지만 그는 모든 선수에게 자기 포지션 외에 다른 포지션을 커버할 수 있는 멀티플레이어가 될 것을 요구했다. 처음에 선수들은 그 요구를 의아해했지만 감독은 다양한 포지션에 대비한 훈련을 시켰다. 결국 선수들에게 여러 포지션에서 경기 전체를 바라볼 수 있는 눈이 생겼고 그 결과 4강까지 진출할 수 있었다.

흙수저 연금술 여섯 번째 계명을 '멀티플레이어를 꿈꾸라'라고 정한 것도 그 영향에서다. 멀티플레이어를 부정적으로 보는 사람도 있을 것이다. 어떻게 이것도 잘하고 저것도 잘할 수 있는지 반문할 수도 있다. 하지만 여기서 말하는 멀티플레이어는 완벽하게 하라는 의미가 아니다. 상황에 따라 변화 가능한, 환경에 따라 유연하게 대처할 수 있는 마음 자세를 갖추자는 뜻이다.

동국전자를 다시 창업하고 어느 정도 안정을 찾았을 때 나는 인재 채용에 정성을 쏟았다. 좋은 인재야말로 기업의 미래라는 생각으로 연구 개발에 힘을 보탤 인재를 찾았다. 1980년대 후반, 우리나라 산업이 급성장세로 돌아서면서 인재도 많아진 상황이었다.

처음 눈여겨본 사람들은 대기업 출신 엔지니어였다. 스펙이 화려했고 좋은 환경에서 기술을 연구했으며 해외 교류도 잦았으리란 생각에 큰 기대를 안고 그들을 채용하고 좋은 결과를 기다렸다.

그런데 결과적으로 열매가 좋지 않았다. 대기업과 중소기업의 환경은 완전히 다르다. 조직이 나뉘어 있고 업무가 분업화되어 프로세스대로 움직이는 대기업과는 달리 중소기업은 기획부터 생산에 이르기까지 한 사람이 주도해 이루어진다. 환경이 이렇다 보니 대기업에서 기술을 연구하고 개발해온 사람들은 자기 파트에만 전문성을 보였을 뿐, 그 분야를 벗어나서는 간섭을 하지 않으려 했고 자신의 분야가 아니라고 생각했다. 아무리 문화가 다르다고 설득하고 설명해도 안타깝게도 그 간극은 좁혀지지 않았다.

기대가 너무 크면 실망도 크다고 했던가. 인재 채용에 실패한 뒤 생각을 바꿔 멀티플레이어가 될 수 있는 인재를 고용하기 시작했다. 스펙이나 경력보다는 가능한 모든 파트를 책임지고 이끌어나갈 수 있는 사람을 선발했다. 기술에 대한 이해가 부족할 경우 함께 공부할 여건을 마련하고 나와도 직접 소통하며 환경에 익숙하게끔 지도하니 훨씬 좋은 결과를 냈다. 히딩크 감독이 강조한 멀티플레이어가 우리 회사에 필요했던 것이다. 지금도 나와 함께 일하는 엔지니어들은 대부분 멀티플레이가 가능하다. 생산과정에서 문제가 생겼을 때 바로 문제를 파악하고 해결할 수 있을 만큼 프로세스를 이해하기 때문에 그것이 곧 경쟁력이 되고 있다.

그래서 지금도 기술 분야의 전문가를 채용할 때 묻는다. 정해진 포지션만 잘하는 전문가가 되길 원하는지 아니면 전반적인 분야를 다 다룰 수 있는 멀티플레이어를 원하는지. 물론 어느 쪽이 정답이라 하긴 힘들지만, 지금까지 기업 일선에 있다 보니 작은 조직일수록 멀티플레이어가 필요하고 그들의 활용 가치가 더 크다. 그래서 이제 막 사회생활을 시작하는 이들에게 진심 어린 조언을 한다.

"멀티플레이어가 되세요. 뭐든 완벽하게 하라는 뜻이 아닙니다. 다양한 분야를 배우려고 노력하고 알려고 노력하면 언제 어디서든 공수 전환이 가능한 전천후 엔지니어가 될 수 있습니다. 기업은 그런 사람이 필요합니다. 그래야 기회도 더 자주 올 테니까요."

누구나 화려한 배경과 학력을 갖출 순 없다. 그러지 못하는 사람이 훨씬 많다. 대신 누구나 다양한 것을 경험하고 실력을 쌓을 기회가 있다. 하나의 경험도 허투루 하지 않고 내 것으로 만들면 그게 포지션이 된다.

7

관찰하고 상상하는 부자가 되라

세상에 돈이 없어도 가능한 일이 있는데 그중 하나가 관찰하고 상상하는 것이다. 꿈꾸는 데는 돈이 들지 않아서 꿈꾸는 건 자유라고 하지 않던가. 제4차 산업혁명 시대를 맞아 많은 이들이 기대와 염려를 동시에 하고 있는데, 그만큼 위기의식이 있기 때문이다. 어떻게 하면 기술이 인간을 앞서가는 시대를 잘 살아갈 수 있을지 고민이 이어지는 가운데 전문가들이 내놓은 키워드는 '연결'이었다. 수많은 데이터와 생각을 연결해 융합적으로 사고하고 그 속에서 대안을 발견하는 것, 즉 사람이 가장 사람답게 할 수 있는 일을 강조한 것이다.

생각은 누구나 할 수 있다. 그런데 어떤 생각은 생각에서 그칠 수도 있고 어떤 생각은 아이디어로 확장될 수도 있다. 관찰하고 상상해보는 일은 생각을 아이디어로 확장시킨다.

지금도 나는 아내에게 자주 혼이 난다. 이유는 늘 같다. 감성적인 여성과 달리 남성은 무딘 편인데, 나는 남성 중에서도 특히 감성적인 면에서는 발달하지 못했다. 아내와 동행하던 중 길가에 흐드러지게 핀 꽃을 지나쳤다고 하자. 그때 아내가 묻는다.

"꽃이 참 예쁘게 피었네요. 그죠?"

"꽃? 아, 꽃이 피었던가?"

어떻게 같은 곳을 보고 왔는데 꽃을 보지 못했느냐고 핀잔을 받을 때가 한두 번이 아니다. 감성이 떨어진다며 한소리 듣지만 내 입장에서는 좀 억울하다. 생각 삼매경에 빠져 있었기 때문이다. 나는 일하고 있지 않을 때 주로 생각을 한다. 생각의 장르는 아주 다양한데, 주로 기술이나 제품에 대한 생각이 많다. 꽃을 볼 때도 꽃을 관찰하되 관심 분야와 연결해 상상의 나래를 편다. 그러다 보니 '아, 꽃이 저렇게 빛깔이 아름다운 게 보색 때문이잖아. 제품에도 보색을 이용해 기능 차이를 나타내면 좋지 않을까' 하는 상상을 해보고 실제 시뮬레이션까지 하는 경우가 태반이다.

관찰과 상상이 생활이 되다 보니 얻는 효과도 꽤 크다. 전시회를 가도 허투루 지나가는 게 아니라 카메라로 찍고 메모를 한 뒤 일과 어떻게 연관을 지을 수 있을지 생각한다.

얼마 전 창원공장 리모델링을 앞두고 건축박람회에 갈 기회가 생겼다. 나는 혼자 박람회장을 몇 바퀴나 돌면서 공장 주방이나 화장실 등의 리모델링과 어떻게 연결을 지을 수 있을지 생각하고 있었다. 리모델링인 만큼 가장 적은 비용으로 가장 효과가 좋은 방법을 고민하던 중이었는데, 박람회에는 아이디어 상품들이 많이 나와 있어서 금세 우리에게 적용할 만한 제품들을 발견할 수 있었다.

흙수저도 금수저가 될 수 있다

머릿속으로는 이미 그 제품으로 공사를 진행했는데, 시뮬레이션 덕분에 실제 공장 리모델링을 훌륭히 해낼 수 있었다. 골프장을 만들 때도 이런 식의 관찰과 상상으로 공사 비용을 30~40퍼센트는 줄일 수 있었다. 우연한 기회에 접한 것이라도 잘 관찰하다 보면 자신의 환경에 적용할 만한 아이디어를 얻을 수 있다. 상당히 의외인 부분에서도 연결이 가능하다. 그것이 바로 통찰이다.

누구나 관찰하고 상상할 수 있다. 문제의식이 있으면 그 문제에 대입할 만한 아이디어를 관찰할 수 있다. 물론 아이디어가 현실화될 수도 있고 아닐 수도 있다. 하지만 상관없다. 지금까지 사업을 하며 보니 관찰과 상상이 잦아지면 아이디어가 되는 일 역시 잦아지고 솔루션이 될 때가 많았다.

그러므로 뭐든 관찰하고 몰입해서 상상하는 연습이 필요하다. 상상에는 한계가 없다. 상상에서라도 자꾸 한계를 뛰어넘어봐야 현실에서 부딪히는 한계에 대한 두려움이 사라지고 도전 의식이 생길 수 있다. 현실 부자가 되긴 힘들어도 생각 부자가 되는 건 마음먹기 달렸다. 누구나 가능하다.

8

명심하고 실천하라

부자는 3대를 가지 못한다는데, 경주 최부자는 30년 동안 만석꾼으로 살았다. 그 비결은 가문을 이끈 가훈이 있었기 때문이다. 그들은 다섯 가지 가훈과 스스로에게 다짐하는 자훈인 육연도 세워놓고 실천했다. 다섯 가지 가훈은 아래와 같다.

1) 과거를 보되 진사 이상의 벼슬은 하지 마라(권력 싸움에서 비켜나라)

2) 만석 이상의 재산은 사회에 환원하라(지나친 부의 쏠림은 자제하라)

3) 흉년에는 땅을 사지 마라(경제적 약자를 배려하라)

4) 과객은 후하게 대접하라(외부와 정보를 교류하고 소통하라)

5) 주변 100리 안에 굶어죽는 사람이 없게 하라(기업의 사회적 책임을 다하라)

이와 함께 자훈인 '육연六然'은 다음과 같았다.

1) 자처초연(自處超然) … 스스로 초연하게 지내고

2) 대인애연(對人藹然) … 남에게 온화하게 대하며

3) 무사징연(無事澄然) … 일이 없을 땐 마음을 맑게 가지고

4) 유사감연(有事敢然) … 일을 당해서는 용감하게 대처하며

5) 득의담연(得意澹然) … 성공했을 때 담담하게 행동하고

6) 실의태연(失意泰然) … 실패했을 때 태연히 행동하라

오늘날을 살아가는 데에도 명심과 실천이 필요하다. 명심이 마음을 다지는 것이라면 실천은 직접 행동을 취해야 하는 것이다. 먼저 마음으로 다져야 할 아홉 가지 생각은 다음과 같다.

1) 다양한 정보와 전문 지식을 습득하자

2) 비전과 목표를 세우고 기회를 엿보자

3) 쉬운 것부터 먼저 하자

4) 긍정적으로 미래를 바라보되 지난날은 잊지 말자

5) 고난에 대처할 각오와 방법을 생각해두자

6) 결과를 부끄러워하지 말며 포기하지 말자

7) 삶 속에 유머를 지니며 너무 조급해하지 말자

8) 배움의 고통은 잠깐이나 무식함의 고통은 평생임을 명심하자

9) 좋은 인간관계는 I am OK, You're OK(나도 좋고 너도 좋음)이다

이번엔 직접 행동으로 옮겨야 할 일곱 가지 사항이다.

1) 멀티플레이어가 되자(가능한 두 가지 이상의 업무를 병렬로 진행하자)

2) 보이는 것에 관심을 갖고 '아부도바(아끼고, 부지런하고, 도우며, 바르게)' 정신으

   로 살아가자

3) 언젠가 할 일이면 지금 하고 누군가 해야 할 일이면 내가 하자

4) 이왕 할 일이면 최선을 다하고 '미인대칭(미소, 인사, 대화, 칭찬)' 정신으로 하자

5) 오늘 걷지 않으면 내일 뛰어야 한다고 생각하자

6) 피할 수 없는 고통은 즐기면서 극복하자

7) 오늘은 다시 오지 않으니 중히 여기고 늦었다고 생각될 때가 빠른 때임을 잊지 말자

흙수저도 금수저가 될 수 있다

9

올바른 경영관을 가져라

우리는 모두 인생을 관리해나가는 경영자다. 기업을 하거나 다른 일을 할 때도 경영자의 마인드가 올바르게 세워져야 한다. 그러려면 정도경영, 윤리경영, 상생경영, 소통경영의 정의가 바로 서야 한다. 법과 제도 질서를 존중하며 정직하고 공정한 정도경영, 도덕적이고 합리적이며 투명한 윤리경영, 'I am OK, You are Ok'가 되게 하는 상생경영, 대화로 의견을 수렴하고 결정하는 소통경영, 이 네 가지는 인생이나 일을 경영할 때 지향할 목표로 삼아야 한다. 이제 목표에 대한 바른 자세가 필요하다. 바른 자세는 열 가지로 요약할 수 있다.

1) 지식을 습득하기 위해 노력하라

아는 만큼 보이고 보이는 만큼 믿게 된다.

2) 상상으로 훈련을 시행하라

머릿속으로 상상 훈련을 해도 기량이 향상된다.

3) 창의력을 늘 발휘해라

조그마한 아이디어를 중요시하면 또 다른 아이디어가 거기에서 탄생된다. 아이디어는 떠오를 때 즉시 기록해두고 독특한 개성을 살려나가야 한다.

4) 우선순위를 정하라

중요하고 급한 것 → 중요하지만 급하지 않은 것 → 중요하지 않지만 급한 것 → 중요하지도 급하지도 않은 것

5) 새로운 기회를 창출하기 위해 노력하라

고정관념에서 탈피해 습관을 바꿔보면 새로운 기회가 될 수 있다.

6) 리더십을 발휘하라

리더십은 모두가 잘할 수 있도록 환경을 조성하는 것이다.

7) 돈의 정의를 설정하라

돈이란 행복의 수단이지 목표는 될 수 없다.

8) 멀티플레이어가 되라

기본에 충실하면서 여러 가지를 동시에 진행할 수 있는 능력을 길러야 한다.

9) 늘 찾고 연구하라

지금 하고 있는 것보다 더 효율적인 방법이 없는지 찾고 연구해야 한다.

10) 보이는 관리를 하라

돌아가는 모든 상황을 눈으로 쉽게 확인할 수 있도록 배열한다.

10

육신의 건강과 영적인 건강의
밸런스를 맞춰라

젊음이 상이 아니듯 늙음은 벌이 아니다. 젊음을 자랑할 것이 못 되며 늙음을 부끄럽게 생각할 것도 못 된다. 성경에도 "우리의 연수가 70이요 강건하면 80이라 그 연수의 자랑은 수고와 슬픔뿐이니."(시 90:10)라고 말하고 있다. 하지만 날수와 관계없이 준비할 것들이 있다. 육신의 건강과 영적인 건강이다.

육신의 건강을 위협하는 건 분주함이다. 나의 생활을 돌아보면 밤낮없이 애쓰고 수고하며 세끼 밥도 제때 챙겨 먹지 못했다. 돈을 많이 번 사람도, 성공한 기업가도 어차피 먹는 건 세끼다. 잘나간다 해서 다섯 끼를 먹지 못하는데 건강을 해칠 정도로 분주할 필요가 없다. 그러니 분주함을 내려놓고 건강을 챙기는 것이 훨씬 중요하다.

육신의 건강을 지키려면 차는 적게 타고 많이 걸으며, 적게 먹고 충분히 수면을 쉬하는 기본 원칙을 지켜야 한다. 그다음에는 각자에게 맞는 운동을 선택하는 것이 좋은데, 개인적으로 내가 즐기는 운동은 탁구와 장기와 바둑, 그밖에 볼링이나 골프 등이 있다. 탁구의 경우 전천후 운동이며 남녀노소 관계없이 즐기면서 친교를 맺을 수 있다. 장기와 바둑은 노후 대책의 하나로도 활용 가능한 종목이다. 골프나 볼링, 당구도 사람들과 어울려 할 수 있기에 심심치 않고 노화도 느리게 해주는 운동이다.

육신의 건강은 이렇듯 직접 운동을 해서도 지킬 수 있지만 그 기반에는 영적인 건강도 있어야 한다. 영적인 건강을 유지하는 것은 하나님을 믿는 것이다. 교회에 나가 적극적으로 신앙생활을 하면 영적인 평안함이 다가온다. 성경에서는 "하나님이 주는 평안은 세상이 주는 것과 같지 않다"(요 14:27)고 말씀하신다. 또 "우리 모두가 하나님께로 돌아가자. 그가 찢으셨으나 도로 낫게 하실 것이요. 치셨으나 싸매어주실 것"(호 6:1)이라고 전하고 있다.

이 같은 하나님의 약속을 가슴에 새기면서 진정한 삶을 준비해갔으면 한다. 대부분 이 땅에서의 삶, 지금 현재의 삶에 너무 연연한 나머지 죽을 준비는 등한시한다. 하지만 죽어서 갈 곳이 있는 삶은 훨씬 여유롭고 쉬워진다. 믿는 이들은 죽어서 천국을 확보해놓고 있다. 죽어서 갈 곳이 있다는 여유와 평안을 누리길 바란다.

또한 은칠노삼의 마음가짐이 필요하다. 우리가 아무리 애쓰고 수고해도 그 열매는 하나님의 은혜로 만들어진다. 나는 사람의 노력 30퍼센트, 하나님의 은혜 70퍼센트라는 생각을 안고 은칠노삼의 믿음으로 살아왔다. 그러다 보니 뭔가 잘되지 않을 때는 하나님의 때가 아니라는 생각으로 기다릴 수 있었고 잘될 때는 하나님의 도우심으로 겸손할 수 있었다. 100년을 살 것처럼 계획하고 내일이 종말이라 생각하면서 살 았는데, 그러다 보니 욕심이 포기되고 평안함이 찾아왔다.

마음의 평안을 헤집어놓는 중요한 것 중 하나가 돈이다. 돈에 연연하다 보니 돈을 준비한다는 잘못된 생각에 사로잡혀 인생을 망치는 경우가 많다. 가난은 잠깐 불편할 뿐 불행한 것은 아니다. 돈이란 애쓰고 노력한다고 얻어지는 게 아니라 부지런한 자에게 내려주시는 하나님의 선물이다. 그러니 궁핍함이 다가올 땐 노력이 부족함을 떠올리면 되고 풍족함이 다가올 땐 감사하며 나누어야 한다.

인생에서는 육신의 건강과 영적인 건강의 밸런스를 잘 맞춰야 한다. 욕심에 얽매이면 두 가지 모두 해칠 수 있지만 먼저 영적으로 평안해지고 하나님께 겸손히 맡기면 육신의 건강은 자연히 따라온다. 이것이야말로 인생을 멋지게 준비하는 것이다.

11

좋은 인간관계를 맺어라

사람을 칭하는 한자 人사람인은 서로 기대고 어울려 살라는 뜻을 담은 모양으로 두 기둥 중 한쪽을 빼면 다른 한쪽이 넘어진다. 그만큼 살면서 좋은 관계 맺기가 중요하다. 좋은 관계란 말과 행동으로 주위 사람들에게 좋은 영향력을 행하는 것인데 좋은 인간관계를 맺기 위해선 다음과 같은 '사칙연산 법칙'이 기본이 되어야 한다.

1) 빼기의 법칙 … 지나친 자기주장은 빼야 하며

2) 더하기 법칙 … 모든 부분에 사랑을 더해야 하며

3) 나누기 법칙 … 내 것을 잘 나누어주어야 하며

4) 곱하기 법칙 … 능력에 노력을 곱해야 한다

이러한 법칙을 우리가 맺고 있는 부모와의 관계, 부부와 가정, 친구와의 관계에 적용해나갈 때 관계는 더욱 깊어질 수 있다. 태어나면서부터 맺게 되는 부모님과의 관계에서는 효도의 마음가짐이 필요하다.

부모와의 관계를 깊게 만들어주는 세부적인 일들은 사소해 보일 수 있다. 그러나 꼭 해야 할 것은 사랑한다는 고백을 자주 할 것, 늙음을 이해하고 웃음을 선물할 것, 용돈과 소일거리를 챙겨드릴 것, 밝은 표정으로 이야기를 자주 할 것, 작은 일도 상의하고 자주 문안을 드릴 것 등이다.

부부 관계에서도 마찬가지다. 해가 지도록 분을 품지 않을 것, 스킨십을 자주 할 것, 다른 사람과 비교하지 말고 싸우더라도 자존심을 지켜줄 것, 다른 사람 앞에서 높여주고 큰소리 내지 말 것, 손님을 초대할 때는 미리 양해를 구할 것 등이다. 가정을 천국으로 만들고 싶다면 다른 방도가 없다. 그저 받아들이고Accept, 믿어주고Believe, 돌보아주고Care, 기대하며Desire, 참고Endure, 용서하며Forgive, 무조건 주어야Give 한다.

친구 관계에서도, 이웃과 좋은 관계를 맺기 위해서도 이와 같은 자세가 필요하다. 잘 들어주고 말해주고 기도해주고 관대해지고 베풀고 많이 웃어주는 자세가 사소해 보이지만 꼭 필요하다.

사람은 평생 관계를 맺으며 살아간다. 기왕이면 좋은 관계를 맺어야 삶이 윤택해지며 성공할 확률도 높다. 살아가면서 맺을 여러 관계 속에서 관계의 소중함을 염두하며 사는 자세가 중요하다. 늘 웃는 자세로, 시련을 견디어냄으로 좋은 영향을 줄 수 있는 사람이 되려고 노력하고, 좋은 취미를 공유하며 만족하고 감사하는 자세로 살다 보면 관계 가운데 본이 되어 유익한 영향력을 미칠 수 있다. 또한 그것이 관계를 돈독하게 할 나만의 동력이 될 것이다.

나는 뼛속까지 흙수저 인생이다

요즘 들어 부쩍 청년 대상 강연에 강사로 초청되는 일이 많아졌다. 강사로 나를 초청하는 가장 큰 이유라면 기업을 40여 년 넘게 이끌어 왔고 일흔이 넘은 나이에도 현업에 종사하는 사람으로서 일관성 있는 기업가 정신을 말할 수 있겠다는 것일 테고, 또 하나는 아무래도 나의 출신(?)이 조금 특별해서일 것이다. 출신이라고 하니 무슨 출생의 비밀을 떠올릴 수도 있겠으나 그건 아니다. 바로 내가 전형적인 흙수저라는 것이다. 강원도 탄광촌, 흔히 막장이라 불리던 곳에서 자라며 돈도 백도 없는 흙수저였지만 수십 년이 흘러 중소기업을 이끌기까지의 인생 여정이 아무래도 청년들에게 희망을 준다고 생각했던 것 같다.

청년들과 만나는 자리는 더욱 긴장된다. 그간 기업인들을 비롯해 여러 인사들을 만나면서도 큰 부담은 느끼지 않았는데, 이상하게 청년들 앞에 서면 떨린다. 그들에게 어떤 이야기를 해주어야 할까, 그들에게 내가 조금이나마 도움을 줄 수 있어야 할 텐데 기도하고 또 기도한다.

"강사님, 어떻게 하면 저도 그렇게 성공할 수 있나요?"

청년들과 만나는 자리에서 열에 아홉은 이런 질문을 한다. 청년들의 온 신경이 성공에 쏠려 있음이 느껴져 난감하지 않을 수 없다. 지금껏 단 한 번도 나 자신을 성공한 사람이라고 생각해본 적이 없어 선뜻 대답이 나오질 않기 때문이다.

흔히 세상 사람들이 말하는 성공이라 하면 쓰고도 남을 정도로 돈을 벌어놓거나 이름 석 자만 외치면 다들 알아보는 유명세, 권력이나 명예를 얻고 그를 통해 평범한 사람들은 할 수 없는 일을 하는 것 정도일 테다. 이런 기준으로 보면 나는 하나도 해당 사항이 없다.

나는 성공한 사람이 아니다. 그 사람의 성공 여부는 사후에 평가되어야 할 것이라고 생각하기에 살아가고 있는 중간에서 성공을 했느냐 안 했느냐를 평가하는 건 무의미하다고 생각한다. 게다가 기업은 더더욱 그렇다. 오늘 멀쩡해 보여도 내일 일은 알 수 없는 전쟁터이며 기업하는 사람에게 성공과 실패는 종이 한 장 차이라 성공 운운하는 것을 아주 꺼려한다. 그런데도 많은 이들의 관심은 늘 성공을 향한다.

"참 미안한 말인데요, 저는 성공한 사람이 아닙니다. 그저 노력하는 사람일 뿐입니다. 그래서 여러분이 원하는 성공 비결에 대해 시원한 답을 드릴 수 없습니다. 하지만 그동안 제가 어떻게 최선을 다해왔는지 그 말씀은 해드릴 수 있어요."

이 답변에 청년들의 표정은 그리 밝지 않다. 뭔가 대단한 비결 또는 비법을 바랐기에 기대에 못 미치거나 아니면 그래도 저 사람은 뭔가 다를 것이란 의심을 거두지 못하는 것이다. 그때 내가 쐐기를 박는다.

"저는 전형적인 흙수저 인생입니다. 탄광촌 출신의 돈도 빽도 없는 뼛속까지 흙수저 인생이었어요. 그런데 지금은 저를 흙수저라 부르는 사람도 없고, 제 자신도 그렇게 생각하지 않습니다. 연마했기 때문입니다. 어떻게 흙수저가 빛날 수 있게 되었는지 연금의 비결을 이야기하고자 합니다. 어떻게, 한번 들어보시겠습니까?"

동변상련, 한국 사람들은 자기와 같은 또는 자기보다 더 아래에 있는 사람을 보며 위로를 얻는다. 자신이 제일 꽉 막혀 있다고 생각했는데 알고 보니 더 꽉 막힌 곳에서 탈출한 사람이 있다니 그의 이야기에 희망을 건다. 그들에게 조금이나마 희망과 위로가 될 수 있다는 사실이 얼마나 다행인지, 얼마나 큰 은사인지 모른다. 나의 고백을 듣고 표정이 풀리는 청년들을 보고 싶다.

*

중세의 연금술을 화두로 떠올려보자. 과거 사람들은 세상의 가장 완전한 물질을 금이라 생각해 금을 만들어내는 연금술에 치중했다. 금을 만들어낼 수 있으리란 기대치가 너무 높아 현자의 돌을 찾겠다는 꿈을 좇기도 했고, 주술적인 의미로 변하기도 했다. 하지만 자연의 원소가 안정된 불변성을 가지고 있다는 사실을 알게 된 후 연금술의 꿈을 포기했다고 한다.

그런데 진짜로 금을 만들어내는 기술을 포기하는 데에서 끝났을까. 아니다. 금을 만들어내는 과정, 즉 연금 과정에서 수많은 실험과 시도를 하며 축적된 화학 지식과 기술이 인류 문명을 화려하게 발전시켰다. 황산이나 인산, 질산 등과 같은 물질이 발견되었고 지금도 실험 도구로 사용되는 도가니나 플라스크도 연금술을 연마하는 과정에서 만들어졌다.

그래서 영국 철학자 베이컨은 이 연금술의 도전과 발전 과정을 간단한 우화에 비유하기도 했다. 가난한 농부가 평생 일구어놓은 포도밭이 있었다. 농부는 죽기 전 자식들에게 포도밭에 보물을 숨겨두었다고 유언을 남겼다. 이에 자식들은 잔뜩 기대를 품고 여기저기를 파보기 시작했지만 보물은 본래부터 없었기에 찾지 못했다.

거짓말을 하고 돌아가신 아버지를 원망하려는데 생각지도 못한 일이 벌어졌다. 보물을 찾겠다고 여기저기 땅을 파고 뒤집어놓는 바람에 토양이 옥토로 변한 것이다. 갈아엎은 포도밭에서 예전과는 비교할 수 없는 싱싱하고 탐스러운 포도들이 가지마다 주렁주렁 열리기 시작했다. 바로 연금술이란 분야가 가져온 유산이 이 포도밭과 같다.

한 사람, 한 사람은 자신의 인생을 연금하고 살아간다. 누구나 반짝반짝 빛나는 금이 만들어지길 꿈꾸지만, 불가능할 수도 있다. 그럼 금이 만들어지지 않았으니 그 인생에는 살아갈 의미가 없을까. 아니다. 구석구석 갈고닦고, 때론 가열하기도 하고 때론 식히기도 하면서, 때때로 부딪히고 깨지기도 하다 보면 어느새 갈아엎어진 포도밭처럼 각자 마음밭에 심긴 은사가 아름답게 빛날 수 있다. 각자의 밭에서 빛나는 열매를 맺는 것, 그것이 우리 인생을 연금하면서 얻는 진정한 성공일 것이다.

일흔이 훌쩍 넘은 적지 않은 나이, 나는 지금도 새벽이면 어김없이 일어나 하루를 시작하고 출근한 뒤엔 퇴근 전까지 작업복을 입고 현장에 산다. 아직도 내 속에 갈아엎을 땅이 남아 있어서다. 캐낼 보물이 있다고 믿기 때문이다. 바라기는, 많은 이들이 아직 경작되지 않은 마음 밭 속 은사에 집중했으면 좋겠다. 나아가 땅을 갈아엎을 용기를 얻고 땅을 기경했으면 좋겠다. 그 용기에 약간의 도움을 주고자 그동안 인생을 연금하면서 갖게 된 배움과 채움과 비움, 돋움과 닦음과 나눔의 연금술을 공유하고 싶어 이 책을 세상에 내놓는다.

1980년 부천 송내 공장에서 종업원 500여 명과의 조회

1988년 5월 21일 인천 공장 준공식 테이프 커팅

▲1995년 권사 취임식을
마치고

1994년 강원도 태백중학교 장학금 전달식

2002년 중국 웨이하이 공장 입주 행사

웨이하이 공장 입주 행사를 마치고 중국 관계자들과 함께

1992년 인천 공장 신축 기공식. 배순훈 장관을 비롯한 많은 귀빈이 참석해 주었다.

1999년 제주 가나안 수산 양식장 기공식 예배 후 관계자들과 함께

2000년 제주 양식장 준공식 테이프 커팅

제주 양식장 준공을 기념하는 예배를 마치고 공로자들에게 상패를 전달하는 모습

태안 앞바다에 유출된 기름을 제거하기 위해 2008년 자원봉사자로 참여했다.

작은 도움의 손길이라도 보태기 위해 기름으로 오염된 돌을 닦고 있는 필자

동방사회복지회에 불우이웃 성금 전달

제주 스프링데일 골프장의 코스 설계자 게리 로저 베어드와 함께

제주 스프링데일 CC 클럽하우스 전경

2011년 스프링데일 CC 오픈 행사

2012년 서울경제 골프매거진이 주관하는 〈한국 10대 뉴코스〉에 스프링데일 CC가 선정되었다.

2012년 미스코리아 선발대회 시상식에 참여한 필자. 오른쪽에서 두 번째

미스 스프링데일로 선정된 미스코리아와 함께

1,566m 태백산 정상 표지석에서

2014년 ROTC 중앙회 만찬에서 제2작전사령관 김요한 대장으로부터 기념품을 받고 있는 필자

매일경제TV〈정완진의 The CEO〉의 한 장면

2016년 이데일리TV〈CEO 자서전〉에 소개된 필자

2016년 서울 더케이호텔에서 진행된 한국경제TV 〈기업가정신 콘서트〉에 강연자로 출연

〈기업가정신 콘서트〉의 사회자인 이노디자인 김영세 회장과의 토크쇼

나란히 함께 모신 아버지와 어머니의 묘

사후 형제 자매들이 함께 안치될 납골묘

2006년 이명박 당시 서울시장과 환담하는 필자

이명박 서울시장 이취임식에 참석해 건배하는 모습

2015년 대한민국 중소기업인대회에서 박근혜 전 대통령으로부터 철탑산업훈장 수여

2018년 제50회 대한민국 국가조찬기도회 행사장에서 문재인 대통령을 만난 아내

2006년 연세대학교 ROTC 총회에서 대표 기도를 하고 있는 필자

2017년 제49회 대한민국 국가조찬기도회에 참석한 모습. 왼쪽에서 세번 째

2010년 항군회관에서 박세환 재향군인회장과 가진 〈스프링데일 항군 가맹〉 협약식

2017년 연세대학교 〈졸업 50주년 동문 재상봉 행사〉에 참석한 동기생들과 함께

2015년 〈중소기업을 빛낸 얼굴〉로 선정된 현판

2016년 〈올해를 빛낸 대한민국 기업대상〉 수상

2015년 수상한 〈철탑산업훈장〉과 훈장증

2018년에 수상한 〈대한민국 탑리더스〉 대상

2010년과 2014년에 수상한 〈천만불 수출의 탑〉